审计学

SHENJI XUE

主编　贺宝成

西安交通大学出版社
XI'AN JIAOTONG UNIVERSITY PRESS

图书在版编目(CIP)数据

审计学 / 贺宝成主编. -- 西安 ：西安交通大学出版社，2025.7. -- ISBN 978-7-5693-2895-0

Ⅰ. F239.0

中国国家版本馆 CIP 数据核字第 20250JR212 号

书　　名　审计学
主　　编　贺宝成
策划编辑　雒海宁
责任编辑　雒海宁
责任校对　史菲菲
封面设计　任加盟

出版发行　西安交通大学出版社
　　　　　(西安市兴庆南路 1 号　邮政编码 710048)
网　　址　http://www.xjtupress.com
电　　话　(029)82668357　82667874(市场营销中心)
　　　　　(029)82668315(总编办)
传　　真　(029)82668280
印　　刷　西安五星印刷有限公司

开　　本　787mm×1092mm　1/16　印张　14.875　字数　355 千字
版次印次　2025 年 7 月第 1 版　2025 年 7 月第 1 次印刷
书　　号　ISBN 978-7-5693-2895-0
定　　价　48.00 元

如发现印装质量问题，请与本社市场营销中心联系。
订购热线：(029)82665248　(029)82667874
投稿热线：(029)82664840　QQ：363342078
读者信箱：363342078@qq.com

目 录

第 1 章　审计概述

学习目标

1. 了解审计的产生及分类。
2. 掌握财务报表审计的概念与特征。
3. 掌握审计目标与认定之间的关系。
4. 掌握审计风险的概念和三种风险内在的逻辑关系。
5. 理解审计的逻辑框架。

1.1　审计的概念与分类

1.1.1　审计的产生

审计，作为一种经济监督活动，自从有了社会经济管理活动，就在一定意义上存在了。在社会发展的各个时期，由于生产力发展水平不同，社会经济管理方式不同，审计的广度、深度和形式也各不相同。审计是因授权管理经济活动的需要而产生。受托经济责任关系，是审计产生的真正基础。

从国家审计来看，依照受托责任理论，审计机关应当根据审计授权人（如纳税人）的授权，独立监督检查对被审计人（如财政资金或公共资源的管理者、使用者）的受托责任，并将检查结果向审计授权人报告，披露受托责任的履行情况，以此完善国家的治理，如图 1-1 所示。

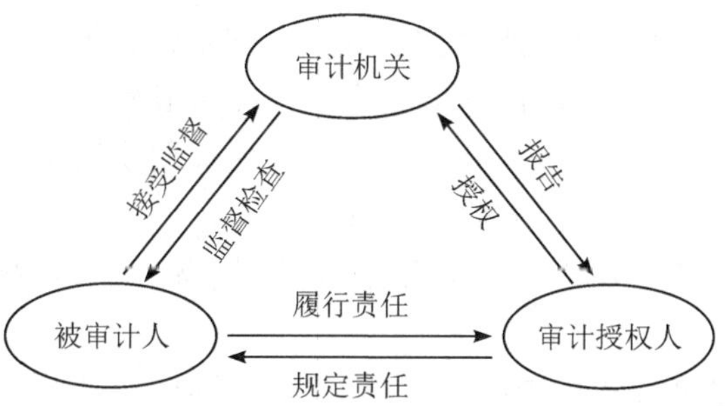

图 1-1　受托责任视角下的国家审计

从民间审计来看，公司制度产生于19世纪中期，与之相应，注册会计师制度也产生于这一时期。注册会计师制度源于企业所有权和经营权的分离，所有者不再直接参与企业的日常经营管理，这就产生了所有者如何对经营者的行为进行监督和控制的问题，由此产生了经营者定期通过财务报表向所有者报告财务状况和经营成果的需要。财务报表是由企业管理层编制和提供的，其自身利益通常与企业的财务状况及经营成果挂钩，需要由独立的第三方——注册会计师对财务报表进行审计，出具客观、公正的审计报告，如图1-2所示。

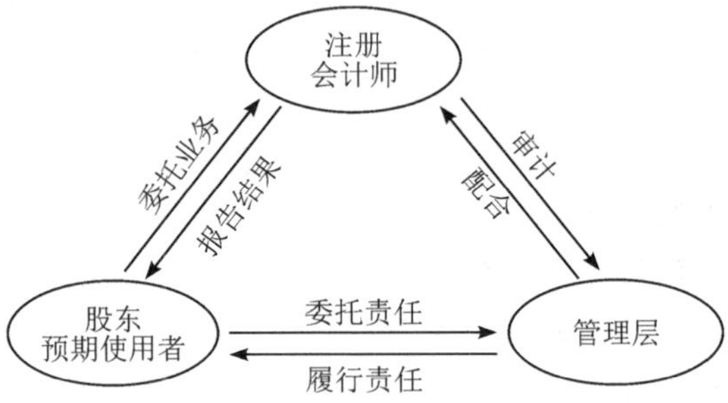

图1-2　民间审计的三方关系

总之，审计是社会发展到一定阶段的产物。审计源于经济监督的需要，而经济监督需要又源于经济责任关系的存在、演变和演化。审计工作受一定的时间、空间条件的影响，而又随着社会经济制度及经济环境变化而发展变化。

1.1.2　审计的概念

与“审计”一词对应的英文单词为“audit”，被注释为“查账”，兼有“旁听”的含义。但“审计”的内涵显然大于“查账”。1972年美国会计学会的《基础审计概念的说明》一书对审计的定义是：“审计是为了查明经济活动和经济现象的表现与所定标准之间的一致程度而客观地收集和评价有关证据，并将其结果传达给有利害关系使用者的有组织的过程。”

2010年《中华人民共和国审计法实施条例》第一章第二条对审计的定义表述为：“审计法所称审计，是指审计机关依法独立检查被审计单位的会计凭证、会计账簿、财务会计报告以及其他与财政收支、财务收支有关的资料和资产，监督财政收支、财务收支真实、合法和效益的行为。”

由于财务报表审计是注册会计师的核心业务，中国注册会计师协会侧重从财务报表审计视角进行审计定义。财务报表审计是指注册会计师对财务报表是否不存在重大错报提供合理保证，以积极方式提出意见，增强除管理层之外的预期使用者对财务报表信赖的程度。

对财务报表审计须重点从以下方面加以理解：

(1)审计的用户是财务报表的预期使用者，即审计可以用来有效满足财务报表预期使用者的需求。

(2)审计的目的是提高财务报表的质量，增强除管理层之外的预期使用者对财务报表的信赖程度，即以合理保证的方式提高财务报表的可信度，而不涉及为如何利用信息提供建议。

(3)合理保证是一种高水平保证。当注册会计师获取充分、适当的审计证据将审计风险降至可接受的低水平时,就获取了合理保证。由于审计存在固有限制,注册会计师得出审计结论和形成审计意见依据的大多数审计证据是说服性的而非结论性的。因此,审计只能提供合理保证,而不能提供绝对保证。

(4)审计的基础是注册会计师的独立性和专业性。注册会计师执行审计业务时,不仅应当具备专业胜任能力,还应当独立于被审计单位和预期使用者。

(5)审计的最终产品是审计报告。注册会计师针对财务报表是否在所有重大方面按照财务报告编制基础编制并实现公允反映发表审计意见,并以审计报告的形式予以传达。注册会计师按照审计准则和相关职业道德要求执行审计工作,能够形成这样的意见。

1.1.3 注册会计师审计、政府审计和内部审计

按照审计主体进行分类,审计可分为政府审计(国家审计)、内部审计和注册会计师审计(民间审计)。

1. 注册会计师审计与政府审计

注册会计师审计又被称为民间审计、外部审计、独立审计、社会审计等,是指注册会计师接受委托,对被审计单位的财务报表、内部控制的有效性等进行独立检查并发表意见。政府审计主要是指政府审计机关,包括审计署和地方审计厅、审计局,依法对国务院各部门和地方各级人民政府及其各部门的财政收支,国有的金融机构和企业事业组织的财务收支,以及其他应当接受审计的财政收支、财务收支的真实、合法和效益进行审计监督。注册会计师审计和政府审计共同发挥作用,是维护市场经济秩序,强化经济监督的有效手段,两者都是国家治理体系及治理能力现代化建设的重要方面,但也存在以下方面的区别:

(1)审计目的和对象不同。政府审计是对政府的财政收支、国有金融机构和企事业单位财务收支进行审计,确定其是否真实、合法和有效。注册会计师审计是注册会计师依法对企业财务报表进行审计,确定其是否符合会计准则和相关会计制度,是否公允反映了财务状况、经营成果和现金流量。

(2)审计依据不同。政府审计的依据是《中华人民共和国审计法》和审计署制定的国家审计准则等;注册会计师审计的依据是《中华人民共和国注册会计师法》和财政部发布的注册会计师审计准则等。

(3)经费或收入来源不同。政府审计是行政行为,政府审计机关履行职责所必需的经费,列入同级财政预算,由同级人民政府予以保证。注册会计师审计是市场行为,是有偿服务,费用由注册会计师和审计客户协商确定。

(4)取证权限不同。政府审计和注册会计师审计都需要获取审计证据,被审计单位都有责任配合,但是政府审计具有更大的强制力,各有关单位和个人应当支持、协助审计机关工作,如实向审计机关反映情况,提供有关证明材料;而注册会计师审计受市场行为的局限,在获取审计证据时,很大程度上依赖于企业及相关单位配合和协助,对企业及相关单位没有行政强制力。

(5)对发现问题的处理方式不同。政府审计的审计机关对违反国家规定的财政、财务收

支行为可在职权范围内作出审计决定或者向有关主管机关提出处理、处罚意见。注册会计师在遇到审计范围受到限制，或就审计发现的问题提请被审计单位调整有关数据或进行披露，但被拒绝时，没有行政强制力，只能按照审计准则的规定，根据具体情况作出专业性的处理，包括出具非无保留意见的审计报告、必要时解除业务约定或向监管机构报告。

2. 注册会计师审计与内部审计

内部审计是一种独立、客观的鉴证和咨询活动，它通过运用系统、规范的方法，审查和评价组织的业务活动、内部控制和风险管理的适当性和有效性，以促进组织完善治理、增加价值和实现目标。注册会计师审计与内部审计之间的联系主要体现在，前者在执行业务时可以利用被审计单位的内部审计工作，内部审计应当做好与注册会计师审计的沟通和合作等协调工作，以提高审计效率和效果。内部审计与注册会计师审计的主要区别有：

(1)在审计独立性上，内审机构受所在单位的直接领导，独立性受到一定的限制，其独立性只是相对于本单位其他职能部门而言的；而注册会计师审计是由独立于被审计单位和预期使用者的第三方进行的，具有较强的独立性。

(2)在审计方式上，内部审计是单位根据自身经营管理的需要安排进行的，注册会计师审计则是接受委托进行的。

(3)在审计程序上，内部审计可以根据所执行业务的目的和需要选择并实施必要的程序，而注册会计师审计则需要严格按照执业准则的规定程序进行。

(4)在审计职责上，内部审计只对本单位负责，其审计工作主要服务于单位内部管控的需要；注册会计师审计不仅对被审计单位负责，而且对社会负责，其审计质量对广大财务信息使用者作出相关决策有直接影响。

(5)在审计作用上，内部审计的结论只作为本单位改善工作的参考，对外不起鉴证作用，并对外保密；注册会计师审计结论则要对外公开并起鉴证作用。

1.1.4 其他分类

(1)按照涉及的领域分类，审计可分为财政审计、金融审计、企业审计、资源环境审计、经济责任审计、涉外审计。其中，财政审计包括中央财政管理审计、预算执行审计、地方财政收支审计、税收征管审计、政府投资项目审计、农业资金审计、社会保障审计等。

(2)按照实施的时间分类，审计可分为事前审计、事中审计和事后审计。①事前审计是指在经济活动开始以前实施的审计，如项目决策可行性审计；②事中审计是指在经济活动正在进行中实施的审计，如投资项目跟踪审计、救灾物资发放审计等；③事后审计是指在经济活动结束以后实施的审计，如上市公司财务报表审计。

(3)按照执行审计的地点分类，审计可分为就地审计、报送审计。①报送审计是指由被审计单位将有关资料送达审计组织或其指定的地点而进行的审计；②就地审计是指由审计组织派遣审计人员直接到被审计单位进行的现场审计。

(4)按照审计周期分类，审计可分为定期审计、不定期审计。

1.2　审计业务的要素

审计是典型的鉴证业务，审计业务包括审计业务的三方关系人、财务报表（鉴证对象信息）、财务报表编制基础（标准）、审计证据和审计报告五要素，内在逻辑关系如图 1－3 所示。

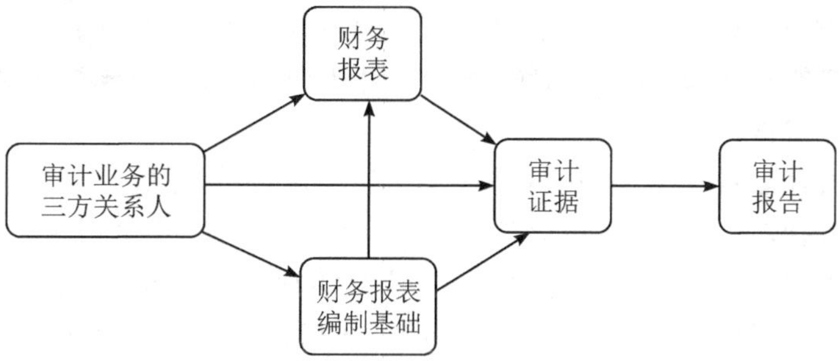

图 1－3　审计业务的“五要素”

1.2.1　审计业务的三方关系人

注册会计师对由被审计单位管理层负责的财务报表发表审计意见，以增强除管理层之外的预期使用者对财务报表的信赖程度。由此决定了三方关系人分别是注册会计师、被审计单位管理层（责任方）、财务报表预期使用者，如图 1－4 所示。

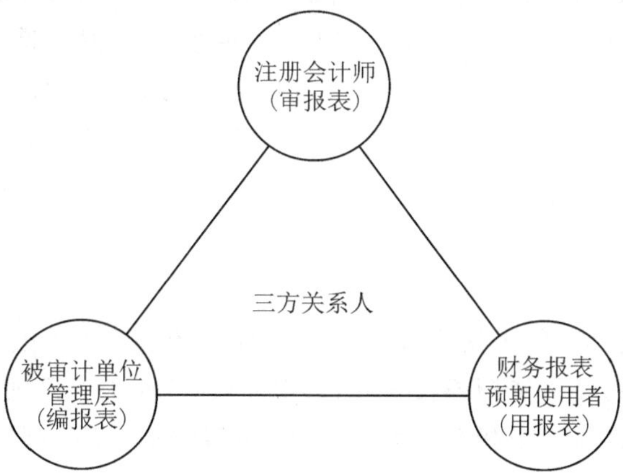

图 1－4　审计业务的三方关系人

1. 注册会计师

注册会计师，是指取得注册会计师证书并在会计师事务所执业的人员，通常是指项目合伙人或项目组其他成员，有时也指其所在的会计师事务所。

2. 被审计单位管理层

被审计单位管理层，是指对被审计单位经营活动的执行负有经营管理责任的人员。在某些被审计单位，管理层包括部分或全部的治理层成员，如治理层中负有经营管理责任的人员，或参与日常经营管理的业主。

治理层，是指对被审计单位战略方向以及管理层履行经营管理责任负有监督责任的人员或组织。治理层的责任包括监督财务报告过程。在某些被审计单位，治理层可能包括管理层，如治理层中负有经营管理责任的人员，或业主兼经理。

财务报表是由被审计单位管理层在治理层的监督下编制的。审计准则不对管理层或治理层设定责任，也不超越法律法规对管理层或治理层的责任作出规定。管理层和治理层认可与财务报表相关的责任，是注册会计师执行审计工作的前提，构成注册会计师按照审计准则的规定执行审计工作的基础。

与管理层和治理层责任相关的执行审计工作的前提是管理层和治理层认可并理解其应当承担下列责任，这些责任构成注册会计师按照审计准则的规定执行审计工作的基础：①按照适用的财务报告编制基础编制财务报表，并使其实现公允反映；②设计、执行和维护必要的内部控制，以使财务报表不存在舞弊或错误导致的重大错报；③向注册会计师提供必要的工作条件，包括允许注册会计师接触与编制财务报表相关的所有信息（如记录、文件和其他事项），向注册会计师提供审计所需的其他信息，允许注册会计师在获取审计证据时不受限制地接触其认为必要的内部人员和其他相关人员。当然，财务报表审计并不减轻管理层或治理层的责任。

3. 财务报表预期使用者

财务报表预期使用者是指预期使用审计报告和财务报表的组织或人员。一般情况下，注册会计师可能无法识别预期使用审计报告的所有组织和人员，尤其在各种可能的预期使用者对财务报表存在不同的利益需求时。此时，预期使用者主要是指那些与财务报表有重要和共同利益的主要利益相关者。例如，在上市公司财务报表审计中，预期使用者主要是指上市公司的股东。注册会计师应当根据法律法规的规定或与委托人签订的协议识别预期使用者。

1.2.2 财务报表

财务报表是指依据某一财务报告编制基础对被审计单位历史财务信息作出的结构性表述，旨在反映某一时点的经济资源或义务，或者某一时期经济资源或义务的变化。财务报表通常是指整套财务报表，有时也指单一财务报表，披露包括适用的财务报告编制基础所要求的、明确允许的或通过其他形式允许作出的解释性或描述性信息，披露是财务报表不可分割的组成部分，主要在财务报表附注中反映，也可能在财务报表表内反映，或通过财务报表中的交叉索引予以提及。整套财务报表通常包括资产负债表、利润表、现金流量表、所有者权益（或股东权益）变动表和相关附注。

1.2.3 财务报告编制基础

适用的财务报告编制基础是指法律法规要求采用的财务报告编制基础；或者管理层和治理层在编制财务报表时，就被审计单位性质和财务报表目标而言，采用的可接受的财务报告编制基础。

财务报告编制基础分为通用目的编制基础和特殊目的编制基础。通用目的编制基础是指旨在满足广大财务报表使用者共同的财务信息需求的财务报告编制基础，主要是指会计准则和会计制度。特殊目的编制基础是指旨在满足财务报表特定使用者对财务信息需求的财务报告编制基础，包括计税核算基础、监管机构的报告要求和合同的约定等。

1.2.4　审计证据

审计证据是指注册会计师为了得出审计结论和形成审计意见而使用的信息。审计证据包括构成财务报表基础的会计记录所含有的信息和其他的信息。

审计证据对支持审计意见和审计报告是必要的。注册会计师应当按照审计准则的规定，对财务报表整体是否不存在舞弊或错误导致的重大错报获取合理保证，以作为发表审计意见的基础。合理保证是一种高水平保证。注册会计师获取充分、适当的审计证据，并将审计风险降至可接受的低水平时，就获取了合理保证。

只有充分且适当的审计证据才是有证明力的。审计证据的充分性，是对审计证据数量的衡量。注册会计师需要获取的审计证据的数量受其对重大错报风险评估的影响，并受审计证据质量的影响。审计证据的适当性，是对审计证据质量的衡量，即审计证据在支持审计意见所依据的结论方面具有的相关性和可靠性。

1.2.5　审计报告

审计报告是指注册会计师根据审计准则的规定，在执行审计工作的基础上，对财务报表发表审计意见的书面文件。

如果认为财务报表在所有重大方面按照适用的财务报告编制基础的规定编制并实现公允反映，注册会计师应当发表无保留意见。

当存在下列情形之一时，注册会计师应当按照《中国注册会计师审计准则第 1502 号——在审计报告中发表非无保留意见》的规定，在审计报告中发表非无保留意见：①根据获取的审计证据，得出财务报表整体存在重大错报的结论；②无法获取充分、适当的审计证据，不能得出财务报表整体不存在重大错报的结论。

如果财务报表没有实现公允反映，注册会计师应当就该事项与管理层讨论，并根据适用的财务报告编制基础的规定和该事项得到解决的情况，决定是否有必要按照《中国注册会计师审计准则第 1502 号——在审计报告中发表非无保留意见》的规定在审计报告中发表非无保留意见。

1.3　审计目标与认定

目标导向是保证审计效能的基础。审计目标分为总体目标和具体目标。总体目标是指注册会计师为完成整体审计工作而达到的预期目的。具体目标是指注册会计师通过实施审计程序以确定管理层在财务报表中确认的各类交易、账户余额、披露层次认定是否恰当。注册会计师在了解每个项目的认定后，就容易相对应地确定每个项目的具体审计目标。目标导向贯穿审计过程始终，并与认定、审计程序、审计证据形成有机关联，其逻辑关系如图 1－5 所示。

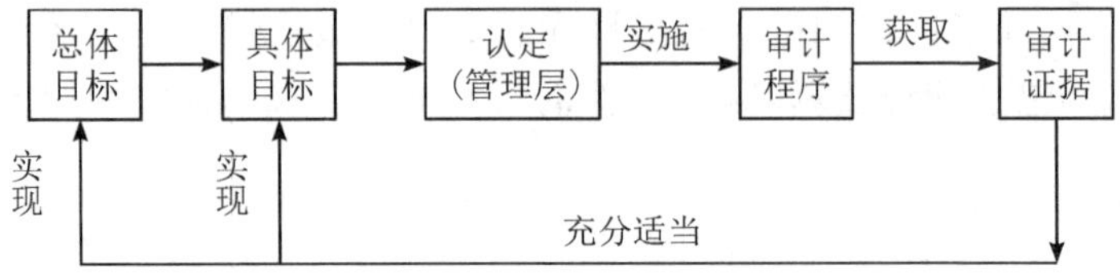

图 1－5　审计目标与管理层认定的逻辑关系图

1.3.1　审计的总体目标

在执行财务报表审计工作时，注册会计师的总体目标是：①对财务报表整体是否不存在舞弊或错误导致的重大错报获取合理保证，使得注册会计师能够对财务报表是否在所有重大方面按照适用的财务报告编制基础编制发表审计意见；②按照审计准则的规定，根据审计结果对财务报表出具审计报告，并与管理层和治理层沟通。

在任何情况下，如果不能获取合理保证，并且在审计报告中发表保留意见也不足以实现向财务报表预期使用者报告的目的，注册会计师应当按照审计准则的规定：①或者出具无法表示意见的审计报告；②或者在法律法规允许的情况下终止审计业务或解除业务约定。

1.3.2　认定与相关认定

认定与具体审计目标密切相关，注册会计师的基本职责就是确定被审计单位管理层对财务报表的认定是否恰当(即是否存在重大错报)。只有了解认定，才能相对应地确定每个项目的具体审计目标。

认定是指管理层针对财务报表要素的确认、计量和列报(包括披露)作出的一系列明确或暗含的意思表达。注册会计师在识别、评估和应对重大错报风险的过程中，将管理层的认定用于考虑可能发生的不同类型的错报。当管理层声明财务报表已按照适用的财务报告编制基础编制，在所有重大方面作出了公允反映时，就意味着管理层对各类交易和事项、账户余额以及披露的确认、计量和列报作出了认定。管理层在财务报表上的认定有些是明确表达的，有些则是暗含的。

相关认定是指注册会计师识别出重大错报风险的交易类别、账户余额和披露的认定。当注册会计师针对交易类别、账户余额和披露的某项认定识别出重大错报风险时，该项认定即为相关认定。注册会计师确定某项认定是否属于相关认定，应当依据其固有风险，而不考虑相关控制的影响。

1.3.3　具体审计目标

对管理层对财务报表各组成要素作出的认定，注册会计师的审计工作就是要确定管理层的认定是否恰当。注册会计师了解认定后，就容易相对应地确定每个项目的具体审计目标，并以此作为识别和评估重大错报风险以及设计和实施应对措施的基础。

1. 与所审计期间各类交易、事项及相关披露相关的审计目标

(1)发生：由“发生”认定推导的审计目标是确认已记录的交易是真实的。例如，如果没有发生销售交易，但在销售日记账中记录了一笔销售，则违反了该目标。

“发生”认定所要解决的问题是管理层是否把那些不曾发生的项目列入财务报表，它主要与财务报表组成要素的高估有关。

(2)完整性：由“完整性”认定推导的审计目标是确认已发生的交易确实已经记录。所有应包括在财务报表中的相关披露均已包括。例如，如果发生了销售交易，但没有在销售明细账和总账中记录，则违反了该目标。

发生和完整性两者强调的是不同的关注点。发生目标针对多记、虚构交易(高估)，而完整性目标则针对漏记交易(低估)。

(3)准确性：由“准确性”认定推导出的审计目标是确认已记录的交易是按正确金额反映的，相关披露已得到恰当计量和描述。例如，如果在销售交易中，发出商品的数量与账单上的数量不符，或是开账单时使用了错误的销售价格，或是账单中的乘积或加总有误，或是在销售明细账中记录了错误的金额，则违反了该目标。

准确性与发生、完整性之间存在区别。例如，若已记录的销售交易是不应当记录的(如发出的商品是寄销商品)，则即使发票金额是准确计算的，仍违反了发生目标。再如，若已入账的销售交易是对正确发出商品的记录，但金额计算错误，则违反了准确性目标，而没有违反发生目标。在完整性与准确性之间也存在同样的关系。

(4)截止：由“截止”认定推导出的审计目标是确认接近于资产负债表日的交易记录于恰当的期间。例如，如果本期交易推到下期，或下期交易提到本期，均违反了截止目标。

(5)分类：由“分类”认定推导出的审计目标是确认被审计单位记录的交易经过适当分类。例如，如果将出售经营性固定资产所得的收入记录为营业收入，则导致交易分类的错误，违反了分类的目标。

(6)列报：由“列报”认定推导出的审计目标是确认被审计单位的交易和事项已被恰当地汇总或分解且表述清楚，相关披露在适用的财务报告编制基础下是相关的、可理解的。

2. 与期末账户余额及相关披露相关的审计目标

(1)存在：由“存在”认定推导的审计目标是确认记录的金额确实存在。例如，如果不存在某客户的应收账款，在应收账款明细表中却列入了对该客户的应收账款，则违反了存在目标。

(2)权利义务：由“权利和义务”认定推导的审计目标是确认资产归属于被审计单位，负债属于被审计单位的义务。例如，将他人寄售商品列入被审计单位的存货中，违反了权利目标；将不属于被审计单位的债务记入账内，违反了义务目标。

(3)完整性：由“完整性”认定推导的审计目标是确认已存在的金额均已记录，所有应包括在财务报表中的相关披露均已包括。例如，如果存在某客户的应收账款，而应收账款明细表中却没有列入，则违反了完整性目标。

(4)准确、计价和分摊：资产、负债和所有权益金包括在财务报表中与之相关的计价或分摊调整已恰当记录，相关披露已得到恰当计量和描述。

(5)分类:资产、负债和所有者权益已记录于恰当的账户。

(6)列报:资产、负债和所有者权益已被恰当地汇总或分解且表述清楚,相关披露在适用的财务报告编制基础下是相关的、可理解的。

3. 审计认定、具体审计目标和审计程序

认定与具体审计目标密切相关,管理层的认定“在先”,注册会计师再认定“在后”。注册会计师审计的基本职责就是根据其对被审计单位“认定”的了解、识别和评估,确定其具体审计目标,设计进一步审计程序,获取充分、适当的审计证据,以应对其评估的重大错报风险。因此,认定是确定具体审计目标的基础。注册会计师通常将认定转化为能够通过审计程序予以实现的审计目标。审计认定、审计目标和审计程序之间的关系,如表 1-1 所示。

表 1-1 审计认定、审计目标和审计程序之间的关系

审计认定	审计目标	审计程序
存在	资产负债表列示的存货存在	实施存货监盘程序
完整性	销售收入包括了所有已发货的交易	检查发货单和销售发票的编号以及销售明细账
准确性	应收账款反映的销售业务是否基于正确的价格和数量,计算是否准确	比较价格清单与发票上的价格、发货单与销售订购单上的数量是否一致,重新计算发票上的金额
截止	销售业务记录在恰当的期间	比较上一年度最后几天和下一年度最初几天的发货单日期与记账日期
权利和义务	资产负债表中的固定资产确实为公司拥有	查阅所有权证书、购货合同、结算单和保险单
计价和分摊	以净值记录应收款项	检查应收账款账龄分析表、评估计提的坏账准备是否充足

1.4 审计风险

审计风险是指当财务报表存在重大错报时,注册会计师发表不恰当审计意见的可能性。审计风险是一个与审计过程相关的技术术语,并不是指注册会计师的业务风险,如因诉讼、负面宣传或其他与财务报表审计相关的事项而导致损失的可能性。审计风险取决于重大错报风险和检查风险。图 1-6 为审计风险漏斗模型。

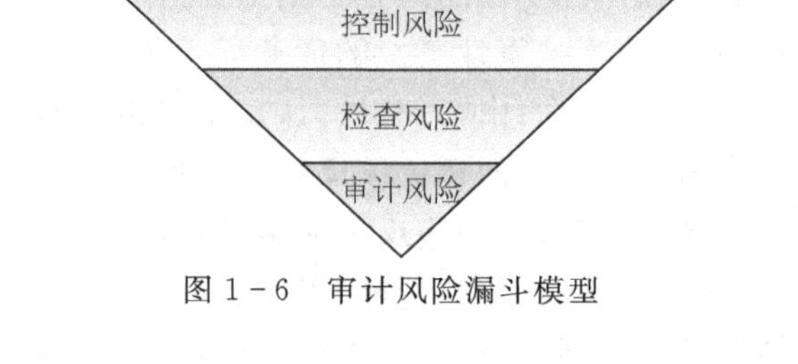

图 1-6 审计风险漏斗模型

1.4.1　重大错报风险

重大错报风险是指财务报表在审计前存在重大错报的可能性。重大错报风险与被审计单位的风险相关,且独立于财务报表审计而存在。重大错报风险分为财务报表层次的重大错报风险和认定层次的重大错报风险。

1. 财务报表层次的重大错报风险

财务报表层次的重大错报风险是指与财务报表整体存在广泛联系并潜在影响多项认定的重大错报风险。此类风险通常与控制环境有关,但也可能与其他因素有关,如经济萧条。此类风险虽然难以界定于某类交易、账户余额和披露的具体认定,但增大了认定层次发生重大错报的可能性,与注册会计师考虑由舞弊引起的风险尤其相关。

2. 认定层次重大错报风险:固有风险和控制风险

评估各类交易、账户余额和披露等认定层次的重大错报风险的目的,是确定所需实施的进一步审计程序的性质、时间安排和范围以获取充分、适当的审计证据。认定层次重大错报风险由固有风险和控制风险两部分组成。固有风险和控制风险是被审计单位的风险,独立于财务报表审计而存在。三者关系用数学模型表示如下:

$$重大错报风险=固有风险\times控制风险$$

固有风险是指在不考虑控制的情况下,交易类别、账户余额和披露的某一认定易于发生错报(无论该错报是舞弊还是错误导致)的可能性。固有风险的高低受固有风险因素的影响。固有风险因素可以是定性的,也可以是定量的,包括事项或情况的复杂性、主观性、变化、不确定性以及管理层偏向或其他舞弊风险因素。

控制风险是指交易类别、账户余额和披露的某一认定发生了错报,该错报单独或连同其他错报可能是重大的,但控制没有及时防止或发现并纠正这个错报的可能性。控制风险取决于与财务报表编制有关的内部控制的设计和运行的有效性。由于控制的固有局限性,某种程度的控制风险始终存在。

1.4.2　检查风险

检查风险是指如果存在某一错报,该错报单独或连同其他错报可能是重大的,注册会计师为将审计风险降至可接受的低水平而实施程序后没有发现这种错报的风险。检查风险取决于审计程序设计的合理性和执行的有效性。由于审计存在固有限制:①财务报告的性质;②审计程序的性质;③在合理的时间内以合理的成本完成审计的需要。检查风险不可能降低为零。这意味着注册会计师不可能将审计风险降至零,不能对财务报表是否不存在由于舞弊或错误导致的重大错报获取绝对保证。

1.4.3　检查风险与重大错报风险的反向关系

审计风险模型为:

$$审计风险=重大错报风险\times检查风险$$

这意味着在既定的审计风险水平下,针对某一认定确定的可接受检查风险水平与注册会计师对认定层次重大错报风险的评估结果呈反向关系。评估的重大错报风险越高,可接受的检查风险越低;评估的重大错报风险越低,可接受的检查风险就越高。假设针对某一认定,注册会计师将可接受的审计风险水平设定为5%,注册会计师实施风险评估程序后将重大错报风险评估为25%,则根据这一模型,可接受的检查风险为20%。

1.4.4 各类风险的逻辑关系

风险导向的审计模式要求精准应对审计中的各类风险,各类风险间的逻辑关系如图1-7所示。

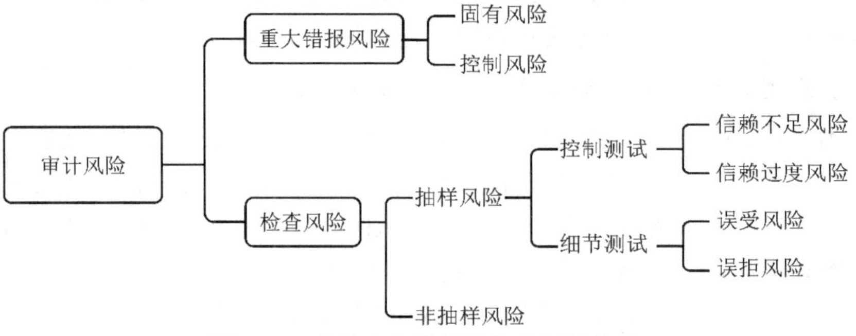

图1-7 审计中各类风险间的逻辑关系

1.5 审计基本要求

1. 遵守审计准则

审计准则是衡量注册会计师执行财务报表审计业务的权威性标准,涵盖从接受业务委托到出具审计报告的整个过程,注册会计师在执业过程中应当遵守审计准则的要求。

2. 遵守职业道德规范

注册会计师受到与财务报表审计相关的职业道德要求的约束。根据《中国注册会计师职业道德守则第1号——职业道德基本原则》和《中国注册会计师职业道德守则第2号——职业道德概念框架》相关规定,注册会计师应当遵循的基本原则包括:①诚信;②客观公正;③独立性;④专业胜任能力和勤勉尽责;⑤保密;⑥良好职业行为。

就审计业务而言,注册会计师独立于被审计单位是符合公众利益的,因此,职业道德守则对独立性作出要求。职业道德守则规定,独立性包括实质上的独立性和形式上的独立性。注册会计师独立于被审计单位,能够保护其形成审计意见的能力,使其在发表审计意见时免受不当影响。独立性能够增强注册会计师诚信行事、保持客观和公正以及职业怀疑的能力。

3. 保持职业怀疑

职业怀疑是指注册会计师执行审计业务的一种态度,包括采取质疑的思维方式,对舞弊或错误导致错报的情况保持警觉，以及对审计证据进行审慎评价。在计划和实施审计工作时，注册会计师应当保持职业怀疑，认识到可能存在导致财务报表发生重大错报的情形。

职业怀疑要求对诸如下列情形保持警觉：①存在相互矛盾的审计证据；②引起对作为审计证据的文件记录和对询问的答复的可靠性产生怀疑的信息；③表明可能存在舞弊的情况；④表明需要实施除审计准则规定外的其他审计程序的情形。

注册会计师有必要在整个审计过程中保持职业怀疑，以降低下列风险：①忽视异常的情形；②当从审计观察中得出审计结论时过度推而广之；③在确定审计程序的性质、时间安排和范围以及评价审计结果时使用不恰当的假设。

注册会计师可以考虑过去对管理层和治理层诚实、正直形成的看法。然而，即使注册会计师认为管理层和治理层是诚实、正直的，也不能降低保持职业怀疑的要求，不允许在获取合理保证的过程中满足于说服力不足的审计证据。

4. 合理运用职业判断

在计划和实施审计工作时，注册会计师应当运用职业判断。职业判断是注册会计师综合运用审计法律、法规、准则等相关知识、技能和经验，作出适合审计业务具体情况的行动决策。

职业判断是注册会计师执业的精髓。从本质上讲，无论是财务报表的编制，还是注册会计师审计，都是由一系列判断行为构成的。职业判断对于适当地执行审计工作是必不可少的，如果没有运用职业判断将相关知识和经验灵活运用于具体事实和情况，仅靠机械地执行审计程序，注册会计师无法理解审计准则、财务报告编制基础和相关职业道德要求，难以在整个审计过程中作出有依据的决策。

职业判断对于作出下列决策尤为必要：

(1)确定重要性和评估审计风险；

(2)为满足审计准则的要求和收集审计证据的需要，确定所需实施的审计程序的性质、时间安排和范围；

(3)为实现审计准则规定的目标和注册会计师的总体目标，评价是否已获取充分、适当的审计证据以及是否还需执行更多的工作；

(4)评价管理层在应用适用的财务报告编制基础时作出的判断；

(5)根据已获取的审计证据得出结论，如评估管理层在编制财务报表时作出的估计的合理性。

注册会计师需要在整个审计过程中运用职业判断，并作出适当记录。对此，审计准则要求注册会计师编制的审计工作底稿。应当使未曾接触该项审计工作的有经验的专业人士了解在对重大事项得出结论时作出的重大职业判断。如果有关决策不被该业务的具体事实和情况所支持或者缺乏充分、适当的审计证据，职业判断并不能成为作出决策的正当理由。

1.6 审计的逻辑框架

审计工作是一个复杂的系统，有效开展的基础是理清逻辑关系。其内在的逻辑是，以审计目标为内核，构建以审计过程、审计方法和审计对象为支撑的有机体系。换言之，围绕审计目标，可从审计过程（如何开展）、审计对象（审计什么）、审计方法（如何审计）三个维度来理解审计知识体系和工作逻辑，如下图 1-8 所示。

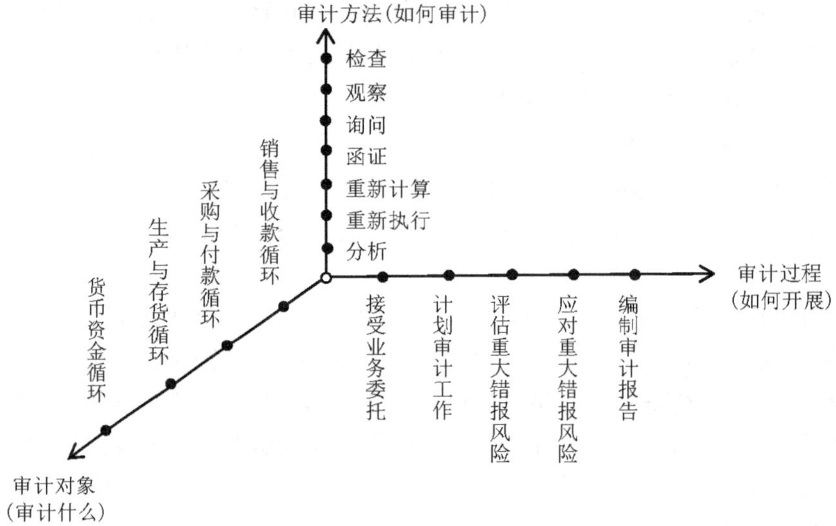

图 1-8 审计的逻辑框架

审计过程维度围绕审计流程展开，主要包括以下几个阶段：接受业务委托、计划审计工作、识别和评估重大错报风险、应对重大错报风险和编制审计报告，主要分布在书中第 2 章、第 5 章、第 6 章、第 7 章、第 12 章和第 13 章。

审计对象维度围绕审计什么展开，主要包括在以下业务循环：销售与收款循环、采购与付款循环、生产与存货循环和现金业务循环，规模大、业务复杂的公司还可能存在投资与筹资循环、人力资源与工薪循环，主要分布在书中第 8 章至第 11 章。

审计方法维度围绕如何审计展开，主要包括以下方法程序：检查、观察、询问、函证、重新计算、重新执行和分析。同时为提高审计效率，在控制测试和细节测试中，部分审计证据的获取采用抽样审计的方法。该维度主要分布在书中第 3 章至第 4 章。

图 1-8 同时也可作为审计逻辑思维导图，表明审计是个多维系统，启示着我们处于哪个审计阶段，审计什么，用什么方法、什么程序审计。

同时，在审计中，审计对象、程序等的选择均以审计规范体系为依据和标准。以注册会计师审计行业为例，审计规范体系的核心内容包括三个层次，如图 1-9 所示。

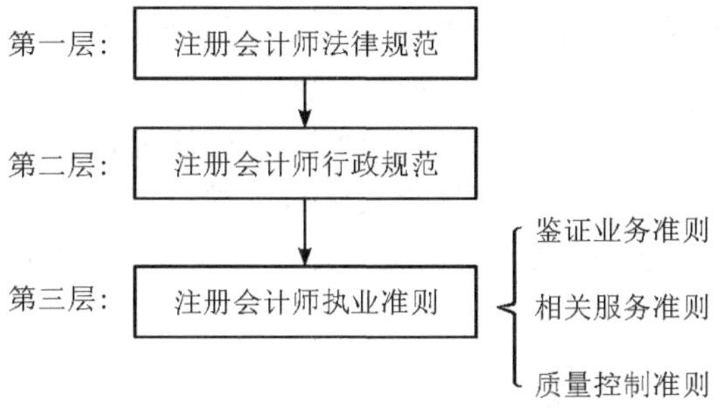

图 1－9　注册会计师行业规范体系

1. 法律层

首先，《中华人民共和国注册会计师法》于 1993 年颁布，2014 年修订，是注册会计师业务、人员与机构的最高层次的规则。该法明确了注册会计师的资格取得、执业范围、权利与义务，以及会计师事务所的设立与管理等。

其次，其他相关法律，如《中华人民共和国会计法》《中华人民共和国证券法》《中华人民共和国公司法》等法律中涉及注册会计师审计、鉴证业务的规定等。

2. 法规层

国务院以及各级政府有关监管机构因对注册会计师行业进行管制的需要，依法发布的行政法规，属于法规层的行业规范。如，国务院办公厅《关于进一步规范财务审计秩序促进注册会计师行业健康发展的意见》（国办发〔2021〕30 号）；由财政部颁发的《关于进一步加强注册会计师协会自律监督工作的意见》（财会〔2024〕27 号）、《注册会计师注册办法》和《会计师事务所执业许可和监督管理办法》等。法规层的规范是利用行政手段对注册会计师行业进行政策指导与管理的一种工具，虽然它比法律的层次低，但它仍然具有较强的约束力。

3. 执业准则层

中国注册会计师执业准则受注册会计师职业道德守则统御，包括注册会计师业务准则和会计师事务所质量控制准则。

注册会计师业务准则包括鉴证业务准则和相关服务准则，鉴证业务准则由鉴证业务基本准则统领，按照鉴证业务提供的保证程度和鉴证对象的不同，分为审计准则、审阅准则和其他鉴证业务准则。

(1)鉴证业务准则。鉴证业务准则由鉴证业务基本准则统领，根据鉴证业务提供的保证程度和鉴证对象的不同，分为中国注册会计师审计准则、中国注册会计师审阅准则、中国注册会计师其他鉴证业务准则。其中，审计准则是整个执业准则体系的核心。

(2)相关服务准则。相关服务准则是用来规范注册会计师代编财务信息、执行商定程序等服务。在提供相关服务时，注册会计师不提供任何程度的保证。

(3)会计师事务所质量控制准则。会计师事务所质量控制准则要求会计师事务所对上市公司财务报表审计实施项目质量控制复核，包括独立性、审计过程中识别的特别风险及其应对措施，审计过程中作出的重要判断，意见分歧，调整事项和审计报告等。

目前，在财政部发布的中国注册会计师执业准则体系中，涉及质量控制的准则有《会计师事务所质量管理准则第 5101 号——业务质量管理》《会计师事务所质量管理准则第 5102 号——项目质量复核》和《中国注册会计师审计准则第 1121 号——对财务报表审计实施的质量管理》。前两项是从整个会计师事务所层面上进行规范，适用于包括鉴证业务在内的各项业务；而后一项是从执行审计项目的负责人层面上进行规范，仅适用于历史财务信息审计业务，因而将其列入了审计准则之中，但从其本质上来看，应该都属于质量控制准则的范畴。

课后习题

一、单选题

1. 下列相关财务报表审计的说法中，错误的是（　　）。

A. 财务报表审计的目的是改善财务报表的质量或内涵

B. 财务报表审计的基础是独立性和专业性

C. 财务报表审计可以有效满足财务报表预期使用者的需求

D. 财务报表审计提供的合理保证意味着注册会计师可以通过获取充分、适当的审计证据消除审计风险

2. 下列相关财务报表审计的说法中，错误的是（　　）。

A. 审计可以有效满足财务报表预期使用者的需求

B. 审计的目的是增加财务报表预期使用者对财务报表的信赖程度

C. 财务报表审计的基础是注册会计师的独立性和专业性

D. 审计涉及为财务报表预期使用者如何利用相关信息提供建议

3. 下列各项中，不属于审计业务要素的是（　　）。

A. 财务报告编制基础　　B. 审计报告　　C. 财务报表　　D. 审计准则

二、多选题

1. 下列各项中，属于审计业务要素的有（　　）。

A. 财务报表　　B. 审计证据

C. 财务报表编制基础　　D. 审计报告

2. 关于注册会计师在计划和执行审计工作时保持职业怀疑的作用，下列说法中，正确的有（　　）。

A. 降低检查风险　　B. 降低审计成本

C. 避免过度依赖管理层提供的书面声明

D. 恰当识别、评估和应对重大错报风险

3. 下列各项中，属于审计基本要求的有（　　）。

A. 遵守审计准则　　B. 合理运用职业判断

C. 遵守职业道德守则　　D. 保持职业怀疑

三、简答题

1. 简述财务报表审计的概念及特征。

2. 简述审计风险的分类与内在逻辑关系。

3. 简述审计的逻辑框架。

第2章　审计计划

学习目标

1. 熟悉审计计划的概念和作用。
2. 掌握审计重要性、实际执行重要性的概念。
3. 掌握制定总体审计策略时应考虑的事项。
4. 掌握具体审计计划的内容。
5. 熟悉重要性与审计风险的关系。

计划性是审计工作科学高效开展的前提。合理的审计计划有助于审计人员突出审计重点,及时发现和解决潜在问题并恰当地组织和管理审计工作,以使审计工作更加有效。审计计划分为总体审计策略和具体审计计划两个层次,整个制定过程中须做出多项专业性决策,主要包括确定可接受的审计风险水平、重要性水平、人员安排等。

2.1　初步业务活动

2.1.1　审计的前提条件

审计的前提条件主要有两个方面:①管理层在编制财务报表时采用可接受的财务报告编制基础,即管理层编制财务报告有恰当的基础,注册会计师对财务报表进行审计有适当的标准。②管理层对注册会计师执行审计工作的前提的认同,认可并理解其应承担的责任。

1. 确定财务报告编制基础的可接受性

就审计准则而言,适用的财务报告编制基础为注册会计师提供了用以审计财务报表(包括公允反映,如相关)的标准。因此,如果不存在可接受的财务报告编制基础,管理层就不具有编制财务报表的恰当基础,注册会计师也不具有对财务报表进行审计的适当标准。

1)确定财务报告编制基础的可接受性,需要考虑以下因素

(1)被审计单位的性质。例如,被审计单位是商业企业、公共部门实体还是非营利组织。

(2)财务报表的目的。例如,编制财务报表是用于满足广大财务报表使用者共同的财务信息需求,还是用于满足财务报表特定使用者的财务信息需求。

(3)财务报表的性质。例如,财务报表是整套财务报表还是单一财务报表。

(4)法律法规是否规定了适用的财务报告编制基础。

2)特殊目的与通用目的

特殊目的财务报表旨在满足财务报表特定使用者的财务信息需求。对于特殊目的财务报表,预期财务报表使用者对财务信息的需求决定适用的财务报告编制基础。应依据《中国注册会计师审计准则第 1601 号——审计特殊目的财务报表的特殊考虑》相关规定确定财务报告编制基础的可接受性。

对于通用目的编制基础,如果财务报告准则由经授权或获得认可的准则制定机构制定和发布,供某类实体使用,只要这些机构遵循一套既定和透明的程序则认为财务报告准则对这类实体编制通用目的财务报表是可接受的。这些财务报告准则包括:

(1)国际会计准则理事会发布的国际财务报告准则。

(2)国际公共部门会计准则理事会发布的国际公共部门会计准则。

(3)某一国家或地区经授权或获得认可的准则制定机构,在遵循一套既定和透明的程序(包括认真研究和仔细考虑广大利益相关者的观点)的基础上发布的会计准则。

在规范通用目的财务报表编制的法律法规中,这些财务报告准则通常被界定为适用的财务报告编制基础。

2. 就管理层的责任达成一致意见

独立审计的理念要求注册会计师不对财务报表的编制或被审计单位的相关内部控制承担责任,并要求注册会计师合理预期能够获取审计所需要的信息。因此,管理层认可并理解其责任,这一前提对执行独立审计工作至关重要。

管理层责任主要包括:

(1)按照适用的财务报告编制基础编制财务报表,并使其实现公允反映。

(2)设计、执行和维护必要的内部控制,以使财务报表不存在舞弊或错误导致的重大错报。

(3)向注册会计师提供必要的工作条件,包括允许注册会计师接触与编制财务报表相关的所有信息(如记录、文件和其他事项),向注册会计师提供审计所需要的其他的信息,允许注册会计师在获取审计证据时不受限制地接触其认为必要的内部人员和其他相关人员。

3. 确认的形式与规范——书面声明

按照《中国注册会计师审计准则第 1341 号——书面声明》的规定,注册会计师应当要求管理层就其已履行某些责任提供书面声明。因此,注册会计师需要获取针对管理层责任的书面声明、其他审计准则要求的书面声明,以及在必要时需要获取用于支持其他审计证据(用以支持财务报表或者一项或多项具体认定)的书面声明。

4. 两种情形的处理规范

如果审计的前提条件不存在,注册会计师应当就此与管理层沟通。

两种情形下的处理:①如果管理层或治理层在拟议的审计业务约定条款中对审计工作的范围施加限制,以致注册会计师认为这种限制将导致其对财务报表发表无法表示意见,注册会计师不应将该项业务作为审计业务予以承接;②如果管理层不认可其责任,或不同意提供书面声明,注册会计师将不能获取充分、适当的审计证据。在这种情况下,注册会计师承接此类审计业务是不恰当的。

2.1.2 初步业务活动的目的和内容

1. 初步业务活动的目的

开展初步业务活动有助于确保在计划审计工作时达到下列要求:①注册会计师已具备执行业务所需要的独立性和专业胜任能力;②不存在因管理层诚信问题而影响注册会计师保持该项业务意愿的情况;③与被审计单位不存在对业务约定条款的误解。

2. 初步业务活动的内容

1)针对保持客户关系和具体审计业务实施相应的质量控制程序

针对保持客户关系和具体审计业务实施质量控制程序,并且根据实施相应程序的结果作出适当的决策是注册会计师控制审计风险的重要环节。《中国注册会计师审计准则第1121号——历史财务信息审计的质量控制》《会计师事务所质量控制准则第5101号——业务质量控制》含有与客户关系和具体业务的接受与保持相关的要求,注册会计师应当按照其规定开展初步业务活动。

为确定保持客户关系和具体审计业务的结论是恰当的,无论是连续审计还是首次接受审计委托,均应当考虑下列主要事项:①被审计单位的主要股东、关键管理人员和治理层是否诚信;②项目组是否具备执行审计业务的专业胜任能力以及必要的时间和资源;③会计师事务所和项目组能否遵守职业道德规范。

2)评价遵守职业道德规范的情况,包括评价独立性

评价遵守职业道德规范的情况也是一项非常重要的初步业务活动。职业道德规范要求项目组成员恪守独立、客观、公正的原则,保持专业胜任能力和应有的关注,并对审计过程中获知的信息保密。质量控制准则含有包括独立性在内的有关职业道德要求,注册会计师应当按照其规定执行。

虽然保持客户关系及具体审计业务和评价职业道德的工作贯穿审计业务的全过程,但是这两项活动需要安排在其他审计工作之前,以确保注册会计师已具备执行业务所需要的独立性和专业胜任能力,且不存在因管理层诚信问题而影响注册会计师保持该项业务意愿等情况。

3)及时签订或修改审计业务约定书

在作出接受或保持客户关系及具体审计业务的决策后,注册会计师应当按照《中国注册会计师审计准则第1111号——审计业务约定书》的规定,在审计业务开始前,与被审计单位就审计业务约定条款达成一致意见,签订或修改审计业务约定书,以避免双方对审计业务的理解产生分歧。

2.1.3 审计业务约定书

为保证审计过程规范性和有效性,注册会计师应当就审计业务约定条款与管理层或治理层达成一致意见,并应当将达成一致意见的审计业务约定条款记录于审计业务约定书或其他适当形式的书面协议中。

审计业务约定书是指会计师事务所与被审计单位签订的,用以记录和确认审计业务的

委托与受托关系、审计目标和范围、双方的责任以及报告的格式等事项的书面协议。

1. 基本内容

审计业务约定书的格式和内容可能因被审计单位而异。但审计业务约定条款应当包括下列主要内容：

(1)财务报表审计的目标与范围；

(2)注册会计师的责任；

(3)管理层的责任；

(4)指出用于编制财务报表所适用的财务报告编制基础；

(5)提及注册会计师拟出具的审计报告的预期形式和内容，以及对在特定情况下出具的审计报告可能不同于预期形式和内容的说明。

2. 其他内容

如果情况需要，审计业务约定书还可能包括下列方面：

(1)详细说明审计工作的范围，包括提及适用的法律法规、审计准则，以及注册会计师协会发布的职业道德守则和其他公告；

(2)对审计业务结果的其他沟通形式；

(3)关于注册会计师按照《中国注册会计师审计准则第 1504 号——在审计报告中沟通关键审计事项》的规定，在审计报告中沟通关键审计事项的要求；

(4)说明由于审计和内部控制的固有限制，即使审计工作按照审计准则的规定得到恰当的计划和执行，仍不可避免地存在某些重大错报未被发现的风险；

(5)计划和执行审计工作的安排，包括审计项目组的构成；

(6)预期管理层将提供书面声明；

(7)预期管理层将允许注册会计师接触管理层知悉的与财务报表编制相关的所有信息(包括与披露相关的所有信息)；

(8)管理层同意向注册会计师及时提供财务报表草稿(包括与财务报表及披露的编制相关的所有信息，无论该信息是从总账和明细账中获取，还是从总账和明细账之外的其他途径获取)和其他信息，以使注册会计师能够按照预定的时间表完成审计工作；

(9)管理层同意告知注册会计师在审计报告日至财务报表报出日之间注意到的可能影响财务报表的事实；

(10)收费的计算基础和收费安排；

(11)管理层确认收到审计业务约定书并同意其中的条款。

3. 连续审计情形

对连续审计，注册会计师应当根据具体情况评估是否需要对审计业务约定条款作出修改，以及是否需要提醒被审计单位注意现有的条款。下列因素可能导致修改审计业务约定条款或提醒被审计单位注意现有的业务约定条款：

(1)有迹象表明被审计单位误解审计目标和范围；

(2)需要修改约定条款或增加特别条款；

(3)被审计单位高级管理人员近期发生变动；

(4)被审计单位所有权发生重大变动；

(5)被审计单位业务的性质或规模发生重大变化；

(6)法律法规的规定发生变化；

(7)编制财务报表采用的财务报告编制基础发生变更；

(8)其他报告要求发生变化。

4. 审计业务约定条款的变更

在缺乏合理理由的情况下，注册会计师不应同意变更审计业务约定条款。

环境变化导致对审计服务的需求产生影响，或对原来要求的审计业务性质存在误解可以是被审计单位要求变更审计业务约定条款的合理理由。相反，如果有迹象表明变更审计业务约定条款的要求与错误的、不完整的或不能令人满意的信息有关，该变更不能认为是合理的。例如，如果注册会计师不能就应收款项获取充分、适当的审计证据，而被审计单位要求将审计业务变更为审阅业务，以避免注册会计师发表保留意见或无法表示意见，则该变更是不合理的。

同时，在完成审计业务前，如果被审计单位或委托人要求将审计业务变更为保证程度较低的业务，注册会计师应当确定是否存在合理理由予以变更。

2.2 总体审计策略和具体审计计划

审计计划分为总体审计策略和具体审计计划两个层次，二者逻辑关系如图 2-1 所示。审计计划服务于审计目标、任务，应根据审计工作需要而不断被更新修改，审计计划的制订与实施需与管理层和治理层沟通而定。

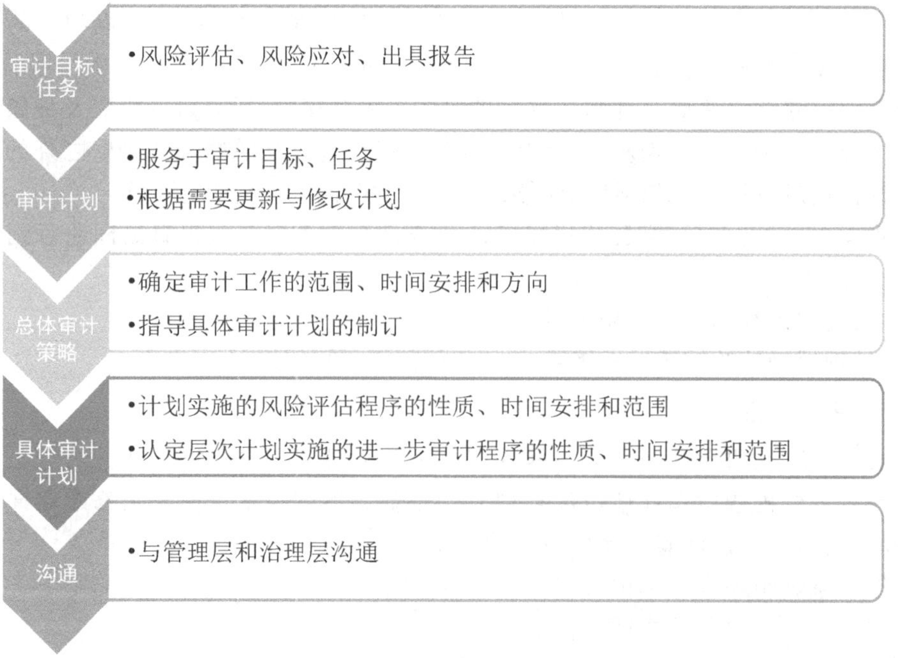

图 2-1 审计计划的层次及内在关系

2.2.1　总体审计策略

总体审计策略用以确定审计范围、时间和方向，并指导制定具体审计计划。总体审计策略的制定应当包括以下几个方面。

1. 确定审计业务的特征，以界定审计范围

确定审计业务的特征，包括采用的会计准则和相关会计制度、特定行业的报告要求以及被审计单位组成部分的分布等，以界定审计范围。具体来说，审计范围的确定需要考虑下列事项：

(1)编制财务报表适用的会计准则和相关会计制度；

(2)特定行业的报告要求，如某些行业的监管部门要求提交的报告；

(3)预期的审计工作涵盖范围，包括需审计的集团内组成部分的数量及所在地点；

(4)母公司和集团内其他组成部分之间存在的控制关系的性质，以确定如何编制合并财务报表；

(5)其他注册会计师参与组成部分审计的范围；

(6)需审计的业务分部性质，包括是否需要具备专门知识；

(7)外币业务的核算方法及外币财务报表折算和合并方法；

(8)除对合并财务报表审计之外，是否需要对组成部分的财务报表单独进行审计；

(9)内部审计工作的可利用性及对内部审计工作的拟依赖程度；

(10)被审计单位使用服务机构的情况，及注册会计师如何取得有关服务机构内部控制设计、执行和运行有效性的证据；

(11)拟利用在以前审计工作中获取的审计证据，如获取的与风险评估程序和控制测试相关的审计证据；

(12)信息技术对审计程序的影响，包括数据的可获得性和预期使用计算机辅助审计技术的情况；

(13)根据中期财务信息审阅及在审阅中所获信息对审计的影响，相应调整审计涵盖范围和时间安排；

(14)与被审计单位人员的协调和相关数据可利用性。

2. 明确审计业务的报告目标，以计划审计的时间安排和所需沟通的性质

总体审计策略的制定应当包括明确审计业务的报告目标，以计划审计的时间安排和所需沟通的性质，包括提交审计报告的时间要求，预期与管理层和治理层沟通的重要日期等。

为有效计划报告目标、时间安排和所需沟通，需要考虑下列事项：

(1)被审计单位对外报告的时间表，包括中间阶段和最终阶段；

(2)与管理层和治理层举行会谈，讨论审计工作的性质、时间安排和范围；

(3)与管理层和治理层讨论注册会计师拟出具的报告的类型和时间安排以及沟通的其他事项(口头或书面沟通)，包括审计报告、管理建议书和向治理层通报的其他事项；

(4)与管理层讨论预期就整个审计业务中审计工作的进展进行的沟通；

(5)与组成部分注册会计师沟通拟出具的报告的类型和时间安排，以及与组成部分审计相关的其他事项；

(6)项目组成员之间沟通的预期性质和时间安排，包括项目组会议的性质和时间安排，以及复核已执行工作的时间安排；

(7)预期是否需要和第三方进行其他沟通，包括与审计相关的法定或约定的报告责任。

3. 考虑影响审计业务的重要因素，以确定项目组审计方向

总体审计策略的制定应当包括考虑影响审计业务的重要因素，以确定项目组工作方向，包括确定适当的重要性水平，初步识别可能存在较高的重大错报风险的领域，初步识别重要的组成部分和账户余额，评价是否需要针对内部控制的有效性获取审计证据，识别被审计单位、所处行业、财务报告要求及其他相关方面最近发生的重大变化等。

在确定审计方向时，需要考虑下列事项：

(1)重要性方面，具体包括：①在制订审计计划时确定的重要性水平；②为组成部分确定重要性且与组成部分的注册会计师沟通；③在审计过程中重新考虑重要性；④识别重要的组成部分和账户余额。

(2)重大错报风险较高的审计领域。

(3)评估的财务报表层次的重大错报风险对指导、监督及复核的影响。

(4)项目组人员的选择(在必要时包括项目质量复核人员)和工作分工，包括向重大错报风险较高的审计领域分派具备适当经验的人员。

(5)项目预算，包括考虑为重大错报风险可能较高的审计领域分配适当的工作时间。

(6)如何向项目组成员强调在收集和评价审计证据过程中保持职业怀疑的必要性。

(7)以往审计中对内部控制运行有效性进行评价的结果，包括所识别的控制缺陷的性质及应对措施。

(8)管理层重视设计和实施健全的内部控制的相关证据，包括这些内部控制得以适当记录的证据。

(9)业务交易量规模，以基于审计效率的考虑确定是否依赖内部控制。

(10)对内部控制重要性的重视程度。

(11)影响被审计单位经营的重大发展变化，包括信息技术和业务流程的变化，关键管理人员变化，以及收购、兼并和分立。

(12)重大的行业发展情况，如行业法规变化和新的报告规定。

(13)会计准则及会计制度的变化，该变化可能涉及作出重大的新披露或对现有披露作出重大修改。

(14)其他重大变化，如影响被审计单位的法律环境的变化。

4. 确定执行业务所需资源的性质、时间安排和范围

注册会计师应当在总体审计策略中清楚地说明下列内容：

(1)向具体审计领域调配的资源(人力资源、技术资源或知识资源)的性质。例如，向高风险领域分派经验丰富的项目组成员，或委派专家处理复杂事项；

(2)向具体审计领域分配资源的多少。例如，分派到多个地点实施存货监盘的项目组成员人数，在集团审计中复核组成部分注册会计师工作的范围，向高风险领域分配的审计时间预算等；

(3)何时调配这些资源，包括是在期中审计阶段还是在关键的截止日期调配资源等；

(4)如何指导、监督这些资源的利用。例如，预期何时召开项目组预备会和总结会，预期项目合伙人和经理如何进行复核(是现场复核还是非现场复核)。

总体审计策略的详略程度应当随被审计单位的规模及该项审计业务的复杂程度的不同而变化。在小型被审计单位审计中，全部审计工作可能由一个很小的审计项目组执行，项目组成员间容易沟通和协调，总体审计策略可以相对简化。

2.2.2　具体审计计划

具体审计计划比总体审计策略更加详细，其内容包括为获取充分、适当的审计证据以将审计风险降至可接受的低水平，项目组成员拟实施的审计程序的性质、时间和范围。具体审计计划应当包括：①风险评估程序，详见第 6 章；②计划实施的进一步审计程序；③其他审计程序。

当然，随着审计工作的推进，对审计程序的计划会一步步深入，并贯穿于整个审计过程。例如，计划风险评估程序通常在审计开始阶段进行，计划进一步审计程序则需要依据风险评估程序的结果进行。因此，为达到编制具体审计计划的要求，注册会计师需要完成风险评估程序，识别和评估重大错报风险，并针对评估的认定层次的重大错报风险，计划实施进一步审计程序的性质、时间和范围。

通常，注册会计师计划的进一步审计程序可以分为进一步审计程序的总体方案和拟实施的具体审计程序(包括进一步审计程序的具体性质、时间和范围)两个层次。进一步审计程序的总体方案主要是指注册会计师针对各类交易、账户余额和列报决定采用的总体方案(包括实质性方案或综合性方案)。具体审计程序则是对进一步审计程序的总体方案的延伸和细化，它通常包括控制测试和实质性程序的性质、时间和范围。在实务中，注册会计师通常单独编制一套包括这些具体程序的“进一步审计程序表”，待具体实施审计程序时，注册会计师将基于所计划的具体审计程序，进一步记录所实施的审计程序及结果，并最终形成有关进一步审计程序的审计工作底稿。

另外，完整、详细的进一步审计程序的计划会包括对各类交易、账户余额和列报实施的具体审计程序的性质、时间和范围，包括抽取的样本量等。在实务中，注册会计师可以统筹安排进一步审计程序的先后顺序，如果对某类交易、账户余额或列报已经作出计划，则可以安排先行开展工作，与此同时再制定其他交易、账户余额和列报的进一步审计程序。

2.2.3　审计过程中对计划的更改

计划审计工作并非审计业务的一个孤立阶段，而是一个持续的、不断修正的过程，贯穿于整个审计业务的始终。

由于未预期事项、条件的变化或在实施审计程序中获取的审计证据等原因，注册会计师应当在审计过程中对总体审计策略和具体审计计划作出必要的更新和修改。

2.2.4 指导、监督和复核

注册会计师应当对项目组成员工作的指导、监督与复核的性质、时间和范围制订计划。项目组成员工作的指导、监督与复核的性质、时间和范围主要取决于下列因素：

(1)被审计单位的规模和复杂程度；

(2)审计领域；

(3)重大错报风险；

(4)执行审计工作的项目组成员的素质和专业胜任能力。

2.3 重要性与错报

“重要性”是注册会计师在计划和执行财务报表审计工作时运用的一个重要概念,《中国注册会计师审计准则第 1221 号——计划和执行审计工作时的重要性》对其给予专门的规范。

2.3.1 重要性的含义

财务报告编制基础通常从编制和列报财务报表的角度阐释重要性概念。财务报告编制基础可能以不同的术语解释重要性,但通常而言,重要性概念可从下列几个方面进行理解：

(1)如果合理预期错报(包括漏报)单独或汇总起来可能影响财务报表使用者依据财务报表作出的经济决策,则通常认为错报是重大的；

(2)对重要性的判断是根据具体环境作出的,并受错报的金额或性质的影响,或受两者共同作用的影响；

(3)判断某事项对财务报表使用者是否重大,是在考虑财务报表使用者整体共同的财务信息需求的基础上作出的。由于不同财务报表使用者对财务信息的需求可能差异很大,因此不考虑错报对个别财务报表使用者可能产生的影响。

重要性包括对数量和性质两个方面的考虑。所谓数量方面,是指错报的金额大小,性质方面则是指错报的性质。如果仅从数量角度考虑,重要性水平只是提供了一个门槛或临界点。在该门槛或临界点之上的错报就是重要的;反之,该错报则不重要。一般而言,金额大的错报比金额小的错报更重要。但在有些情况下,某些金额的错报从数量上看并不重要,但从性质上考虑,则可能是重要的。对某些财务报表披露的错报,难以从数量上判断是否重要,应从性质上考虑其是否重要。

重要性概念的运用,贯穿整个审计过程。从计划和执行审计工作,评价识别出的错报对审计的影响,到未更正错报对财务报表和审计意见的影响等,注册会计师都离不开对重要性概念的运用。重要性运用的恰当与否,影响审计效率和质量。

首先,在制定总体审计策略时,注册会计师就必须对重大错报的金额和性质作出一个判断,包括确定财务报表整体的重要性水平和适用于特定类别交易、账户余额和披露的一个或多个重要性水平。当错报金额高于整体重要性水平时，就很可能被合理预期，将对使用者根据财务报表作出的经济决策产生影响。

其次，在计划审计工作时，注册会计师需要考虑重要性和审计风险，判断何种情形构成重大错报。作出的判断为下列方面提供基础：

(1)确定风险评估程序的性质、时间安排和范围；

(2)识别和评估重大错报风险；

(3)确定进一步审计程序的性质、时间安排和范围。

再次，在整个业务过程中，随着审计工作的进展，应当根据所获得的新信息更新重要性。

最后，在形成审计结论阶段，要使用整体重要性水平和为了特定类别交易、账户余额和披露而确定的较低金额的重要性水平来评价已识别的错报对财务报表的影响和对审计报告中审计意见的影响。

2.3.2 重要性水平的层次及确定

在计划审计工作时，注册会计师应当确定一个可接受的重要性水平，以发现在金额上重大的错报，具体重要性水平包括：①财务报表整体层次；②特定交易类别、账户余额、列报认定层次；③实际执行层次等三个层次。

1. 财务报表整体的重要性

在制定总体审计策略时，注册会计师应当确定财务报表层次的重要性水平。确定多大错报会影响到财务报表使用者所作决策，是注册会计师运用职业判断的结果。很多注册会计师根据所在会计师事务所的惯例及自己的经验，考虑重要性水平。

确定重要性需要运用职业判断。通常先选定一个基准，再乘以某一百分比作为财务报表整体的重要性。在选择基准时，需要考虑的因素包括：

(1)财务报表要素(如资产、负债、所有者权益、收入和费用)；

(2)是否存在特定会计主体的财务报表使用者特别关注的项目(如为了评价财务业绩，使用者可能更关注利润、收入或净资产)；

(3)被审计单位的性质、所处的生命周期阶段以及所处行业和经济环境；

(4)被审计单位的所有权结构和融资方式(例如，如果被审计单位仅通过债务而非权益进行融资，财务报表使用者可能更关注资产及资产的索偿权，而非被审计单位的收益)；

(5)基准的相对波动性。适当的基准取决于被审计单位的具体情况，包括各类报告收益(如税前利润、营业收入、毛利和费用总额)，以及所有者权益或净资产。对于以营利为目的的实体，通常以经常性业务的税前利润作为基准。如果经常性业务的税前利润不稳定，选用其他基准可能更加合适，如毛利或营业收入。同时，基准需要根据被审计单位情况的重大变化(如重大的企业并购)和被审计单位所处行业和经济环境情况的相关变化等作出调整。

例如，当按照经常性业务的税前利润的一定百分比确定被审计单位财务报表整体的重要性时，如果被审计单位本年度税前利润因情况变化出现意外增加或减少，注册会计师可能认为按照近几年经常性业务的平均税前利润确定财务报表整体的重要性更加合适。又如企业处于微利或微亏状态时，采用经常性业务的税前利润为基准确定重要性可能影响审计的效率和效果。注册会计师可以考虑采用以下方法确定基准：

(1)如果微利或微亏状态是由宏观经济环境的波动或企业自身经营的周期性所导致，可以考虑采用过去3～5年经常性业务的平均税前利润作为基准；

(2)采用财务报表使用者关注的其他财务指标作为基准，如营业收入、总资产等。

表2－1列举了一些较为常用的基准。

表2－1　重要性的常用基准

被审计单位的情况	可能选择的基准
企业的盈利水平保持稳定	经常性业务的税前利润
企业近年来经营状况大幅度波动，盈利和亏损交替发生，或者由正常盈利变为微利或微亏，或者本年度税前利润因情况变化而出现意外增加或减少	过去3～5年经常性业务的平均税前利润或亏损(取绝对值)，或其他基准，例如营业收入
企业为新设企业，处于开办期，尚未开始经营，目前正在建造厂房及购买机器设备	总资产
企业处于新兴行业，目前侧重于抢占市场份额、扩大企业知名度和影响力	营业收入
开放式基金，致力于优化投资组合、提高基金净值、为基金持有人创造投资价值	净资产
国际企业集团设立的研发中心，主要为集团下属各企业提供研发服务，并以成本加成的方式向相关企业收取费用	成本与营业费用总额
公益性质的基金会	捐赠收入或捐赠支出总额

2. 特定交易类别、账户余额或披露的重要性水平

根据被审计单位的特定情况，如果存在一个或多个特定交易类别、账户余额或披露，其发生的错报金额虽然低于财务报表整体的重要性，但合理预期可能影响财务报表使用者依据财务报表作出的经济决策，注册会计师还应当确定适用于这些交易、账户余额或披露的一个或多个重要性水平。

可能表明存在一个或多个特定类别的交易、账户余额或披露的特定情况及因素包括：

(1)法律法规或适用的财务报告编制基础是否影响财务报表使用者对特定项目(如关联方交易、管理层和治理层的薪酬及对具有较高估计不确定性的公允价值会计估计的敏感性分析)计量或披露的预期；

(2)与被审计单位所处行业相关的关键性披露(如制药企业的研究与开发成本)；

(3)财务报表使用者是否特别关注财务报表中单独披露的业务的特定方面(如关于分部或重大企业合并的披露)。

3. 实际执行的重要性

实际执行的重要性是指注册会计师确定的低于财务报表整体的重要性的一个或多个金额，旨在将未更正和未发现错报的汇总数超过财务报表整体的重要性的可能性降至适当的低水平。如果适用,实际执行的重要性还指注册会计师确定的低于特定交易类别、账户余额或披露的重要性水平的一个或多个金额。

(1)实际执行重要性的目的。实际执行重要性是针对另外两个层次重要性功能(财务报表整体和特定交易类别、账户余额、列报认定层次)的必要补充,旨在控制审计风险。

一方面,仅为发现单项重大的错报而计划审计工作将忽视这样一个事实,即单项非重大错报的汇总数可能导致财务报表出现重大错报,更不用说还没有考虑可能存在的未发现错报。确定财务报表整体的实际执行的重要性(根据定义可能是一个或多个金额),旨在将财务报表中未更正和未发现错报的汇总数超过财务报表整体的重要性的可能性降至适当的低水平。

另一方面,与确定特定交易类别、账户余额或披露的重要性水平相关的实际执行的重要性,旨在将这些交易、账户余额或披露中未更正与未发现错报的汇总数超过这些交易、账户余额或披露的重要性水平的可能性降至适当的低水平。

(2)实际执行重要性的确定。确定实际执行的重要性并非简单机械的计算,需要注册会计师运用职业判断,并考虑下列因素的影响:①对被审计单位的了解(这些了解在实施风险评估程序的过程中得到更新);②前期审计工作中识别出的错报的性质和范围;③根据前期识别出的错报对本期错报作出的预期。

通常而言,实际执行的重要性通常为财务报表整体重要性的 50%～75%。实务中,依据审计情形选择较高或较低比例,如表 2-2 所示。

表 2-2　实际执行的重要性的百分比选择

百分比选择	适用情形
选择较高的百分比(如接近财务报表整体重要性的 75%)	①连续审计项目,以前年度审计调整较少 ②项目总体风险为低到中等 ③以前期间的审计经验表明内部控制运行有效
选择较低的百分比(如接近财务报表整体重要性的 50%)	①首次接受委托的审计项目 ②连续审计项目,以前年度审计调整较多 ③项目总体风险较高 ④存在或预期存在值得关注的内部控制缺陷

4. 审计过程中修改重要性

由于存在下列原因,注册会计师可能需要修改财务报表整体的重要性和特定交易类别、账户余额或披露的重要性水平:

(1)审计过程中情况发生重大变化(如决定处置被审计单位的一个重要组成部分);

(2)获取新信息;

(3)通过实施进一步审计程序,注册会计师对被审计单位及其经营的了解发生变化。例如,注册会计师在审计过程中发现,实际财务成果与最初确定财务报表整体的重要性时使用的预期本期财务成果相比存在很大差异,则需要修改重要性。

5. 在审计中运用实际执行的重要性

实际执行的重要性运用较为广泛，主要体现在两个方面：

（1）注册会计师在计划审计工作时可以根据实际执行的重要性确定需要对哪些类型的交易、账户余额和披露实施进一步审计程序，即通常选取金额超过实际执行的重要性的财务报表项目，逻辑上，这些财务报表项目更有可能导致财务报表出现重大错报。

（2）运用实际执行的重要性确定进一步审计程序的性质、时间安排和范围。例如，在实施实质性分析程序时，注册会计师确定的已记录金额与预期值之间的可接受差异额通常不超过实际执行的重要性；在运用审计抽样实施细节测试时，注册会计师可以将可容忍错报的金额设定为等于或低于实际执行的重要性。

6. 重要性的应用案例

案例：甲上市公司是ABC会计师事务所的常年审计客户，A注册会计师负责审计甲公司2013年度财务报表，审计工作底稿中与确定重要性和评估错报相关的部分内容摘录如下，见表2-3。

表2-3 部分内容摘录

单位：万元

项目	2013年	2012年	备注
营业收入	16000 （未审数）	15000 （已审数）	2013年，竞争对手推出新产品抢占市场，甲公司通过降价和增加广告投入促销
税前利润	50 （未审数）	2000 （已审数）	2013年，降价及销售费用增长导致盈利大幅下降
财务报表整体的重要性	80	100	
实际执行的重要性	60	75	
明显微小错报的临界值	0	5	

（1）2012年度财务报表整体的重要性以税前利润的5%计算。2013年，由于甲公司处于盈亏临界点，A注册会计师以过去三年税前利润的平均值作为基准确定财务报表整体的重要性。

（2）由于2012年度审计中提出的多项审计调整建议金额均不重大，A注册会计师确定2013年度实际执行的重要性为财务报表整体重要性的75%，与2012年度保持一致。

（3）2013年，治理层提出希望知悉审计过程中发现的所有错报，因此，A注册会计师确定2013年度明显微小错报的临界值为0。

（4）甲公司2013年末非流动负债余额中包括一年内到期的长期借款2500万元，占非流动负债总额的50%，A注册会计师认为，该错报对利润表没有影响，不属于重大错报，同意管理层不予调整。

(5)A注册会计师仅发现一笔影响利润表的错报,即管理费用少计60万元,A注册会计师认为,该错报金额小于财务报表整体的重要性,不属于重大错报,同意管理层不予调整。

要求:针对上述第(1)项至第(5)项,假定不考虑其他条件,逐项指出A注册会计师的做法是否恰当。

案例解析如下:

(1)恰当。由于甲公司处于盈亏临界点,A注册会计师以"过去三年税前利润的平均值"作为基准确定财务报表整体的重要性优于"审计当年利润"作为基准。

(2)不恰当。理由:2012年度有多项审计调整,甲公司在2013年面临较大市场压力,表明项目总体风险较高,将实际执行的重要性确定为财务报表整体重要性的75%不恰当。

(3)恰当。确定2013年度明显微小错报的临界值为0,能够保证实现"治理层提出希望知悉审计过程中发现的所有错报"的审计要求与目标。

(4)不恰当。理由:该分类错报对其所影响的账户重大,很可能影响关键财务指标(如营运资金),应作为重大错报。

(5)不恰当。理由:该错报虽然小于财务报表整体的重要性,但会使甲公司税前利润由盈利转为亏损,属于重大错报。

2.3.3 重要性与审计风险的关系

重要性与审计风险之间存在反向关系。重要性水平越高,审计风险越低;重要性水平越低,审计风险越高。这里所说的重要性水平高低指的是金额的大小。通常,4000元的重要性水平比2000元的重要性水平高。在理解两者之间的关系时,必须注意,重要性水平是注册会计师从财务报表使用者的角度进行判断的结果。如果重要性水平是4000元,则意味着低于4000元的错报不会影响到财务报表使用者的决策,此时注册会计师需要通过执行有关审计程序合理保证能发现高于4000元的错报。如果重要性水平是2000元,则金额在2000元以上的错报就会影响财务报表使用者的决策,此时注册会计师需要通过执行有关审计程序合理保证能发现金额在2000元以上的错报。显然,重要性水平为2000元时,审计不出这样的重大错报的可能性即审计风险,要比重要性水平为4000元时的审计风险高。审计风险越高,越要求注册会计师收集更多更有效的审计证据,以将审计风险降至可接受的低水平。因此,重要性和审计证据之间也是反向变动关系。

注册会计师在确定审计程序的性质、时间和范围时应当考虑这种反向关系。在确定审计程序后,如果注册会计师决定接受更低的重要性水平,审计风险将增加。注册会计师应当选用下列方法将审计风险降至可接受的低水平:①如有可能,通过扩大控制测试范围或实施追加的控制测试,降低评估的重大错报风险,并支持降低后的重大错报风险水平;②通过修改计划实施的实质性程序的性质、时间和范围,降低检查风险。

2.3.4 错报

1. 错报的定义

错报是指某一财务报表项目的金额、分类或列报,与按照适用的财务报告编制基础应当列示的金额、分类或列报之间存在的差异。错报可能是由于错误或舞弊导致的。

通常,可能导致错报的原因及事项包括:

(1)收集或处理用以编制财务报表的数据时出现错误;

(2)遗漏某项金额或披露,包括不充分或不完整的披露,以及为满足特定财务报告编制基础的披露目标而被要求作出的披露;

(3)疏忽或明显误解有关事实导致作出不正确的会计估计;

(4)管理层对会计估计作出不合理的判断或对会计政策作出不恰当的选择和运用。

(5)信息的分类、汇总或分解不恰当。

针对审计过程中识别出的错报,注册会计师的目标是:①评价识别出的错报对审计的影响;②评价未更正错报对财务报表的影响。

2.“累积”识别出的错报

审计准则规定,注册会计师应当累积审计过程中识别出的错报,除非错报“明显微小”。具体实务中,需从以下四个方面把握“识别出的错报”。

(1)“明显微小”。“明显微小”不等同于“不重大”。明显微小错报金额的数量级与确定重大错报的数量级完全不同(明显微小错报的数量级更小),或其性质完全不同。这些明显微小的错报,无论单独或者汇总起来,无论从规模、性质或其发生的环境来看都是明显微不足道的。如果不确定一个或多个错报是否明显微小,就不能认为这些错报是明显微小的。

(2)单一报表中的错报。注册会计师可能指定一个金额,单一报表中低于该金额的错报是明显微小的,对这类错报不需要累积,因为注册会计师预期这些错报的汇总数明显不会对财务报表产生重大影响。但是,高于指定金额的错报需要按照《中国注册会计师审计准则第1251号——评价审计过程中识别出的错报》第六条的要求进行累积。此外,如果从性质或其发生的环境来看,某项与金额相关的错报可能不是明显微小的,则需要按照准则的要求对其进行累积。

(3)披露中存在的错报。披露中并非明显微小的错报也需要累积起来,以帮助注册会计师评价这些错报对相关披露及财务报表整体的影响。披露中存在的错报也可能是明显微小的,无论单独或者汇总起来,无论从金额、性质或其发生的环境来看都是明显微不足道的。

(4)累积错报。注册会计师可能将明显微小错报的临界值确定为财务报表整体重要性的3%～5%,也可能低一些或高一些,但通常不超过财务报表整体重要性的10%,除非注册会计师认为有必要单独为重分类错报确定一个更高的临界值。如果注册会计师不确定一个或多个错报是否明显微小,就不能认为这些错报是明显微小的。

为了帮助注册会计师评价审计过程中累积的错报的影响以及与管理层和治理层沟通错报事项,有必要将错报区分为事实错报、判断错报和推断错报:①事实错报是毋庸置疑的错报;②判断错报是注册会计师认为管理层对财务报表中的确认、计量和列报(包括对会计政策的选择或运用)作出不合理或不恰当的判断而导致的差异;③推断错报是注册会计师对总体存在的错报作出的最佳估计数,涉及根据在审计样本中识别出的错报来推断总体的错报。

3.对审计过程识别出的错报的考虑

错报可能不会孤立发生,一项错报的发生表明还可能存在其他错报。例如,注册会计师识别出内部控制失效而导致的错报,或被审计单位广泛运用不恰当的假设或评估方法而导致的错报,均可能表明还存在其他错报。

审计抽样方法的局限性。抽样风险和非抽样风险可能导致某些错报未被发现。审计过程中累积错报的汇总数接近确定的重要性,则表明存在比可接受的低风险水平更大的风险,即可能未被发现的错报连同审计过程中累积错报的汇总数,可能超过重要性。

注册会计师可能要求管理层检查某类交易、账户余额或披露,以使管理层了解注册会计师识别出的错报的发生原因,并要求管理层采取措施以确定这些交易、账户余额或披露实际发生错报的金额,以及对财务报表作出适当的调整。例如,在从审计样本中识别出的错报推断总体错报时,注册会计师可能会提出这些要求。

课后习题

一、单选题

1. 下列各项中，不属于财务报表审计的前提条件的是（　　）。

A. 管理层按照适用的财务报表编制基础编制财务报表，并使其实现公允反映

B. 管理层设计、执行和维护必要的内部控制，以使财务报表不存在舞弊或错误导致的重大错报

C. 管理层承诺将更正注册会计师在审计过程中识别的重大错报

D. 管理层向注册会计师提供必要的工作条件

2. 下列情形中，注册会计师通常采用较高的百分比确定实际执行的重要性的是（　　）。

A. 以前期间的审计经验表明被审计单位的内部控制运行有效

B. 注册会计师首次接受委托

C. 被审计单位面临较大的市场竞争压力

D. 被审计单位管理层能力欠缺

3. 下列各项因素中，注册会计师在确定明显微小错报临界值时，通常无须考虑的是（　　）。

A. 重大错报风险的评估结果

B. 以前年度审计中识别出的错报

C. 被审计单位的财务报表是否分发给广大范围的使用者

D. 被审计单位治理层和管理层对注册会计师与其沟通错报的期望

二、多选题

1. 下列有关明显微小错报的说法中，正确的有（　　）。

A. 注册会计师不需要累积明显微小的错报

B. 明显微小错报的汇总数不会对财务报表产生重大影响

C. 明显微小错报的金额的数量级小于不重大错报的金额的数量级

D. 如果不确定一个或多个错报是否明显微小，就不能认为这些错报是明显微小的

2. 下列各项审计工作中，注册会计师需要使用财务报表整体重要性的有（　　）。

A. 识别和评估重大错报风险

B. 确定实际执行的重要性

C. 评价已识别的错报对财务报表的影响

D. 确定风险评估程序的性质、时间安排和范围

3. 下列各项因素中，可能表明注册会计师需要确定特定类别交易、账户余额或披露的重要性水平的有（　　）。

A. 是否存在与被审计单位所处行业相关的关键性披露

B. 财务报表使用者是否特别关注财务报表中单独披露的业务的特定方面

C. 是否存在对特定财务报表使用者的决策可能产生影响的披露

D. 适用的财务报告编制基础是否影响财务报表使用者对特定项目计量或披露的预期

4. 下列各项因素中，注册会计师在确定财务报表整体重要性时通常需考虑的有（　　）。

A. 被审计单位所处行业和经济环境　　B. 被审计单位所处的生命周期

C. 以前年度是否存在审计难度　　D. 财务报表预期使用者的范围

三、分析题

ABC 会计师事务所首次接受委托，审计甲公司 2014 年度财务报表，甲公司处于新兴行业，面临较大的市场竞争力。目前侧重于抢占市场份额，审计工作底稿中与重要性和错报评价相关的部分内容摘录如下：

（1）考虑到甲公司所处市场环境，财务报表使用者最为关注收入指标，审计项目组将营业收入作为确定财务报表整体重要性的基准；

（2）经与前任注册会计师沟通，审计项目组了解到，甲公司以前年度内部控制运行良好、审计调整较少，因此，将实际执行的重要性确定为财务报表整体重要性的 75%；

（3）审计项目组将明显微小错报的临界值，确定为财务报表整体重要性的 3%，该临界值也适用于重分类错报；

（4）审计项目组认为无须对金额低于实际执行的重要性的财务报表项目，实施进一步审计程序；

（5）在运用审计抽样实施细节测试时，考虑到评估的重大错报风险水平为低，审计项目组将可容忍错报的金额设定为实际执行的重要性的 120%；

（6）甲公司某项应付账款被误计入其他应付款，其金额高于财务报表整体的重要性，因此项错报不影响甲公司的经营业绩和关键财务指标，审计项目组同意管理层不予调整。

要求：

针对上述第（1）项至第（6）项，逐项指出，审计项目组的做法是否恰当。如不恰当，简要说明理由。

第3章　审计证据与程序

学习目标

1. 了解审计证据的含义和种类。
2. 掌握审计证据的充分性与适当性的逻辑关系。
3. 掌握风险评估、应对程序与审计方法程序之间的关系。
4. 掌握函证、分析程序的特点与应用范围。

3.1　审计证据的性质

审计证据是形成审计意见的基础，恰当的审计程序是获得有效审计证据的前提，当注册会计师获取充分、适当的审计证据将审计风险降至可接受的低水平时，就获取了合理保证。因此，如何恰当地设计和实施审计程序，获取充分适当的审计证据，是确保审计过程质量的重要命题，并伴随审计工作过程的始终。

3.1.1　审计证据的本质与定义

审计证据的本质是信息，是注册会计师为了得出审计结论、形成审计意见而使用的所有信息，包括财务报表依据的会计记录中含有的信息和其他信息。

1. 会计记录中含有的信息

会计记录主要包括原始凭证、记账凭证、总分类账和明细分类账、未在记账凭证中反映的对财务报表的其他调整，以及支持成本分配、计算、调节和披露的手工计算表和电子数据表。会计记录是编制财务报表的基础，依据会计记录编制财务报表是被审计单位管理层的责任。因此，通过测试会计记录来获取审计证据是审计工作的重要组成部分。

2. 其他信息

会计记录中含有的信息本身并不足以提供充分的审计证据作为对财务报表发表审计意见的基础，注册会计师还应当获取用作审计证据的其他信息，主要包括：①从被审计单位内部或外部获取的会计记录以外的信息，如被审计单位会议记录、内部控制手册、询证函的回函与竞争者的比较数据等；②通过询问、观察和检查等审计程序获取的信息，如通过检查存货获取存货存在的证据等；③自身编制或获取的可以通过合理推断得出结论的信息，如注册会计师编制的各种计算表、分析表等。

3. 两类信息的关系

两类信息共同构成了审计证据，两者相互补充，缺一不可。如果没有前者，审计工作将无法进行；如果没有后者，可能无法识别重大错报风险。只有将两者有机结合，才能获取充分、适当的审计证据，形成审计意见合理性的基础支撑。

3.1.2　审计证据的充分性与适当性

注册会计师应当保持职业怀疑态度，运用职业判断，评价审计证据的充分性和适当性。

1. 审计证据的充分性

充分性是对审计证据数量的衡量，主要与注册会计师确定的样本量有关。例如，对某个审计项目实施某一选定的审计程序，从 200 个样本中获得的证据要比从 100 个样本中获得的证据更充分。注册会计师需要获取的审计证据的数量受错报风险的影响。错报风险越大，需要的审计证据可能越多。具体来说，在可接受的审计风险水平一定的情况下，重大错报风险越大，注册会计师就应实施越多的测试工作，将检查风险降至可接受水平，以将审计风险控制在可接受的低水平范围内。

例如，注册会计师对某电脑公司进行审计，经过分析认为，受被审计单位行业性质的影响，存货陈旧的可能性相当高，存货计价的错报可能性就比较大。为此，注册会计师在审计中，就要选取更多的存货样本进行测试，以确定存货陈旧的程度，从而确认存货的价值是否被高估。

当然，注册会计师需要获取的审计证据的数量不仅受错报风险的影响，也受审计证据质量的影响。错报风险越大，需要的审计证据可能越多；审计证据质量越高，需要的审计证据可能越少。需强调的是，如果审计证据的质量存在缺陷，仅靠获取更多的审计证据可能无法弥补其质量上的缺陷。

2. 审计证据的适当性

适当性是指审计证据在支持审计意见所依据的结论方面具有的相关性和可靠性，是对审计证据质量的衡量，主要表现为审计证据在支持各类交易、账户余额、列报的相关认定，或发现其中存在错报方面具有相关性和可靠性。相关性和可靠性是审计证据适当性的核心内容，只有相关且可靠的审计证据才是高质量的。

(1)相关性是指用作审计证据的信息与审计程序的目的和所考虑的认定之间的逻辑联系。对于相关性的理解，重点考虑以下四个方面：

第一，用作审计证据的信息的相关性可能受测试方向的影响。例如，如果某审计程序的目的是测试应付账款的计价高估，则测试已记录的应付账款可能是相关的审计程序。如果某审计程序的目的是测试应付账款的计价低估，则测试已记录的应付账款不是相关的审计程序，相关的审计程序可能是测试期后支出、未支付发票、供应商结算单以及发票未到的收货报告单等。

第二，特定的审计程序可能只为某些认定提供相关的审计证据，而与其他认定无关。例如，检查期后应收账款收回的记录和文件可以提供有关存在和计价的审计证据，但未必提供与截止测试相关的审计证据。类似的，有关某一特定认定（如存货的存在认定）的审计证据，不能替代与其他认定（如该存货的计价认定）相关的审计证据。但不同来源或不同性质的审计证据可能与同一认定相关。

第三，只与特定认定相关的审计证据并不能替代与其他认定相关的审计证据。例如，有关存货实物存在的审计证据并不能够替代与存货计价相关的审计证据。

第四，控制测试旨在评价内部控制在防止、发现并纠正认定层次重大错报方面的运行有效性。设计控制测试以获取相关审计证据，包括识别一些显示控制运行的情况（特征或属性），以及显示控制未恰当运行的偏差情况。然后，注册会计师可以测试这些情况是否存在。

第五，实质性程序旨在发现认定层次重大错报，包括细节测试和实质性分析程序。设计实质性程序包括识别与测试目的相关的情况，这些情况构成相关认定的错报。

3. 审计证据的可靠性

审计证据的可靠性是指证据的可信程度。可靠性受其来源和性质的影响，并取决于获取审计证据的具体环境。判断审计证据的可靠性通常遵循下列原则：

（1）从被审计单位外部独立来源获取的审计证据比从其他来源获取的审计证据更可靠。原因在于，从外部独立来源获取的审计证据未经被审计单位有关职员之手，从而减少了伪造、更改凭证或业务记录的可能性，强化了其证明力。例如，以函证方式直接从被询证者获取的审计证据，比被审计单位内部生成的审计证据更可靠。通过函证等方式从独立来源获取的相互印证的信息，可以提高注册会计师从会计记录或管理层书面声明中获取的审计证据的保证水平。

（2）相关控制有效时内部生成的审计证据比控制薄弱时内部生成的审计证据更可靠。

（3）注册会计师直接获取（如通过观察某项控制的运行）的审计证据比间接获取或推论（如通过询问某项控制的运行）得出的审计证据更可靠。

（4）以文件记录形式（包括纸质、电子或其他介质）存在的审计证据比口头形式的审计证据更可靠。例如，会议的同步书面记录比事后对讨论事项进行口头表述更可靠。

（5）从原件获取的审计证据比从复印、传真或通过拍摄、数字化或其他方式转化成电子形式的文件获取的审计证据更可靠，后者的可靠性可能取决于与编制和维护信息相关的控制。

4. 充分性与适当性的关系

充分性和适当性是审计证据的两个重要特征，两者缺一不可，只有充分且适当的审计证据才是有证明力的。审计证据质量越高，需要的审计证据可能越少。尽管审计证据的充分性和适当性相关，但如果审计证据的质量存在缺陷，注册会计师仅靠获取更多的审计证据可能无法弥补其质量上的缺陷。

5. 对充分性与适当性的特别考虑

（1）文件记录的可靠性。审计工作通常不涉及鉴定文件记录的真伪，注册会计师也不是鉴定文件记录真伪的专家，但应当考虑用作审计证据的信息的可靠性，并考虑与这些信息生成与维护相关的控制的有效性。如果在审计过程中识别出的情况使其认为文件记录可能是伪造的或文件记录中的某些条款已发生变动，注册会计师应当作出进一步调查，包括直接向第三方询证，或考虑利用专家的工作以评价文件记录的真伪。

（2）使用被审计单位的生成信息。如果在实施审计程序时使用被审计单位生成的信息，注册会计师应当就这些信息的准确性和完整性获取审计证据。例如，通过用标准价格乘以销售量来对收入进行审计时，其有效性受到价格信息准确性和销售量数据完整性和准确性的影响。类似的，如果注册会计师打算测试总体（如付款）是否具备某一特性（如授权），若选取测试项目的总体不完整，则测试结果可能不太可靠。

如果针对这类信息的完整性和准确性获取审计证据是所实施审计程序本身不可分割的组成部分，则可以与对这些信息实施的审计程序同时进行。在其他情况下，通过测试针对生成和维护这些信息的控制，注册会计师也可以获得关于这些信息准确性和完整性的审计证据。然而，在某些情况下，注册会计师可能确定有必要实施追加的审计程序。

在某些情况下，注册会计师可能打算将被审计单位生成的信息用于其他审计目的。例如，注册会计师可能打算将被审计单位的业绩评价用于分析程序，或利用被审计单位用于监控活动的信息，如内部审计报告等。在这种情况下，获取的审计证据的适当性受到该信息对审计目的而言是否足够精确和详细的影响。例如，管理层的业绩评价对于发现重大错报可能不够精确。

（3）证据存在相互矛盾时。如果针对某项认定从不同来源获取的审计证据或获取的不同性质的审计证据能够相互印证，与该项认定相关的审计证据则具有更强的说服力。如果从不同来源获取的审计证据或获取的不同性质的审计证据不一致，可能表明某项审计证据不可靠，应当追加必要的审计程序。

（4）获取审计证据的成本考量。注册会计师可以考虑获取审计证据的成本与所获取信息的有用性之间的关系，但不应以获取审计证据的困难和成本为由减少不可替代的审计程序。这意味着，对获取审计证据的成本考量必须建立在满足审计证据的充分性和适当性前提下，不能以牺牲审计质量为代价。例如，在某些情况下，存货监盘是证实存货“存在”认定的不可替代的审计程序，审计中不得以检查成本高和难以实施为由而不执行该程序。

3.2　审计程序与分类

3.2.1　审计程序的概念与决策

审计程序是指注册会计师在审计过程中的某个时间，对将要获取的某类审计证据如何进行收集的详细指令。审计程序的直接目的和作用在于收集与获取审计证据，间接目的和作用在于支撑审计目标和审计意见的发表，作用逻辑如图3－1所示。

审计目标→选定审计程序→确定样本规模→选取样本→执行审计程序

↑ 充分、适当的审计证据

图3－1　审计程序的作用逻辑

鉴于审计证据的充分性、适当性要求和审计成本约束，审计人员必须科学设计实施审计程序，做好以下决策：①选用何种审计程序；②对选定的审计程序，应当选取多大的样本规模；③应当从总体中选取哪些项目；④何时执行这些程序。

3.2.2 审计程序的分类

关于审计程序的分类，学界并不统一。本书认为，基于风险导向审计的过程划分，审计程序可分为风险评估与风险应对程序；基于获取审计证据的方法划分，审计程序可分为检查、观察、询问、函证、重新计算、重新执行、分析程序等七种。

1. 风险评估与风险应对程序

风险评估与风险应对程序是指针对重大错报风险进行识别、评估和应对，旨在将审计风险降至可接受水平的程序。其主要包括：①风险评估程序；②进一步审计程序，包括控制测试和实质性程序(包括细节测试和实质性分析程序)。按照《中国注册会计师审计准则第1211号——重大错报风险的识别和评估》和《中国注册会计师审计准则第1231号——针对评估的重大错报风险采取的应对措施》的有关规定，注册会计师应当通过实施上述审计程序获取审计证据，以得出合理的审计结论，作为形成审计意见的基础。

2. 审计方法程序：七种方法

审计方法程序是指审计人员在审计工作中为了获取审计证据而采取的具体审计方法、工具及其与审计内容的组合，主要包括：检查、观察、询问、函证、重新计算、重新执行、分析程序等七种。在审计过程中，注册会计师可根据需要单独或综合运用这七种审计程序，以获取充分、适当的审计证据。

(1)检查。

检查是指注册会计师对被审计单位内部或外部生成的，以纸质、电子或其他介质形式存在的记录和文件进行审查，或对资产进行实物审查。检查记录或文件可以提供可靠程度不同的审计证据，审计证据的可靠性取决于记录或文件的性质和来源，而在检查内部记录或文件时，其可靠性则取决于生成该记录或文件的内部控制的有效性。将检查用作控制测试的一个例子，是检查记录以获取关于授权的审计证据。

某些文件是表明一项资产存在的直接审计证据，如构成金融工具的股票或债券，但检查此类文件并不一定能提供有关所有权或计价的审计证据。此外，检查已执行的合同可以提供与被审计单位运用会计政策(如收入确认)相关的审计证据。

检查有形资产可为其存在提供可靠的审计证据，但不一定能够为权利和义务或计价等认定提供可靠的审计证据。对个别存货项目进行的检查，可与存货监盘一同实施。

(2)观察。

观察是指注册会计师查看相关人员正在从事的活动或实施的程序。例如，注册会计师对被审计单位人员执行的存货盘点或控制进行观察。观察可以提供执行有关过程或程序的审计证据，但观察所提供的审计证据仅限于观察发生的时点，而且被观察人员的行为可能因被观察而受到影响，这也会使观察提供的审计证据受到限制。为此，《中国注册会计师审计准则第1311号——对存货、诉讼和索赔、分部信息等特定项目获取审计证据的具体考虑》及其应用指南对存货监盘作出了进一步规定并提供了指引。

(3)询问。

询问是指注册会计师以书面或口头方式，向被审计单位内部或外部的知情人员获取财务和非财务信息，并对答复进行评价的过程。作为其他审计程序的补充，询问被广泛应用于整个审计过程中。

知情人员对询问的答复可能为注册会计师提供尚未获悉的信息或佐证证据。对询问的答复也可能提供与注册会计师已获取的其他信息存在重大差异的信息，例如，关于被审计单位管理层凌驾于控制之上的可能性的信息。在某些情况下，对询问的答复为注册会计师修改审计程序或实施追加的审计程序提供了基础。

尽管对通过询问获取的审计证据予以佐证通常特别重要，但在询问管理层意图时，获取的支持管理层意图的信息可能是有限的。在这种情况下，了解管理层过去所声称意图的实现情况、选择某项特别措施时声称的原因以及实施某项具体措施的能力，可以为佐证通过询问获取的证据提供相关信息。

针对某些事项，注册会计师可能认为有必要向管理层和治理层(如适用)获取书面声明，以证实对口头询问的答复。《中国注册会计师审计准则第 1341 号——书面声明》及其应用指南作出了进一步规定并提供了指引。

(4)函证。

函证是指注册会计师直接从第三方(被询证者)获取书面答复以作为审计证据的过程，书面答复可以采用纸质、电子或其他介质等形式。当针对的是与特定账户余额及其项目相关的认定时，函证常常是相关的程序。但是，函证不必仅仅局限于账户余额。例如，注册会计师可能要求对被审计单位与第三方之间的协议和交易条款进行函证。注册会计师可能在询证函中询问协议是否做过修改，如果作过修改，要求被询证者提供相关的详细信息。此外，函证程序还可以用于获取不存在某些情况的审计证据，如不存在可能影响被审计单位收入确认的“背后协议”。《中国注册会计师审计准则第 1312 号——函证》及其应用指南对此作出了进一步规定并提供了指引。

(5)重新计算。

重新计算是指注册会计师对记录或文件中的数据计算的准确性进行核对。重新计算可通过手工方式或电子方式进行。

(6)重新执行。

重新执行是指注册会计师独立执行原本作为被审计单位内部控制组成部分的程序或控制。

(7)分析程序。

分析程序是指注册会计师通过分析不同财务数据之间以及财务数据与非财务数据之间的内在关系，对财务信息作出评价。分析程序还包括在必要时对识别出的、与其他相关信息不一致或与预期值差异重大的波动或关系进行调查。《中国注册会计师审计准则第 1313 号——分析程序》及其应用指南对此作出了进一步规定并提供了指引。

3. 两类程序的逻辑关联

上述七种方法程序基于审计的不同阶段和目的单独或组合起来，可用作风险评估程序、控制测试和实质性程序，服务于审计风险识别、评估和应对过程。两类审计程序的逻辑关系，如表 3－1 所示。

表 3－1　风险评估与应对程序与审计方法程序的关系

审计风险评估与应对程序		目的	具体审计方法程序
风险评估程序		识别重大错报风险领域	询问、分析程序、观察和检查
进一步审计程序（风险应对）	控制测试	评价内部控制的有效性	询问、观察、检查、重新执行
	实质性程序	发现认定层次的重大错报	询问、观察、检查、分析程序、重新计算、函证

3.3　函证

在使用函证程序时，注册会计师的目标是设计和实施函证程序，以获取相关、可靠的审计证据。

3.3.1　函证决策的因素

通常情况下，以函证方式直接从被询证者获取的审计证据，比被审计单位内部生成的审计证据更可靠。因此，针对评估的认定层次重大错报风险，注册会计师应当确定是否有必要实施函证程序以获取认定层次相关、可靠的审计证据。进行函证决策，应当考虑以下因素：

1. 评估的认定层次重大错报风险

评估的认定层次重大错报风险水平越高，注册会计师对通过实质性程序获取的审计证据的相关性和可靠性的要求越高。在这种情况下，函证程序的运用对提供充分、适当的审计证据可能是有效的。

评估的认定层次重大错报风险水平越低，注册会计师需要从实质性程序中获取的审计证据的相关性和可靠性的要求越低。例如，被审计单位可能有一笔正在按照商定还款计划表偿还的银行借款，假设注册会计师在以前年度已对其条款进行了函证。如果注册会计师实施的其他工作（包括必要时进行的控制测试）表明借款的条款没有改变，并且这些工作使得未偿还借款余额发生重大错报风险被评估为低水平时，注册会计师实施的实质性程序可能只限于测试还款的详细情况，而不必再次向债权人直接函证这笔借款的余额和条款。

如果认为某项风险属于特别风险，注册会计师需要考虑是否通过函证特定事项以降低检查风险。例如，与简单的交易相比，异常或复杂的交易可能导致更高的错报风险。如果被审计单位从事了异常的或复杂的、容易导致较高重大错报风险的交易，除检查被审计单位持有的文件凭证外，注册会计师可能还需考虑是否向交易对方函证交易的真实性和详细条款。

2. 实施其他审计程序获取的审计证据可否将检查风险降至可接受的水平

针对同一项认定可以从不同来源获取审计证据或获取不同性质的审计证据。例如,对应收账款期末余额存在性认定,注册会计师可能实施对形成应收账款余额的销售交易和收款交易的细节进行测试,实施实质性分析程序,并根据这些程序的结果确定和实施函证程序,如果实施其他审计程序获取的审计证据能将检查风险降至可接受的水平,可不实施函证;反之,则需要运用函证程序。

3. 其他因素

此外,可以考虑下列因素,以确定是否选择函证程序作为实质性程序:

(1)被询证者对函证事项的了解。如果被询证者对所函证的信息具有必要的了解,其提供的回复可靠性更高。

(2)预期被询证者回复询证函的能力或意愿。例如,在下列情况下,被询证者可能不会回复,也可能只是随意回复或可能试图限制对其回复的依赖程度:

①被询证者可能不愿承担回复询证函的责任;②被询证者可能认为回复询证函成本太高或消耗太多时间;③被询证者可能对因回复询证函而可能承担的法律责任有所担心;④被询证者可能以不同币种核算交易;⑤回复询证函不是被询证者日常经营的重要部分。

(3)预期被询证者的客观性。注册会计师应当向独立于被审计单位管理层的第三方函证,在应对舞弊风险的情况下尤其如此。如果被询证者是被审计单位的关联方,则其回复的可靠性会降低。

3.3.2 函证的内容

恰当地设计和实施函证程序,可以为相关认定提供与被审计单位内部证据相比更为可靠的审计证据,同时也是应对舞弊风险的有效方式之一。注册会计师应当考虑被审计单位的经营环境、内部控制的有效性、账户或交易的性质、被询证者处理询证函的习惯做法及回函的可能性等,以确定函证的内容、范围、时间和方式。例如,如果被审计单位与应收账款存在性有关的内部控制设计良好并有效运行,注册会计师可适当减少函证的样本量。

1. 函证的对象

对特定项目实施函证的程序,如对银行存款、借款及与金融机构往来的其他重要信息,应收账款以及存货等账户如何实施函证程序,审计准则分别做出了具体规定。

(1)银行存款、借款及与金融机构往来的其他重要信息。注册会计师应当对银行存款(包括零余额账户和在本期内注销的账户)、借款及与金融机构往来的其他重要信息实施函证程序,除非有充分证据表明某一银行存款、借款及与金融机构往来的其他重要信息对财务报表不重要且与之相关的重大错报风险很低。如果不对这些项目实施函证程序,注册会计师应当在审计工作底稿中说明理由。

(2)应收账款。注册会计师应当对应收账款实施函证程序,除非有充分证据表明应收账款对财务报表不重要,或函证很可能无效。如果认为函证很可能无效,注册会计师应当实施替代审计程序,获取相关、可靠的审计证据;如果不对应收账款实施函证,注册会计师应当在审计工作底稿中说明理由。

(3)由第三方保管或控制的存货。如果由第三方保管或控制的存货对财务报表是重要的,注册会计师应当实施下列一项或两项审计程序,以获取有关该存货存在和状况的充分、适当的审计证据:①向持有被审计单位存货的第三方函证存货的数量和状况。②实施检查或其他适合具体情况的审计程序。

(4)其他。注册会计师可以根据具体情况和实际需要对下列内容(包括但并不限于)实施函证 :①交易性金融资产;②应收票据;③其他应收款;④预付账款;⑤长期股权投资;⑥应付账款;⑦预收账款;⑧保证、抵押或质押;⑨或有事项;⑩重大或异常的交易。

函证程序通常用于确认或填列有关账户余额及其要素的信息,如应收账款明细账,但并不一定限于这些项目内容。函证程序还可用于确认被审计单位与其他机构或人员签订的协议、合同或从事的交易的条款,或用于确认不存在某些交易条件,如“背后协议”。

2. 函证程序实施的范围

注册会计师可以采用审计抽样或其他选取测试项目的方法选择函证样本。样本应当足以代表总体,并包括以下特定项目:

(1)金额较大的项目;

(2)账龄较长的项目;

(3)交易频繁但期末余额较小的项目;

(4)重大关联方交易;

(5)重大或异常的交易;

(6)可能存在争议、舞弊或错误的交易。

3. 函证的时间

注册会计师通常以资产负债表日为截止日,在资产负债表日后适当时间内实施函证。如果重大错报风险评估为低水平,注册会计师可选择资产负债表日前适当日期为截止日实施函证,并对所函证项目自该截止日起至资产负债表日止发生的变动实施实质性程序。

以应收账款为例,注册会计师通常在资产负债日后某一天函证资产负债表日的应收账款余额。如果在资产负债表日前对应收账款余额实施函证程序,注册会计师应当针对询证函件指明的截止日期与资产负债表日期间实施进一步的实质性程序,或将实质性程序和控制测试结合使用,以将期中测试得出的结论合理延伸至期末。实质性程序包括测试该期间发生的影响应收账款余额的交易或实施分析程序等。控制测试包括测试销售交易、收款交易及与应收账款冲销有关的内部控制的有效性等。

4. 管理层要求不实施函证的处理

当被审计单位管理层要求对拟函证的某些账户余额或其他信息不实施函证时,注册会计师应当考虑该项要求是否合理:①如果认为管理层的要求合理,应当实施替代审计程序,以获取与这些账户余额或其他信息相关的充分、适当的审计证据。②如果认为管理层的要求不合理,且被其阻挠而无法实施函证,应当视为审计范围受到限制,并考虑对审计报告可能产生的影响。

在分析管理层要求不实施函证的原因时,注册会计师应当保持职业怀疑态度,并考虑:

(1)管理层是否诚信;

(2)是否可能存在重大的舞弊或错误；

(3)替代审计程序能否提供与这些账户余额或其他信息相关的充分、适当的审计证据。

3.3.3　询证函的设计

1. 总体要求——服务于审计目标的需要

注册会计师应当根据特定审计目标设计询证函，即询证函的设计服务于审计目标的需要。通常，在针对账户余额的存在性认定获取审计证据时，注册会计师应当在询证函中列明相关信息，要求对方核对确认。但在针对账户余额的完整性认定获取审计证据时，注册会计师则需要改变询证函的内容设计或者采用其他审计程序。例如，在函证应收账款时，询证函中不列出账户余额，而是要求被询证者提供余额信息，这样才能发现应收账款低估错报。再如，在对应付账款的完整性获取审计证据时，根据被审计单位的供货商明细表向被审计单位的主要供货商发出询证函，就比从应付账款明细表中选择询证对象更容易发现未入账的负债。

2. 需要考虑的因素

在设计询证函时，注册会计师应当考虑所审计的认定以及可能影响函证可靠性的因素。可能影响函证可靠性的因素主要包括：

(1)函证的方式。函证的方式有两种：积极式函证和消极式函证。不同的函证方式，其提供审计证据的可靠性不同。

(2)以往审计或类似业务的经验，包括回函率、以前年度审计中发现的错报以及回函所提供信息的准确程度等。当注册会计师根据以往经验认为，即使询证函设计恰当，回函率仍很低，应考虑从其他途径获取审计证据。

(3)拟函证信息的性质。信息的性质是指信息的内容和特点。注册会计师应当了解被审计单位与第三方之间交易的实质，以确定哪些信息需要进行函证。例如，对那些非常规合同或交易，注册会计师不仅应对账户余额或交易金额作出函证，还应当考虑对交易或合同的条款实施函证，以确定是否存在重大口头协议，客户是否有自由退货的权利，付款方式是否有特殊安排等。

(4)选择被询证者的适当性。注册会计师应当向对所询证信息知情的第三方发送询证函。例如，对长期投资，通常向股票、债券专门保管或登记机构发函询证或向接受投资的一方发函询证；对应收票据，通常向出票人或承兑人发函询证；对保证、抵押或质押，通常向有关金融机构发函询证；对或有事项，通常向律师等发函询证；对重大或异常的交易，通常向有关的交易方发函询证。

(5)被询证者易于回函的信息类型。询证函所函证信息是否便于被询证者回答，影响到回函率和所获取审计证据的性质。例如，某些被询证者的信息系统十分便于对形成账户余额的每笔交易进行函证，而不是对账户余额本身进行函证。

3. 积极与消极的函证方式

注册会计师可采用积极的或消极的函证方式实施函证，也可将两种方式结合使用。

(1)积极的函证方式。积极的函证方式的特点是，要求被询证者在所有情况下必须回函，确认询证函所列示信息是否正确，或填列询证函要求的信息。

积极的函证方式又分为两种：一种是在询证函中列明拟函证的账户余额或其他信息，要求被询证者确认所函证的款项是否正确。通常认为，对这种询证函的回复能够提供可靠的审计证据。但是，其缺点是被询证者可能对所列示信息根本不加以验证就予以回函确认。为了避免这种风险，注册会计师可以采用另外一种询证函，即在询证函中不列明账户余额或其他信息，而要求被询证者填写有关信息或提供进一步信息。这种询证函要求被询证者作出更多的努力，可能会导致回函率降低，进而导致注册会计师执行更多的替代程序。

在采用积极的函证方式时，只有注册会计师收到回函，才能为财务报表认定提供审计证据。注册会计师没有收到回函，可能是由于被询证者根本不存在，或是由于被询证者没有收到询证函，也可能是由于询证者没有理会询证函，因此，无法证明所函证信息是否正确。

(2)消极的函证方式。消极的函证方式只要求被询证者仅在不同意询证函列示信息的情况下才予以回函。

在采用消极的函证方式时，如果收到回函，能够为财务报表认定提供说服力强的审计证据。未收到回函可能是因为被询证者已收到询证函且核对无误，也可能是因为被询证者根本就没有收到询证函。因此，积极的函证方式通常比消极的函证方式提供的审计证据可靠。在采用消极的函证方式时，注册会计师通常还需辅之以其他审计程序。

当同时存在下列情况时，注册会计师可考虑采用消极的函证方式：

(1)重大错报风险评估为低水平；

(2)涉及大量余额较小的账户；

(3)预期不存在大量的错误；

(4)没有理由相信被询证者不认真对待函证。

4. 两种方式的结合使用

在实务中，注册会计师也可将这两种方式结合使用。以应收账款为例，当应收账款的余额是由少量的大额应收账款和大量的小额应收账款构成时，可以对所有的或抽取的大额应收账款样本采用积极的函证方式，而对抽取的小额应收账款样本采用消极的函证方式。

3.3.4 函证的过程控制、处理与评价

1. 对函证过程的控制

注册会计师应当对选择被询证者、设计询证函以及发出和收回询证函保持全面、全过程控制。

1)询证函发出前的控制

在询证函发出前，注册会计师需要恰当地设计询证函，并对询证函上的各项信息进行核对，注意事项可能包括：

(1)询证函中填列的需要被询证者确认的信息是否与被审计单位账簿及其他文件中的有关记录保持一致。对银行存款的函证，需要银行确认的信息是否与银行对账单或其他相关文件中的信息保持一致。

(2)考虑选择的被询证者是否适当，包括被询证者对所函证信息是否知情、是否具有客

观性、是否拥有回函的授权等。

(3)是否已将被询证者的单位名称、地址与有关信息进行核对，以确保询证函中的名称、地址等内容的准确性。

(4)是否已在询证函中正确填列被询证者直接向注册会计师回函的方式(如邮寄地址等)。

2)对邮寄或跟函方式发出询证函的控制

(1)邮寄方式发出的询证函。为避免询证函被拦截、篡改等舞弊风险，在邮寄询证函时，注册会计师在核实由被审计单位提供的被询证者的联系方式后，自行独立寄发询证函，而不应使用被审计单位本身的邮寄设施或交由被审计单位代发。如果采用快递方式发送询证函，注册会计师需要警惕被审计单位通过快递员拦截询证函的风险。注册会计师可以考虑在所发出的询证函上添加不易复制的特定标识，以便在收到回函时与注册会计师事先留存的复印件或扫描件比对以辨别真伪。

(2)跟函方式发出的询证函。跟函方式，是指注册会计师独自或在被审计单位员工的陪同下亲自将询证函送至被询证者，在被询证者核对并确认回函后，亲自将回函带回的方式。跟函方式可采取的控制措施为：①如果被询证者同意注册会计师独自前往被询证者执行函证程序，注册会计师可以独自前往。②如果注册会计师跟函时需要有被审计单位员工陪同，注册会计师需要确保在整个过程中保持对询证函的控制，观察函证的实地场所及被询证者实施核对的全过程，对被审计单位和被询证者之间串通舞弊的风险保持警觉。③如果注册会计师以跟函方式向银行送去并收回询证函，可以考虑采用非预约方式按照相应银行的通用受理流程在相应柜台现场办理。

2. 积极式函证未收到回函时的处理

当在合理的时间内没有收到询证函回函时，注册会计师可以联系被询证者予以跟进，必要时再次发出询证函。如果仍未收到回函，注册会计师应当实施替代程序以获取相关、可靠的审计证据。

需要注意的是，在某些情况下，针对识别出的认定层次重大错报风险，取得积极式询证函回函可能是获取充分、适当的审计证据的必要程序，则替代程序不能提供注册会计师所需要的审计证据。这些情况可能包括：①可获取的佐证管理层认定的信息只能从被审计单位外部获得。②存在特定舞弊风险因素。例如，管理层凌驾于内部控制之上，员工和(或)管理层串通舞弊使注册会计师不能信赖从被审计单位获取的审计证据。

在这种情况下，如果未获取回函，注册会计师应当确定其对审计工作和审计意见的影响。

3. 评价函证的可靠性

在评价函证的可靠性时，注册会计师应当考虑：

(1)对询证函的设计、发出及收回的控制情况；

(2)被询证者的胜任能力、独立性、授权回函情况、对函证项目的了解及其客观性；

(3)被审计单位施加的限制或回函中的限制。

收到回函后，根据不同情况，注册会计师可以分别实施以下程序，以验证回函的可靠性。

情况一：通过邮寄方式发出并收到的回函。可以验证以下信息。

（1）收回的经被询证者确认的询证函是否原件。

（2）回函是否由被询证者直接寄给注册会计师。

（3）寄给注册会计师的回邮信封或快递信封中记录的发件方名称、地址是否与询证函中记载的被询证者名称、地址一致。

（4）回邮信封上的邮戳显示发出城市或地区是否与被询证者的地址一致，是否存在多封回函同时或自同一地址发出的情况；如果回函使用快递方式，可查看收件网点的城市或地区是否与被询证者所在的城市或地区一致，是否存在多封回函同时或自同一收件网点发出的情况。

（5）被询证者加盖在询证函上的印章以及签名中显示的被询证者名称是否与询证函中记载的被询证者名称一致，加盖的印章以及签名是否清晰可辨认。在必要的情况下，注册会计师还可以进一步与被审计单位持有的其他文件中的被询证者印章及签名进行核对或亲自前往被询证者进行核实等。如果被询证者将回函寄至被审计单位，被审计单位将其转交注册会计师，该回函不能视为可靠的审计证据。在这种情况下，注册会计师可以要求被询证者直接书面回复。

情况二：通过跟函方式收到的回函。可以实施以下审计程序。

（1）了解被询证者处理函证的通常流程和人员。

（2）确认处理询证函人员的身份和处理询证函的权限，如索要名片、观察员工卡或姓名牌等。

（3）观察处理询证函的人员是否按照正常流程认真处理询证函，例如，该人员是否在其计算机系统或相关记录中核对相关信息。

情况三：以电子邮件或传真形式收到的回函。由于回函者的身份及其授权情况很难确定，对回函的更改也难以发觉，因此可靠性存在风险。注册会计师可与被询证者联系以核实回函的来源及内容。例如，当被询证者通过电子邮件回函时，注册会计师可以通过电话联系被询证者，确定被询证者是否发送了回函。必要时，注册会计师可以要求被询证者提供回函原件。

情况四：只对询证函进行口头回复。只对询证函进行口头回复而非书面回复不符合函证的要求，不能作为可靠的审计证据。在收到对询证函口头回复的情况下，可以根据情况要求被询证者提供直接书面回复。如果仍未收到书面回函，注册会计师需要通过实施替代程序，寻找其他审计证据以支持口头回复中的信息。

在验证回函的可靠性时，注册会计师需要保持职业怀疑，如果有迹象表明收回的询证函不可靠，应当实施适当的审计程序予以证实或消除疑虑。

4. 免责或其他限制性条款与回函可靠性

对于回函中存在的免责或其他限制性条款是否影响外部函证可靠性，主要取决于免责或限制性条款的性质和实质含义。

（1）对回函可靠性不产生影响的条款。回函中格式化的免责条款可能并不影响所确认信息的可靠性，实务中常见的这种免责条款的例子包括：①“提供的本信息仅出于礼貌，我方没有义务必须提供，我方不因此承担任何明示或暗示的责任、义务和担保”。②“本回复仅用于审计目的，被询证者、其员工或代理人无任何责任，也不能免除注册会计师做其他询问或执行其他工作的责任”。

其他限制性条款如果与所测试的认定无关，也不一定会导致回函失去可靠性。例如，审计目标是投资是否存在，并使用函证来获取审计证据时，回函中针对投资价值的免责条款并不一定会影响回函的可靠性。

（2）对回函可靠性产生影响的限制条款。一些限制性条款可能使注册会计师对回函中所包含信息的完整性、准确性或注册会计师能够信赖其所含信息的程度产生怀疑，实务中常见的此类限制性条款的例子包括：①“本信息从电子数据库中取得，可能不包括被询证者所拥有的全部信息”；②“既不保证本信息准确也不保证其是最新的，其他方可能会持有不同意见”；③“接收人不能依赖函证中的信息”。

如果限制性条款使注册会计师将回函作为可靠审计证据的程度受到了限制，注册会计师可能需要执行额外的或替代审计程序。这些程序的性质和范围将取决于财务报表项目的性质、所测试的认定、限制性条款的性质和实质含义，以及通过其他审计程序获取的相关证据等因素。如果注册会计师不能通过替代或额外审计程序获取充分、适当的审计证据，注册会计师应当确定其对审计工作和审计意见的影响。

在特殊情况下，如果限制性条款产生的影响难以确定，注册会计师可能认为要求被询证者澄清或寻求法律意见是适当的。

5. 对不符事项的处理

注册会计师应当调查不符事项，以确定是否表明存在错报。不符事项可以为注册会计师判断来自类似的被询证者回函的质量及类似账户回函质量提供依据，还可能显示被审计单位与财务报告相关的内部控制存在缺陷。如果不符事项构成错报，注册会计师应当重新考虑所实施审计程序的性质、时间和范围。某些不符事项并不表明存在错报。例如，询证函回函的差异是由于函证程序的时间安排、计量或书写错误造成的。

6. 需要关注的舞弊风险迹象以及采取的应对措施

在函证过程中，注册会计师需要始终保持职业怀疑，对舞弊风险迹象保持警觉。

1）常见的舞弊风险迹象情形如下

（1）管理层不允许寄发询证函。

（2）管理层过度热情配合函证程序，如希望提前获悉函证样本，帮助催促回函等。

（3）管理层试图干预、拦截、篡改询证函或回函，如坚持以特定的方式发送询证函。

（4）管理层提供的函证相关信息含糊、矛盾、不完整或有缺失。

（5）被询证者将回函寄至被审计单位，被审计单位将其转交注册会计师。

（6）注册会计师跟进访问被询证者，发现回函信息与被询证者记录不一致。例如，对银行的跟进访问表明提供给注册会计师的银行函证结果与银行的账面记录不一致；又如，从银行分支机构获取的信息和银行总行提供的信息不一致。

（7）从私人电子信箱发送的回函。

（8）收到同一日期发回的、相同笔迹的多份回函。

（9）不同被询证者回函信封上的联系方式（地址、电话等）相同或相近；位于不同地址的多家被询证者的回函邮戳显示的发函地址相同。

(10)回函上的印章和签名与被询证者的印章和签名不符,或印章模糊不清难以核对,或印章存在明显瑕疵。

(11)收到不同被询证者用快递寄回的回函,但快递的交寄人或发件人是同一个人或是被审计单位的员工(或关联方)。

(12)回函邮戳显示的发函地址与被审计单位记录的被询证者的地址不一致。

(13)不正常的回函率。例如:银行函证未回函;与以前年度相比,回函率异常偏高或回函率重大变动;向被审计单位的债权人发送的询证函回函率很低;过于完美的回函,所有回函均能收回且回函没有差异。

(14)被询证者缺乏独立性。例如:被审计单位及其管理层具有强大的背景和地位,能够对被询证者(包括银行和其他第三方)施加重大影响以使其向注册会计师提供虚假或误导信息(如被审计单位是被询证者唯一或重要的客户或供应商);被询证者既是被审计单位资产的保管人又是资产的管理者。

2)应对措施

针对舞弊风险迹象,可以实施以下审计程序。

(1)验证被询证者是否存在,是否与被审计单位之间缺乏独立性,其业务性质和规模是否与被询证者和被审计单位之间的交易记录相匹配。

(2)将被审计单位档案中有关被询证者的签名样本、公司公章与回函核对。

(3)要求与被询证者相关人员直接沟通并讨论询证事项,考虑是否有必要前往被询证者工作地点以验证其是否存在,并进一步了解相关回函信息的真实性和准确性。

(4)分别在期中和期末寄发询证函,并使用被审计单位账面记录和其他相关信息核对相关账户的期间变动。

(5)考虑从人民银行征信中心、被审计单位开户行等相关机构直接获取被审计单位的信用报告,并与被审计单位会计记录相核对,以证实是否存在被审计单位没有记录的贷款、担保、开立银行承兑汇票、信用证、保函等事项。

(6)需要强调的是,注册会计师需要综合评估通过实施各项审计程序所获取的审计证据,及时更新对于舞弊风险的评估,并决定是否需要调整审计程序,以应对舞弊风险。

3.4 分析程序

3.4.1 分析程序的目的

分析程序是指注册会计师通过研究不同财务数据之间以及财务数据与非财务数据之间的内在关系,对财务信息作出评价。分析程序还包括调查识别出的、与其他相关信息不一致或与预期数据严重偏离的波动和关系。

1. 主要特征

通常,某些财务数据之间以及财务数据与非财务数据之间存在一定的内在关系,除非情况发生变化，否则这种关系将持续存在。财务信息要素之间的关系，例如，销售毛利与营业收入之间一般有某种关系存在，除非售价、销售组合或成本结构等发生变动，否则该关系将维持不变。财务信息和相关非财务信息之间的关系，如工资成本与员工人数的关系等。研究财务数据之间以及财务数据与非财务数据之间的内在关系，是分析程序的切入点，是分析程序区别于其他审计程序的主要特征，也是分析程序得名的原因。

2. 关键步骤

不同阶段运用分析程序的方法和步骤有所不同。但完整的分析程序一般包括以下几个步骤：①选择适当的数据关系；②对数据关系进行分析；③识别异常的数据关系或波动；④调查异常数据关系或波动；⑤得出结论。

如果注册会计师在实施分析程序时识别出与其他相关信息不一致或与预期数据严重偏离的波动和关系，可能表明财务报表存在重大错报风险。注册会计师应结合其他审计程序，对异常项目做进一步调查，以获取对差异的合理解释或存在重大错报风险的佐证证据。

3. 主要目的

(1)用作风险评估程序，以了解被审计单位及其环境；

(2)当使用分析程序比细节测试能更有效地将认定层次的检查风险降至可接受的水平时，分析程序可以用作实质性程序；

(3)在审计结束或临近结束时对财务报表进行总体复核。

3.4.2　用作风险评估程序

1. 总体要求

注册会计师实施风险评估程序的目的在于了解被审计单位及其环境并评估财务报表层次和认定层次的重大错报风险。在风险评估过程中使用分析程序也服务于这一目的。分析程序可以帮助注册会计师发现财务报表中的异常变化，或者预期发生而未发生的变化，识别存在潜在重大错报风险的领域。分析程序还可以帮助注册会计师发现财务状况或盈利能力发生变化的信息和征兆，识别那些表明被审计单位持续经营能力问题的事项。在这个阶段运用分析程序是强制要求。

2. 在风险评估程序中的具体运用

(1)几种审计程序结合。可以将分析程序与询问、检查和观察程序结合运用，以获取对被审计单位及其环境的了解，识别和评估财务报表层次及具体认定层次的重大错报风险。

(2)重点关注关键的账户余额、趋势和财务比率关系。在运用分析程序时，注册会计师应重点关注关键的账户余额、趋势和财务比率关系等方面，对其形成一个合理的预期，并与被审计单位记录的金额、依据记录金额计算的比率或趋势相比较。如果分析程序的结果显示的比率、比例或趋势与注册会计师对被审计单位及其环境的了解不一致，并且被审计单位管理层无法提出合理的解释，或者无法取得相关的支持性文件证据，注册会计师应当考虑其是否表明被审计单位的财务报表存在重大错报风险。

例如，注册会计师根据对被审计单位及其环境的了解，得知本期在生产成本中占较大比重的原材料成本大幅上升。因此,注册会计师预期在销售收入未有较大变化的情况下,由于销售成本的上升,毛利率应相应下降。但通过分析发现,本期与上期的毛利率变化不大。注册会计师可能据此认为销售成本存在重大错报风险,应对其给予足够的关注。

需要注意的是,无须在了解被审计单位及其环境的每一方面都实施分析程序。例如,在对内部控制的了解中,注册会计师一般不会运用分析程序。

(3)两个阶段特征。其一,在风险评估程序中,所使用的数据汇总性比较强,其对象主要是财务报表中账户余额及其相互之间的关系,分析程序通常包括对账户余额变化的分析,并辅之以趋势分析和比率分析。其二,与实质性分析程序相比,在风险评估过程中使用的分析程序所进行比较的性质、预期值的精确程度,以及所进行的分析和调查的范围都并不足以提供充分、适当的审计证据。

3.4.3 用作实质性程序

在针对评估的重大错报风险实施进一步审计程序时,注册会计师可以将分析程序作为实质性程序的一种,单独或结合其他细节测试,收集充分、适当的审计证据。此时运用分析程序可以减少细节测试的工作量,节约审计成本,降低审计风险,使审计工作更有效率和效果。

1. 总体要求

注册会计师应当针对评估的认定层次进行重大错报风险设计和实施实质性程序。实质性程序包括对各类交易、账户余额、列报(包括披露,下同)的细节测试以及实质性分析程序。

实质性分析程序是指用作实质性程序的分析程序,它与细节测试都可用于收集审计证据,以识别财务报表认定层次的重大错报风险。当使用分析程序比细节测试能更有效地将认定层次的检查风险降至可接受的水平时,注册会计师可以考虑单独或结合细节测试,运用实质性分析程序。实质性分析程序不仅仅是细节测试的一种补充,在某些审计领域,如果重大错报风险较低且数据之间具有稳定的预期关系,注册会计师可以单独使用实质性分析程序获取充分、适当的审计证据。

尽管分析程序有特定的作用,但并非要求注册会计师在实施实质性程序时必须使用分析程序。这是因为针对认定层次的重大错报风险,注册会计师实施细节测试而不实施分析程序,同样可能实现实质性程序的目的。另外,分析程序有其运用的前提和基础,它并不适用于所有的财务报表认定。

需要强调的是,相对于细节测试而言,实质性分析程序能够达到的精确度可能受到种种限制,所提供的证据在很大程度上是间接证据,证明力相对较弱。从审计过程整体来看,注册会计师不能仅依赖实质性分析程序,而忽略对细节测试的运用。

2. 实质性分析程序对特定认定的适用性

并非所有认定都适合使用实质性分析程序。实质性分析程序通常更适用于在一段时期内存在可预期关系的大量交易。如果数据之间不存在稳定的可预期关系,注册会计师将无法运用实质性分析程序,而只能考虑利用检查、函证等其他审计程序收集充分、适当的审计证据,作为发表审计意见的合理基础。

在某些情况下，不复杂的预测模型也可以用于实施有效的分析程序。例如，如果被审计单位在某一会计期间对既定数量的员工支付固定工资，注册会计师可利用这一数据非常准确地估计出该期间的员工工资总额，从而获取有关该重要财务报表项目的审计证据，并降低对工资成本实施细节测试的必要性。一些广泛认同的行业比率(如不同类型零售企业的毛利率)通常可以有效地运用于实质性分析程序，为已记录金额的合理性提供支持性证据。

不同类型的分析程序提供不同程度的保证。例如，根据租金水平、公寓数量和空置率，可以测算出一幢公寓大楼的总租金收入。如果这些基础数据得到恰当的核实，上述分析程序能提供具有说服力的证据，从而可能无须利用细节测试再做进一步验证。相比之下，通过计算和比较毛利率，对于某项收入数据的确认，可以提供说服力相对较弱的审计证据，但如果结合实施其他审计程序，则可以提供有用的佐证。

对特定实质性分析程序适用性的确定，受到认定的性质和注册会计师对重大错报风险评估的影响。例如，如果针对销售订单处理的内部控制存在缺陷，对与应收账款相关的认定，注册会计师可能更多地依赖细节测试，而非实质性分析程序。

鉴于实质性分析程序能够提供的精确度受到种种限制，评估的重大错报风险水平越高，注册会计师应当越谨慎使用实质性分析程序。如果针对特别风险仅实施实质性程序，注册会计师应当使用细节测试，或将细节测试和实质性分析程序结合使用，以获取充分、适当的审计证据。

3. 数据的可靠性

注册会计师对已记录的金额或比率作出预期时，需要采用内部或外部的数据。来自被审计单位内部的数据包括：①前期数据，并根据当期的变化进行调整；②当期的财务数据；③预算或预测；④非财务数据等。外部数据包括：①政府及政府有关部门发布的信息，如通货膨胀率、利率、税率，有关部门确定的生产或进出口配额等；②行业监管者、贸易协会以及行业调查单位发布的信息，如行业平均增长率；③经济预测组织，包括某些银行发布的预测消息，如某些行业的业绩指标等；④公开出版的财务信息；⑤证券交易所发布的信息等。

数据的可靠性直接影响根据数据形成的预期值。数据的可靠性愈高，预期的准确性也将愈高，分析程序将更有效。注册会计师计划获取的保证水平愈高，对数据可靠性的要求也就愈高。

数据的可靠性受其来源和性质的影响，并取决于获取该数据的环境。在确定实质性分析程序使用的数据是否可靠时，应当考虑下列因素：

(1)可获得信息的来源。数据来源的客观性或独立性愈强，所获取数据的可靠性将愈高；来源不同的数据相互印证时比单一来源的数据更可靠。

(2)可获得信息的可比性。实施分析程序使用的相关数据必须具有可比性。通常，被审计单位所处行业的数据与被审计单位的相关数据具有一定的可比性。但应当注意，对生产和销售专门产品的被审计单位，注册会计师应考虑获取广泛的相关行业数据，以增强信息的可比性，进而提高数据的可靠性。

(3)可获得信息的性质和相关性。例如，被审计单位管理层制定预算时，是将该预算作为预期的结果还是作为将要达到的目标。若为预期的结果，则预算的相关程度较高；若仅为希望达到的目标，则预算的相关程度较低。此外，可获得的信息与审计目标越相关，数据就越可靠。

(4)与信息编制相关的控制。与信息编制相关的控制愈有效,该信息愈可靠。

3.4.4 用于总体复核

在审计结束或临近结束时,注册会计师应当运用分析程序,在已收集的审计证据的基础上,对财务报表整体的合理性作最终把握,评价报表仍然存在重大错报风险而未被发现的可能性,考虑是否需要追加审计程序,以便为发表审计意见提供合理基础。这个阶段运用分析程序是强制要求。

1. 总体复核阶段分析程序的特点

总体复核阶段执行分析程序,所进行的比较和使用的手段与风险评估程序中使用的分析程序基本相同,但两者的目的不同。在总体复核阶段实施的分析程序主要在于强调并解释财务报表项目自上个会计期间以来发生的重大变化,以证实财务报表中列报的所有信息与注册会计师对被审计单位及其环境的了解一致、与注册会计师取得的审计证据一致。因此,两者的主要差别在于实施分析程序的时间和重点不同,以及所取得的数据的数量和质量不同。另外,因为在总体复核阶段实施的分析程序并非为了对特定账户余额和披露提供实质性的保证水平,因此并不如实质性分析程序那样详细和具体,而往往集中在财务报表层次。

2. 再评估重大错报风险

在运用分析程序进行总体复核时,如果识别出以前未识别的重大错报风险,注册会计师应当重新考虑对全部或部分各类交易、账户余额、列报评估的风险是否恰当,并在此基础上重新评价之前计划的审计程序是否充分,是否有必要追加审计程序。

3.5 审计程序综合案例

【案例】针对下列第(1)项至第(5)项,逐项指出审计项目组的做法是否恰当。如不恰当,简要说明理由。

ABC 会计师事务所负责审计甲公司 2013 年度财务报表,审计工作底稿中与函证相关的部分内容摘录如下:

(1)甲公司在乙银行开立了一个用以缴纳税款的专门账户,除此以外,与乙银行没有其他业务关系,审计项目组认为,该账户的重大错报风险很低且余额不重大,未对该账户实施函证程序。

(2)审计项目组评估认为应收账款的重大错报风险较低,对甲公司 2013 年 11 月 30 日的应收账款余额实施了函证程序,未发现差异,2013 年 12 月 31 日的应收账款余额较 11 月 30 日无重大变动。审计项目组据此认为已对年末应收账款余额的存在认定获取了充分、适当的审计证据。

(3)审计项目组负责填写询证函信息,甲公司业务员负责填写询证函信封,审计项目组取得加盖公章的询证函及业务员填写的信封后，直接到邮局将询证函寄出。

(4)客户丙公司的回函并非询证函原件。甲公司财务人员解释，在催收回函时，由于丙公司财务人员表示未收到询证函，因此将其留存的询证函复印件寄送给了丙公司，并要求丙公司财务人员将回函直接寄回至ABC会计师事务所，审计项目组认为该解释合理，无须实施进一步审计程序。

(5)审计项目组收到的一份银行询证函回函中标注“本行不保证回函的准确性，接收人不能依赖回函中的信息”，审计项目组致电该银行，银行工作人员表示这是标准条款。审计项目组据此认为该回函可靠，并在工作底稿中记录了与银行的电话沟通内容。

【案例解析】事项(1)恰当。理由：该账户的重大错报风险很低且余额不重大，依据相关审计准则可以不对该账户实施函证程序。

事项(2)不恰当。理由：注册会计师应对2013年11月30日至12月31日之间应收账款的变动情况实施进一步审计程序，或实质性程序，或将实质性程序和控制测试结合使用。

事项(3)不恰当。理由：注册会计师没有将被询证者的名称、地址与被审计单位有关记录、外部记录进行核对。

事项(4)不恰当。理由：注册会计师未对函证的全过程保持控制。

事项(5)不恰当。理由：该限制条款影响了回函的可靠性，审计项目组需要实施额外或替代审计程序。

课后习题

一、单选题

1. 在实施实质性分析程序时，注册会计师需要确定已记录金额与预期值之间可接受的差异额。下列各项因素中，注册会计师在确定可接受的差异额时通常无须考虑的是（　　）。

A. 实际执行的重要性　　B. 明显微小错报的临界值

C. 计划的保证水平　　D. 评估的重大错报风险

2. 下列审计程序中，不适用于细节测试的是（　　）。

A. 函证　　B. 检查　　C. 询问　　D. 重新执行

3. 下列有关审计证据的充分性和适当性的说法中，错误的是（　　）。

A. 只有充分且适当的审计证据才有证明力

B. 审计证据的充分性和适当性分别是对审计证据数量和质量的衡量

C. 审计证据的充分性会影响审计证据的适当性

D. 审计证据的适当性会影响审计证据的充分性

4. 下列有关实质性分析程序的说法中，错误的是（　　）。

1. 实质性分析程序达到的精确度低于细节测试

2. 实质性分析程序提供的审计证据是间接证据，因此无法为相关财务报表认定提供充分、适当的审计证据

3. 实质性分析程序并不适用于所有财务报表认定

4. 注册会计师可以对某些财务报表认定，同时实施实质性分析程序和细节测试

二、多选题

1. 在作出是否有必要实施函证的决策时，下列各项因素中，注册会计师应当考虑的有（　　）。

A. 评估的认定层次重大错报风险

B. 函证程序针对的认定

C. 被审计单位管理层协助注册会计师实施函证程序的能力或意愿

D. 实施除函证外的其他审计程序获取的审计证据

2. 下列有关询证函回函可靠性的说法中，错误的有（　　）

A. 被询证者对于函证信息的口头回复是可靠的审计证据

B. 询证函回函中的免责条款削弱了回函的可靠性

C. 由被审计单位转交给注册会计师的回函不是可靠的审计证据

D. 以电子形式收到的回函不是可靠的审计证据

3. 审计证据的基本特征是（　　）。

A. 客观性　　B. 充分性　　C. 适当性　　D. 相关性

三、分析题

ABC 会计师事务所的 A 注册会计师负责审计甲公司 2019 年度财务报表。与函证相关

的部分事项如下：

(1)在发出询证函前，A注册会计师根据风险评估结果选取部分被询证者，通过查询公开网站等方式，验证了甲公司管理层提供的被询证者名称和地址的准确性，结果满意。

(2)甲公司2019年12月31日银行借款账面余额为零。为确认这一情况，A注册会计师在询证函中将银行借款项目用斜线划掉。银行回函显示信息相符，结果满意。

(3)甲公司开户行乙银行因受疫情影响无法处理函证。A注册会计师与乙银行的上级银行沟通后向其寄发了询证函并收到回函，结果满意。

(4)2020年3月现场审计工作开始前，甲公司已收回2019年年末的大部分应收账款。A注册会计师检查了相关的收款单据和银行对账单，结果满意，决定不对应收账款实施函证程序，并在审计工作底稿中记录了不发函的上述理由。

(5)A注册会计师收到丙公司通过电子邮件发来的其他应收款回函扫描件后，向甲公司财务人员取得了丙公司财务人员的微信号，联系对方核实了函证内容，并在审计工作底稿中记录了沟通情况及微信截图。

要求：对上述第(1)项至第(5)项，逐项指出A注册会计师的做法是否恰当。如不恰当，请简要说明理由。

四、简答题

1.简述审计证据的充分性与适当性的含义及关系。

2.简述风险评估、应对程序与审计工具方法程序之间的关系。

3.简述函证程序实施的范围。

4.分析程序的目的。

第4章　审计抽样方法

学习目标

1. 了解审计抽样的相关概念。
2. 理解审计抽样风险与非抽样风险的区别与联系。
3. 熟悉信赖过度风险与误受风险的区别与联系。
4. 掌握审计抽样在控制测试中的应用。
5. 掌握审计抽样在细节测试中的应用。

审计人员为获取充分、适当的审计证据，需要选取项目进行测试。选取方法包括三种：①对某总体包含的全部项目进行测试；②对选出的特定项目进行测试，但不推断总体；③审计抽样，以样本结果推断总体结论。现代企业的交易和财务数据量的庞大，加之审计报告通常有明确的截止期限的要求，对被审计单位每一笔交易都进行审计变得既不可行，也没有必要。为了在合理的时间内以合理的成本获取可靠的审计证据，审计抽样应运而生。审计抽样是现代审计中的重要工具，能够有效提高效率、降低成本，并控制审计风险；同时也是统计学理论与技术进步推动的必然选择，对平衡审计目标和审计资源具有积极意义。

4.1　审计抽样的相关概念

4.1.1　审计抽样

1. 审计抽样的含义

审计抽样是指对具有审计相关性的总体中低于百分之百的项目实施审计程序，使所有抽样单元都有被选取的机会，为注册会计师针对整个总体得出结论提供合理基础。审计抽样能够使注册会计师获取和评价有关所选取项目某一特征的审计证据，以形成或有助于形成有关总体的结论。

总体，审计抽样是指注册会计师从中选取样本并期望据此得出结论的整个数据集合。抽样单元，则是指构成总体的个体项目，可能是实物项目，如支票簿上列示的支票信息、银行对账单上的贷方记录、销售发票或应收账款余额，也可能是货币单元。

2. 审计抽样的特征

选取测试项目以获取审计证据的逻辑，如图 4－1 所示。

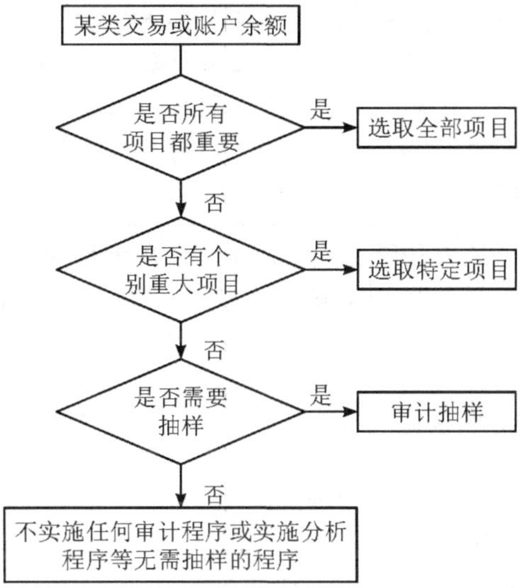

图 4－1　选取测试项目的方法逻辑图

如果注册会计师对于需要测试的账户余额或交易事项缺乏特别的了解，在这种情况下，审计抽样比较有用。另外，当总体中项目数量太大而导致无法逐项审查，或者虽能逐项审查但需耗费大量成本时，注册会计师也可能使用审计抽样方法。如果注册会计师决定对账户余额或交易事项进行审计抽样，应当考虑是否符合审计抽样的三个基本特征：

(1)对某类交易或账户余额中低于百分之百的项目实施审计程序；

(2)所有抽样单元都有被选取的机会；

(3)审计测试的目的是评价该账户余额或交易类型的某一特征。

3. 审计抽样的适用性

审计抽样并非在所有审计程序中都可以使用。在风险评估程序、控制测试和实质性程序中，有些审计程序可以使用审计抽样，有些审计程序则不宜使用审计抽样，如表 4－1 所示。

表 4－1　审计抽样的适用性

审计阶段	抽样的适用性
风险评估程序	通常不涉及使用审计抽样
控制测试	①当控制的运行留下轨迹时，注册会计师可以考虑使用审计抽样实施控制测试 ②对于未留下运行轨迹的控制实施测试时，注册会计师通常实施询问、观察等审计程序，以获取有关控制运行有效性的审计证据，此时不宜使用审计抽样 ③在被审计单位采用信息技术处理各类交易及其他信息时，注册会计师通常只需要测试信息技术一般控制，并从各类交易中选取一笔或几笔交易进行测试，就能获取有关信息技术应用控制运行有效性的审计证据，此时不需使用审计抽样

续表

审计阶段	抽样的适用性
实质性程序	①在实施细节测试时，注册会计师可以使用审计抽样的方法获取审计证据 ②如果注册会计师将某类交易或账户余额的重大错报风险评估为可接受的低水平，也可不实施细节测试，此时不需使用审计抽样 ③实施实质性分析程序时，注册会计师的目的不是根据样本项目的测试结果推断有关总体的结论，此时不宜使用审计抽样

审计抽样可以与其他测试方法结合进行。例如，在审计应收账款时，注册会计师可以使用选取特定项目的方法将应收账款中的单个重大项目挑选出来单独测试，再针对剩余的应收账款余额进行抽样。

4.1.2 抽样风险和非抽样风险

在获取审计证据时，注册会计师应当运用职业判断，评估重大错报风险，并设计进一步审计程序，以确保将审计风险降至可接受的低水平。审计风险取决于重大错报风险和检查风险。

抽样风险和非抽样风险可能影响重大错报风险的评估和检查风险的确定。例如，在控制测试中，当总体实际偏差率非常高时，如果注册会计师实施了不适当的审计程序而未能发现样本中的错误，重大错报风险评估水平就会受到非抽样风险的影响；如果注册会计师实施了适当的审计程序但在样本中未发现偏差或仅发现少量偏差，并作出控制运行有效的结论，重大错报风险评估水平则会受到抽样风险的影响。又如，在细节测试中，如果注册会计师实施了不适当的分析程序而得出错误的结论，检查风险水平就会受到非抽样风险的影响；如果总体实际错报高于可容忍错报，注册会计师在细节测试的样本中只发现了很小的错报，导致得出错误的结论，检查风险水平就会受到抽样风险的影响。

1. 抽样风险

抽样风险是指注册会计师根据样本得出的结论，与对总体全部项目实施与样本同样的审计程序得出的结论存在差异的可能性。抽样风险是由抽样引起的，与样本规模和抽样方法相关。

1)控制测试中的抽样风险

控制测试存在两类抽样风险：信赖过度风险和信赖不足风险。信赖过度风险是指推断的控制有效性高于其实际有效性的风险。信赖过度风险与审计的效果有关。如果注册会计师评估的控制有效性高于其实际有效性，从而导致评估的重大错报风险水平偏低，注册会计师可能不适当地减少从实质性程序中获取的证据，因此审计的有效性下降。对于注册会计师而言，信赖过度风险更容易导致注册会计师发表不恰当的审计意见，因而更应予以关注。相反，信赖不足风险是指推断的控制有效性低于其实际有效性的风险。信赖不足风险与审计的效率有关。当注册会计师评估的控制有效性低于其实际有效性时，评估的重大错报风险水平偏高。为了弥补注册会计师根据评估的控制有效性而对重大错报风险评估的高水平，注册会计师可能会增加不必要的实质性程序。在这种情况下，审计效率可能降低。

2)细节测试中的抽样风险

细节测试中存在两类抽样风险：误受风险和误拒风险。误受风险是指注册会计师推断某一重大错报不存在而实际上存在的风险。如果账面金额实际上存在重大错报而注册会计师认为其没有存在重大错报，注册会计师通常会停止对该账面金额继续进行测试，并根据样本结果得出账面金额无重大错报的结论。与信赖过度风险类似，误受风险影响审计效果，容易导致注册会计师发表不恰当的审计意见，因此更应予以关注。误拒风险是指注册会计师推断某一重大错报存在而实际上不存在的风险。与信赖不足风险类似，误拒风险影响审计效率。如果账面金额不存在重大错报而注册会计师认为其存在重大错报，注册会计师会扩大细节测试的范围并考虑获取其他审计证据，最终注册会计师会得出恰当的结论。在这种情况下，审计效率可能降低。

只要使用了审计抽样，抽样风险总会存在。无论是控制测试还是细节测试，抽样风险与样本规模都是反向变动关系：样本规模越小，抽样风险越大；样本规模越大，抽样风险越小。

2. 非抽样风险

非抽样风险是指某些与样本规模无关的因素而导致注册会计师得出错误结论的可能性。非抽样风险包括审计风险中不是由抽样所导致的所有风险。注册会计师即使对某类交易或账户余额的所有项目实施某种审计程序，也可能仍未能发现重大错报或控制失效。

注册会计师采用不适当的审计程序，或者误解审计证据而没有发现误差等，均可能导致非抽样风险。在具体的审计过程中，下列情况可能导致非抽样风险：

(1)选择的总体不适合于测试目标。

(2)未能适当地定义控制偏差或错报，导致注册会计师未能发现样本中存在的偏差或错报。

(3)选择了不适于实现特定目标的审计程序。例如，注册会计师依赖应收账款函证来揭露未入账的应收账款。

(4)注册会计师未能适当地评价审计发现的情况。例如，错误解读审计证据导致没有发现误差；对所发现误差的重要性的判断有误，从而忽略了性质十分重要的误差，也可能导致得出不恰当的结论。

非抽样风险是由人为因素造成的，虽然难以量化，但通过采取适当的质量管理政策和程序，对审计工作进行适当的指导、监督和复核，科学设计审计程序，以及对审计实务的适当改进，可以将非抽样风险降至可接受的水平。

4.1.3　统计抽样和非统计抽样

统计抽样与非统计抽样是审计中常用的两种抽样方法，它们在原理、应用场景等方面存在差异。

1. 统计抽样

统计抽样是基于概率论和数理统计原理，通过随机方法选择样本，并利用数学公式推断总体特征(如误差率、金额偏差等)的抽样方法，具备下列两项特征：①随机选取样本项目；②运用概率论评价样本结果，包括计量抽样风险，能够量化抽样风险和置信水平。

统计抽样的优点在于能够客观地计量抽样风险，并通过调整样本规模精确地控制风险，这是与非统计抽样最重要的区别。另外，统计抽样还有助于注册会计师高效地设计样本，计量所获取证据的充分性，以及定量评价样本结果。但统计抽样也可能发生额外的成本，如增加额外的支出对注册会计师进行培训。使用审计抽样软件能够适当降低统计抽样的成本。

2. 非统计抽样

不同时具备统计抽样两个基本特征的抽样方法为非统计抽样。非统计抽样依赖审计人员的专业判断选择样本，不严格遵循概率原则，结果的推断更多依赖主观经验。

与统计抽样最重要的区别是，非统计抽样不能够客观地计量抽样风险，注册会计师使用非统计抽样时，尽管必须考虑抽样风险并将其降至可接受水平，但无法精确地测定抽样风险。当然，如果设计适当，也能提供与设计适当的统计抽样方法同样有效的结果。

注册会计师应当根据具体情况并运用职业判断，确定使用统计抽样或非统计抽样方法，以最有效率地获取审计证据。例如，在控制测试中，与仅仅对偏差的发生进行定量分析相比，对偏差的性质和原因进行定性分析通常更为重要。在这种情况下，使用非统计抽样可能更为适当。

4.1.4 属性抽样和变量抽样

1. 属性抽样

属性抽样是一种用来对总体中某一事件发生率得出结论的统计抽样方法。在审计中最常见的用途是测试某一设定控制的偏差率，以支持注册会计师评估的控制风险水平。

2. 变量抽样

变量抽样是一种用来对总体金额得出结论的统计抽样方法，在审计中的主要用途是进行细节测试，以确定记录金额是否合理。

属性抽样和变量抽样都是统计抽样方法，通常属性抽样得出的结论与总体发生率有关，而变量抽样得出的结论与总体的金额有关。但有一个例外，即变量抽样中的货币单元抽样，却运用属性抽样的原理得出以金额表示的结论。

4.2 审计抽样在控制测试中的应用

在控制测试中使用审计抽样可以分为样本设计、选取样本和评价样本结果三个阶段，逻辑如图 4－2 所示。

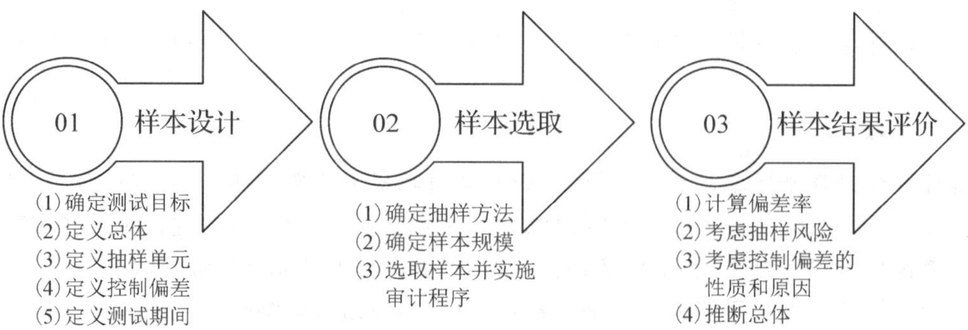

图 4－2 审计抽样在控制测试中的步骤与逻辑

4.2.1 样本设计阶段

1. 确定测试目标

实施控制测试的目标是提供关于控制运行有效性的审计证据，以支持计划的重大错报风险评估水平。因此，控制测试主要关注：①控制在所审计期间的相关时点是如何运行的；②控制是否得到一贯执行；③控制由谁或以何种方式执行。

2. 定义总体

总体是指注册会计师从中选取样本并期望据此得出结论的整个数据集合。在界定总体时，应当确保总体的适当性和完整性。

(1)适当性。总体应适合于特定的审计目标。例如，要测试现金支付授权控制是否有效运行，如果从已得到授权的项目中抽取样本，注册会计师不能发现控制偏差，因为该总体不包含那些已支付但未得到授权的项目。因此在本例中，为发现未得到授权的现金支付，注册会计师应当将所有已支付现金的项目作为总体。

(2)完整性。注册会计师应当从总体项目内容和涉及时间等方面确定总体的完整性。例如，如果注册会计师从档案中选取付款证明，除非确信所有的付款证明都已归档，否则注册会计师不能对该期间的所有付款证明得出结论。又如，对某一控制活动在财务报告期间是否有效运行得出结论，总体应包括来自整个报告期间的所有相关项目。

3. 定义抽样单元

抽样单元通常是能够提供控制运行证据的一份文件资料、一个记录或其中一行，每个抽样单元构成了总体中的一个项目。在控制测试中，注册会计师应根据被测试的控制定义抽样单元，定义的抽样单元应与审计测试目标相适应。例如，如果测试目标是确定付款是否得到授权，且设定的控制要求付款之前授权人在付款单据上签字，抽样单元可能被定义为每一张付款单据。如果一张付款单据包含了对几张发票的付款，且设定的控制要求每张发票分别得到授权，那么付款单据上与发票对应的一行就可能被定义为抽样单元。

4. 定义偏差构成条件

在控制测试中，偏差是指偏离对设定控制的预期执行。注册会计师应根据对内部控制的了解，确定哪些特征能够显示被测试控制的运行情况，然后据此定义偏差构成条件。在评估控制运行的有效性时，注册会计师应当考虑其认为必要的所有环节。例如，设定的控制要求每笔支付都应附有发票、收据、验收报告和订购单等证明文件，且均盖上“已付”戳记。注册会计师认为盖上“已付”戳记的发票和验收报告足以显示控制的适当运行。在这种情况下，偏差可能被定义为缺乏盖有“已付”戳记的发票和验收报告等证明文件的款项支付。

5. 定义测试期间

注册会计师通常在期中实施控制测试。由于期中测试获取的证据只与控制截至期中测试时点的运行有关，需要确定如何获取关于剩余期间的证据。可以有以下两种选择：

(1)将测试扩展至在剩余期间发生的交易，以获取额外的证据。在这种情况下，总体由整个被审计期间的所有交易组成。在许多情况下，可能不需等到审计期间结束，就能得出关于控制的运行有效性是否支持其计划评估的重大错报风险水平的结论。在对选取的交易进行期中测试时，发现的误差可能足以使其得出结论：即使在发生于期中测试以后的交易中未发现任何误差，控制也不能支持计划评估的重大错报风险水平。在这种情况下，注册会计师可能决定不将样本扩展至期中测试以后发生的交易，而是相应地修正计划的重大错报风险评估水平和实质性程序。

(2)不将测试扩展至在剩余期间发生的交易。在这种情况下，总体只包括从年初到期中测试日为止的交易，测试结果也只能针对此期间进行推断，注册会计师使用替代方法测试剩余期间的控制有效性。

如果控制在剩余期间发生了重大变化，注册会计师应修正其对内部控制的了解，并考虑对变化后的控制进行测试。或者，考虑对剩余期间实施实质性分析程序或细节测试。

4.2.2 选取样本阶段

1. 确定抽样方法

选取样本的方法通常包括简单随机选样、系统选样、随意选样三种。

(1)简单随机选样，是统计学中最基本、最核心的抽样方法，其核心特征是等概率性、独立性和无偏性。具体的抽样审计实践中，可以使用计算机或随机数表获得所需的随机数，选取匹配的随机样本。

(2)系统选样，也称为等距选样或间隔选样。它是将总体 N 个个体按某种顺序排列，按规则确定一个随机起点，再每隔一定间隔(如，总体数 N/样本数 n)逐个抽取样本单位的抽样方法。例如，如果销售发票的总体范围是 652～3151，设定的样本量是 125，那么选样间距为 20[(3152－652)÷125]。可从第一个间隔(652～671)中随机选取一个样本项目，作为抽样起点。如果随机起点是 661，那么其余的 124 个项目是 681(661＋20)，701(681＋20)……依此类推，直至第 3141 号。

系统选样方法下，总体中的每一个抽样单元被选取的机会都相等，但要求总体必须是随机排列的，如果抽样单元在总体内的分布具有某种规律性，则样本的代表性就可能较差，容易发生较大的偏差。因此，其适用于总体排列无显著周期性或趋势的场景。

(3)随意选样也称任意选样。使用这种方法并不意味着注册会计师可以漫不经心地选择样本，而是要避免任何有意识的偏向或可预见性(如回避难以找到的项目，或总是选择或回避每页的第一个或最后一个项目)，从而保证总体中的所有项目都有被选中的机会，使选择的样本具有代表性。

以上三种方法均可选出代表性样本。简单随机选样和系统选样属于随机基础选样方法，即对总体的所有项目按随机规则选取样本，因而可以在统计抽样中使用，也可以在非统计抽样中使用。而随意选样属于非随机基础选样方法，无法量化选取样本的概率，不能在统计抽样中使用，只能在非统计抽样中使用。

2. 确定样本规模

样本规模是指从总体中选取样本项目的数量。在审计抽样中，如果样本规模过小，不能反映出审计对象总体的特征，就无法获取充分的审计证据，从而影响审计结论的可靠性。如果样本规模过大，则会增加审计工作量，造成不必要的时间和人力上的浪费，加大审计成本，降低审计效率，从而失去审计抽样的意义。因此，注册会计师应当确定足够的样本规模，以将抽样风险降至可接受的低水平。表 4－2 为可接受信赖过度风险为 10％时的抽样规模表。

表 4－2　控制测试统计抽样样本规模——信赖过度风险 10％

预计总体偏差率/％	可容忍偏差率/％										
	2	3	4	5	6	7	8	9	10	15	20
0.00	114(0)	76(0)	57(0)	45(0)	38(0)	32(0)	28(0)	25(0)	22(0)	15(0)	11(0)
0.25	194(1)	129(1)	96(1)	77(1)	64(1)	55(1)	48(1)	42(1)	38(1)	25(1)	18(1)
0.50	194(1)	129(1)	96(1)	77(1)	64(1)	55(1)	48(1)	42(1)	38(1)	25(1)	18(1)
0.75	265(2)	129(1)	96(1)	77(1)	64(1)	55(1)	48(1)	42(1)	38(1)	25(1)	18(1)
1.00	*	176(2)	96(1)	77(1)	64(1)	55(1)	48(1)	42(1)	38(1)	25(1)	18(1)
1.25	*	221(3)	132(2)	77(1)	64(1)	55 (1)	48 (1)	42(1)	38(1)	25(1)	18(1)
1.50	*	*	132(2)	105(2)	64(1)	55(1)	48(1)	42(1)	38(1)	25(1)	18(1)
1.75	*	*	166(3)	105(2)	88(2)	55(1)	48(1)	42(1)	38(1)	25(1)	18(1)
2.00	*	*	198(4)	132(3)	88(2)	75(2)	48(1)	42(1)	38(1)	25(1)	18(1)
2.25	*	*	*	132(3)	88(2)	75(2)	65(2)	42(2)	38(2)	25(1)	18(1)
2.50	*	*	*	158(4)	110(3)	75(2)	65(2)	58(2)	38(2)	25(1)	18(1)
2.75	*	*	*	209(6)	132(4)	94(3)	65(2)	58(2)	52(2)	25(1)	18(1)
3.00	*	*	*	*	132(4)	94(3)	65(2)	58(2)	52(2)	25(1)	18(1)
3.25	*	*	*	*	153(5)	113(4)	82(3)	58(2)	52(2)	25(1)	18(1)
3.50	*	*	*	*	194(7)	113(4)	82(3)	73(3)	52(2)	25(1)	18(1)
3.75	*	*	*	*	*	131(5)	98(4)	73(3)	52(2)	25(1)	18(1)
4.00	*	*	*	*	*	149(6)	98(4)	73(3)	65(3)	25(1)	18(1)
5.00	*	*	*	*	*	*	160(8)	115(6)	78(4)	34(2)	18(1)
6.00	*	*	*	*	*	*	*	182(11)	116(7)	43(3)	25(2)
7.00	*	*	*	*	*	*	*	*	199(14)	52(4)	25(2)

注：①括号内是可接受的偏差数。② * 表示样本规模太大，大多数情况下不符合成本效益原则。③本表假设总体足够大。④来源：AICPA Audit and Accounting Guide：Audit Sampling(2005)。

1）控制测试中样本规模的影响因素

（1）可接受的信赖过度风险。信赖过度风险会影响审计效果，比信赖不足风险更容易导致注册会计师发表不恰当的审计意见，是抽样关注的重点。可接受的信赖过度风险与样本规模是反向变动关系。注册会计师愿意接受的信赖过度风险越低，样本规模通常越大。反之，愿意接受的信赖过度风险越高，样本规模越小。由于控制测试是控制是否有效运行的主要证据来源，因此，可接受的信赖过度风险应确定在相对较低的水平上。通常，相对较低的水平在数量上是指 5％～10％的信赖过度风险。注册会计师一般将信赖过度风险确定为

10%,特别重要的测试则可以将信赖过度风险确定为5%。

(2)可容忍偏差率。可容忍偏差率是指在控制测试中,注册会计师设定的偏离规定的内部控制的比率。注册会计师通过对总体中的实际偏差率不超过该比率获取适当水平的保证。从控制测试抽样审计的逻辑上看,可容忍偏差率是注册会计师能够接受的最大偏差数量,如果偏差超过这一数量则减少或取消对内部控制的信赖。

显然,可容忍偏差率与样本规模是反向变动关系。在确定可容忍偏差率时,应考虑计划评估的控制有效性。计划评估的控制有效性越低,注册会计师确定的可容忍偏差率通常越高,所需的样本规模就越小。一个很高的可容忍偏差率通常意味着,控制的运行不会大大降低相关实质性程序的程度。在这种情况下,由于注册会计师预期控制运行的有效性很低,特定的控制测试可能不需进行。反之,如果注册会计师在评估认定层次重大错报风险时预期控制的运行是有效的,注册会计师必须实施控制测试。换言之,注册会计师在风险评估时越依赖控制运行的有效性,确定的可容忍偏差率越低,进行控制测试的范围越大,因而样本规模增加。

通常认为,当偏差率为3%~7%时,控制有效性的估计水平较高;可容忍偏差率最高为20%,偏差率超过20%时,由于估计控制运行无效,注册会计师不须进行控制测试。当估计控制运行有效时,如果注册会计师确定的可容忍偏差率较高就被认为不恰当。

(3)预计总体偏差率。预计总体偏差率是审计人员根据对被审计单位内部控制环境的了解、历史经验或初步评估,预先估计的某一控制活动在总体中可能存在的偏差(即控制失效或未被遵循)的比例。是审计师在实施控制测试前,对某一控制流程(如审批、核对、授权等)在整体业务中发生偏差的概率的预判。

预计总体偏差率与样本规模是同向变动关系。在既定的可容忍偏差率下,预计总体偏差率越大,所需的样本规模越大,以为控制的有效性判断提供充分的审计证据。预计总体偏差率不应超过可容忍偏差率,如果预期总体偏差率高得无法接受,意味着控制有效性很低,注册会计师通常决定不实施控制测试,而实施更多的实质性程序。

(4)总体规模。除非总体非常小,一般而言,总体规模对样本规模的影响几乎为零。注册会计师通常将抽样单元超过2000个的总体视为大规模总体。对大规模总体而言,总体的实际容量对样本规模几乎没有影响。对小规模总体而言,审计抽样比其他选择测试项目的方法效率更低。

(5)其他因素。控制运行的相关期间越长(年或季度),需要测试的样本越多;控制程序越复杂,测试的样本越多。样本规模还取决于所测试的控制的类型,通常对人工控制实施的测试要多过自动化控制。

2)确定样本量

实施控制测试过程中,注册会计师可能使用非统计抽样,也可能使用统计抽样。前者只对影响样本规模的因素进行定性的估计,并运用职业判断确定样本规模;后者须对影响样本规模的因素进行量化来确定样本规模。

在统计抽样实务中,可根据可接受的信赖过度风险选择相应的抽样规模表。例如,注册会计师确定的可接受信赖过度风险为10%,可容忍偏差率为5%,预计总体偏差率为1.50,根据表4-2,确定的样本规模为105。

3. 选取样本并对其实施审计程序

确定样本规模并选取样本后，应当针对选取的样本项目，实施适当的审计程序，以发现并记录样本中存在的控制偏差。在对选取的样本项目实施审计程序中，应对以下情况重点关注。

(1)无效单据。选取的样本中可能包含无效的项目。例如，在测试与被审计单位的收据(发票)有关的控制时，注册会计师可能将随机数与总体中收据的编号对应。但是，某一随机数对应的收据可能是无效的(比如空白收据)。如果能够合理确信该收据的无效是正常的且不构成对设定控制的偏差，就要用另外的收据替代。而且，如果使用了随机选样，注册会计师要用一个替代的随机数与新的收据样本对应。

(2)未使用或不适用的单据。对未使用或不适用单据的考虑与无效单据类似。

(3)对总体的估计出现错误。如果注册会计师使用随机数选样方法选取样本项目，在控制运行之前可能需要预估总体规模和编号范围。当注册会计师将总体定义为整个被审计期间的交易但计划在期中实施部分抽样程序时，这种情况最常发生。如果注册会计师高估了总体规模和编号范围，选取的样本中超出实际编号的所有数字都被视为未使用单据。在这种情况下，要用额外的随机数代替这些数字，以确定对应的适当单据。

(4)在结束之前停止测试。有时注册会计师可能在对样本的第一部分进行测试时发现大量偏差，即使在剩余样本中没有发现更多的偏差，样本的结果也不支持计划的重大错报风险评估水平。在这种情况下，注册会计师要重估重大错报风险并考虑是否有必要继续进行测试。

(5)无法对选取的项目实施检查。有时，被测试的控制只在部分样本单据上留下了运行证据。如果找不到该单据，或由于其他原因注册会计师无法对选取的项目实施检查，注册会计师可能无法使用替代程序测试控制是否适当运行。如果注册会计师无法对选取的项目实施计划的审计程序或适当的替代程序，就要考虑在评价样本时将该样本项目视为控制偏差。同时，要考虑造成该限制的原因，以及该限制可能对其了解内部控制和评估重大错报风险产生的影响。

4.2.3　评价样本结果阶段

在完成对样本的测试并汇总控制偏差之后，注册会计师应当评价样本结果，对总体得出结论，即样本结果是否支持计划评估的控制有效性，从而支持计划的重大错报风险评估水平。

1. 计算偏差率

样本偏差率等于样本中发现的偏差数量除以样本规模，是对总体偏差率的最佳估计。在控制测试中无须另外推断总体偏差率，但必须考虑抽样风险。实施控制测试，通常意味着准备信赖内部控制，预期控制有效运行。多数样本可能不会出现控制偏差，如果发现偏差，注册会计师需要根据偏差率和偏差发生的原因，考虑控制偏差对控制有效性的影响。

2. 考虑抽样风险及判断总体

评价样本结果时，如果总体偏差率(即样本偏差率)低于可容忍偏差率，注册会计师还要考虑实际的总体偏差率仍有可能高于可容忍偏差率的风险。具体判断逻辑因抽样方法不同而有所差异。

1)使用统计抽样方法情景

偏差率上限是重要的判断与决策因素，可使用统计公式或样本结果评价表方法来计算。

(1)统计公式方法。

$$总体偏差率上限=\frac{风险系数(R)}{样本量(n)}$$

控制测试中常用的风险系数如表 4-3 所示。

表 4-3 控制测试中常用的风险系数

样本中发现偏差的数量	信赖过度风险(系数)	
	5%	10%
0	3.0	2.3
1	4.8	3.9
2	6.3	5.3
3	7.8	6.7
4	9.2	8.0
5	10.5	9.3
6	11.9	10.6
7	13.2	11.8
8	14.5	13.0
9	15.7	14.2
10	17.0	15.4

(2)样本结果评价表方法。

表 4-4 列示了可接受的信赖过度风险为 10%时的总体偏差率上限。

表 4-4 信赖过度风险 10%时的偏差率上限 单位:%

样本规模	实际发现的偏差数										
	0	1	2	3	4	5	6	7	8	9	10
20	10.9	18.1	*	*	*	*	*	*	*	*	*
25	8.8	14.7	19.9	*	*	*	*	*	*	*	*
30	7.4	12.4	16.8	*	*	*	*	*	*	*	*
35	6.4	10.7	14.5	18.1	*	*	*	*	*	*	*
40	5.6	9.4	12.8	16.0	19.0	*	*	*	*	*	*
45	5.0	8.4	11.4	14.3	17.0	19.7	*	*	*	*	*
50	4.6	7.6	10.3	12.9	15.4	17.8	*	*	*	*	*
55	4.1	6.9	9.4	11.8	14.1	16.3	18.4	*	*	*	*

续表

样本规模	实际发现的偏差数										
	0	1	2	3	4	5	6	7	8	9	10
60	3.8	6.4	8.7	10.8	12.9	15.0	16.9	18.9	*	*	*
70	3.3	5.5	7.5	9.3	11.1	12.9	14.6	16.3	17.9	19.6	*
80	2.9	4.8	6.6	8.2	9.8	11.3	12.8	14.3	15.8	17.2	18.6
90	2.6	4.3	5.9	7.3	8.7	10.1	11.5	12.8	14.1	15.4	16.6
100	2.3	3.9	5.3	6.6	7.9	9.1	10.3	11.5	12.7	13.9	15.0
120	2.0	3.3	4.4	5.5	6.6	7.6	8.7	9.7	10.7	11.6	12.6
160	1.5	2.5	3.3	4.2	5.0	5.8	6.5	7.3	8.0	8.8	9.5
200	1.2	2.0	2.7	3.4	4.0	4.6	5.3	5.9	6.5	7.1	7.6

注：①本表以百分比表示偏差率上限。本表假设总体足够大。② * 表示超过 20%。③来源：AICPA Audit and Accounting Guide：Audit Sampling(2005)。

(3)对总体进行判断。确定总体偏差率上限后，可以对总体进行如下判断。

如果总体偏差率上限低于可容忍偏差率，则总体可以接受。对总体得出结论：样本结果支持计划评估的控制有效性，从而支持计划的重大错报风险评估水平。

如果总体偏差率上限高于或等于可容忍偏差率，则总体不能接受。对总体得出结论：样本结果不支持计划评估的控制有效性，从而不支持计划的重大错报风险评估水平。此时，注册会计师应当修正重大错报风险评估水平，并增加实质性程序的数量；也可以对影响重大错报风险评估水平的其他控制进行测试，以支持计划的重大错报风险评估水平。

如果总体偏差率上限低于但接近可容忍偏差率，应当结合其他审计程序的结果，考虑是否接受总体，并考虑是否需要扩大测试范围，以进一步证实计划评估的控制有效性和重大错报风险水平。

实务中，注册会计师在统计抽样中通常使用公式、表格或计算机程序直接计算在确定的信赖过度风险水平下可能发生的偏差率上限。

2)使用非统计抽样情景

此种情景下，抽样风险无法直接计量。注册会计师通常运用职业判断，估计总体偏差率(即样本偏差率)，确定总体是否可以接受：

(1)如果总体偏差率高于可容忍偏差率，则总体不能接受。

(2)如果总体偏差率大大低于可容忍偏差率，通常认为总体可以接受。如果总体偏差率虽然低于可容忍偏差率，但两者很接近，注册会计师通常认为实际的总体偏差率高于可容忍偏差率的抽样风险很高，因而总体不可接受。

(3)如果总体偏差率与可容忍偏差率之间的差额不是很大也不是很小，以至于不能认定总体是否可以接受时，注册会计师则要考虑扩大样本规模或实施其他测试，以进一步收集证据。

3. 考虑偏差的性质和原因

除关注偏差率和抽样风险之外，注册会计师还应当调查识别出的所有偏差的性质和原因,并评价其对审计程序的目的和审计的其他方面可能产生的影响。无论是统计抽样还是非统计抽样,对样本结果的定性评估和定量评估一样重要。

如果对偏差的分析表明是故意违背了既定的内部控制政策或程序,应考虑存在重大舞弊的可能性。与错误相比,舞弊通常要求对其可能产生的影响进行更为广泛的考虑。在这种情况下,注册会计师应当确定实施的控制测试能否提供适当的审计证据,是否需要增加控制测试,或是否需要使用实质性程序应对潜在的重大错报风险。

一般情况下,如果在样本中发现了控制偏差,有两种处理办法:①扩大样本规模,以进一步收集证据。②认为控制没有有效运行,样本结果不支持计划的控制运行有效性和重大错报风险的评估水平,因而提高重大错报风险评估水平,增加对相关账户的实质性程序。但如果确定控制偏差是系统偏差或舞弊导致,扩大样本规模通常无效,只能直接采用第二种处理办法。

4. 得出总体结论

在计算偏差率、考虑抽样风险并分析偏差的性质和原因之后,注册会计师需要运用职业判断得出总体结论。如果样本结果及其他相关审计证据支持计划评估的控制有效性,从而支持计划的重大错报风险评估水平,注册会计师可能不需要修改计划的实质性程序。

4.2.4 统计抽样——现金支付授权控制运行有效性的案例

基于职业判断,注册会计师准备使用统计抽样方法,测试现金支付授权控制运行的有效性。相关判断和决策如下:①为发现未得到授权的现金支付,将所有已支付现金的项目作为总体;②定义的抽样单元为现金支付单据上的每一行;③偏差被定义为没有授权人签字的发票和验收报告等证明文件的现金支付;④可接受信赖过度风险为10%;⑤可容忍偏差率为7%;⑥根据上年测试结果和对控制的初步了解,预计总体的偏差率为1.75%;⑦由于现金支付业务数量很大,总体规模对样本规模的影响可以忽略。

1. 样本规模的确定

依据表4-2,确定样本规模为55。注册会计师使用简单随机选样法选择了55个样本项目,并对其实施了既定的审计程序。

2. 得出总体结论

情况一:假设在这55个项目中未发现偏差,注册会计师利用统计公式,在表4-3中查得风险系数为2.3,并据此计算出总体最大偏差率为4.18%(也可以选择表4-4,估计出总体的偏差率上限为4.1%,与利用公式计算的结果接近)。这意味着,如果样本量为55且无一例偏差,总体实际偏差率超过4.18%的风险为10%,即有90%的把握保证总体实际偏差率不超过4.18%。确定的可容忍偏差率为7%,因此可以得出结论,总体的实际偏差率超过可容忍偏差率的风险很小,总体可以接受。即样本结果证实注册会计师对控制运行有效性的估计和评估的重大错报风险水平是适当的。

情况二:假设在这55个样本中发现两个偏差,利用统计公式,计算出总体最大偏差率为9.64%(也可以选择样本结果评价表,估计出总体的偏差率上限为9.4%,与利用公式计算的结果接近)。这意味着,如果样本量为55且有两个偏差,总体实际偏差率超过9.64%的风险为 10%。在可容忍偏差率为 7%的情况下，可以得出结论，总体的实际偏差率超过可容忍偏差率的风险很大，因而不能接受总体。

4.2.5　记录控制测试抽样程序

注册会计师在控制测试中使用审计抽样时，为形成审计工作底稿，通常记录下列内容：①对所测试的设定控制的描述；②与抽样相关的控制目标，包括相关认定；③对总体和抽样单元的定义，包括注册会计师如何考虑总体的完整性；④对偏差的构成条件的定义；⑤可接受的信赖过度风险，可容忍偏差率，以及在抽样中使用的预计总体偏差率；⑥确定样本规模的方法；⑦选样方法；⑧选取的样本项目；⑨对如何实施抽样程序的描述；⑩对样本的评价及总体结论摘要。

4.3　审计抽样在细节测试中的运用

4.3.1　样本设计阶段

1. 确定测试目标

细节测试的目的是识别财务报表中各类交易、账户余额和披露中存在的重大错报。在细节测试中，审计抽样通常用来测试有关财务报表金额的一项或多项认定（如应收账款的存在）的合理性。如果该金额是合理正确的，注册会计师将接受与之相关的认定，认为财务报表金额不存在重大错报。

2. 定义总体

总体是指审计人员希望从中抽取样本并得出结论的完整数据集合。定义总体是审计抽样设计中的重要步骤，涉及明确抽样总体的范围，确保总体的适当性和完整性。总体的适当性体现为抽样总体适合于特定的审计目标。例如，如果对已记录的项目进行抽样，就无法发现某些项目被隐瞒而导致的金额低估。为发现这类低估错报，应从包含被隐瞒项目的来源选取样本。总体的完整性包括代表总体的实物的完整性。例如，如果注册会计师将总体定义为特定时期的所有现金支付，代表总体的实物就是该时期的所有现金支付单据。由于注册会计师实际上是从该实物中选取样本，所有根据样本得出的结论只与该实物有关。如果代表总体的实物和总体不一致，注册会计师可能对总体得出错误的结论。

3. 定义抽样单元

应根据审计目标和所实施审计程序的性质定义抽样单元。抽样单元可能是一个账户余额、一笔交易或交易中的一个记录（如销售发票中的单个项目），甚至是每个货币单元。例如，如果抽样的目标是测试应收账款是否存在，可能选择各应收账款明细账余额、发票或发票上的单个项目作为抽样单元。选择的标准是，如何定义抽样单元能使审计抽样实现最佳的效率和效果，同时也应考虑实施计划的审计程序或替代程序的难易程度。

4. 界定错报

在细节测试中，应根据审计目标界定错报。

4.3.2 选取样本阶段

1. 确定抽样方法

在细节测试中进行审计抽样，可能使用统计抽样，也可能使用非统计抽样。在细节测试中常用的统计抽样方法包括货币单元抽样和传统变量抽样。

1)货币单元抽样

货币单元抽样是一种运用属性抽样原理对货币金额而不是对发生率得出结论的统计抽样方法，它是概率比例规模抽样方法的分支，有时也被称为金额单元抽样、累计货币金额抽样以及综合属性变量抽样等。货币单元抽样以货币单元作为抽样单元，例如，总体包含100个应收账款明细账户，共有余额200000元。若采用货币单元抽样，则认为总体含有200000个抽样单元，而不是100个。总体中的每个货币单元被选中的机会相同，所以总体中某一项目被选中的概率等于该项目的金额与总体金额的比率，项目金额越大，被选中的概率就越大，这样有助于注册会计师将审计重点放在较大的账户余额或交易。但实际上并不是对总体中的货币单元实施检查，而是对包含被选取货币单元的账户余额或交易实施检查。检查的账户余额或交易被称为逻辑单元。

货币单元抽样的优点主要包括：①抽样是以属性抽样原理为基础，可以很方便地计算样本规模和评价样本结果，因而通常比传统变量抽样更易于使用；②在确定所需的样本规模时无须直接考虑总体的特征(如变异性)，因为总体中的每一个货币单元都有相同的规模，而传统变量抽样的样本规模是在总体项目共有特征的变异性或标准差的基础上计算的；③项目被选取的概率与其货币金额大小成比例，因而无须通过分层减少变异性，而传统变量抽样通常需要对总体进行分层以减小样本规模；④在货币单元抽样中使用系统选样法选取样本时，如果项目金额等于或大于选样间距，货币单元抽样将自动识别所有单个重大项目，即该项目一定会被选中；⑤如果注册会计师预计不存在错报，货币单元抽样的样本规模通常比传统变量抽样方法更小；⑥货币单元抽样的样本更容易设计，且可在能够获得完整的最终总体之前开始选取样本。

货币单元抽样的缺点主要包括：①货币单元抽样不适用于测试总体的低估，因为账面金额小但被严重低估的项目被选中的概率低，如果在货币单元抽样中发现低估，注册会计师在评价样本时需要特别考虑；②对零余额或负余额的选取需要在设计时予以特别考虑，例如，如果准备对应收账款进行抽样，注册会计师可能需要将贷方余额分离出去，作为一个单独的总体，如果检查零余额的项目对审计目标非常重要，注册会计师需要单独对其进行测试，因为零余额的项目在货币单元抽样中不会被选取；③当发现错报时，如果风险水平一定，货币单元抽样在评价样本时可能高估抽样风险的影响，从而导致注册会计师更可能拒绝一个可接受的总体账面金额；④在货币单元抽样中，注册会计师通常需要逐个累计总体金额，以确定总体是否完整并与财务报表一致，不过如果相关会计数据以电子形式储存，就不会额外增加大量的审计成本；⑤当预计总体错报的金额增加时，货币单元抽样所需的样本规模也会增加,这种情况下,货币单元抽样的样本规模可能大于传统变量抽样所需的规模。

2)传统变量抽样

传统变量抽样运用正态分布理论,根据样本结果推断总体的特征。传统变量抽样涉及难度较大、较为复杂的数学计算,通常使用计算机程序确定样本规模,一般本科阶段不需懂得这些方法所用的数学公式。

传统变量抽样的优点主要包括:①如果账面金额与审定金额之间存在较多差异,传统变量抽样可能只需较小的样本规模就能满足审计目标;②注册会计师关注总体的低估时,使用传统变量抽样比货币单元抽样更合适;③需要在每一层追加选取额外的样本项目时,传统变量抽样更易于扩大样本规模;④对零余额或负余额项目的选取,传统变量抽样不需要在设计时予以特别考虑。

传统变量抽样的缺点主要包括:①传统变量抽样比货币单元抽样更复杂,通常需要借助计算机程序;②在传统变量抽样中确定样本规模时,注册会计师需要估计总体特征的标准差,而这种估计往往难以作出,注册会计师可能利用以前对总体的了解或根据初始样本的标准差进行估计;③如果存在非常大的项目,或者在总体的账面金额与审定金额之间存在非常大的差异,而且样本规模比较小,正态分布理论可能不适用,注册会计师更可能得出错误的结论;④如果几乎不存在错报,传统变量抽样中的差异法和比率法将无法使用。

在细节测试中运用传统变量抽样时,常见的方法有三种:均值法、差额法和比率法,如表4-5所示。

表4-5　传统变量抽样的常见方法

抽样方法	定义	公式
均值法	先计算样本中所有项目审定金额的平均值,然后用这个样本平均值乘以总体规模,得出总体金额的估计值。总体估计金额和总体账面金额之间的差额就是推断的总体错报	①样本审定金额的平均值＝样本审定金额÷样本规模 ②估计的总体金额＝样本审定金额的平均值×总体规模 ③推断的总体错报＝总体账面金额－估计的总体金额
差额法	先计算样本审定金额与账面金额之间的平均差额,再以这个平均差额乘以总体规模,从而求出总体的审定金额与账面金额的差额(即总体错报)	①样本平均错报＝(样本账面金额－样本审定金额)÷样本规模 ②推断的总体错报＝样本平均错报×总体规模 ③估计的总体金额＝总体账面金额－推断的总体错报
比率法	先计算样本的审定金额与账面金额之间的比率,再以这个比率去乘总体的账面金额,从而求出估计的总体金额。	①比率＝样本审定金额÷样本账面金额 ②估计的总体金额＝总体账面金额×比率 ③推断的总体错报＝总体账面金额－估计的总体金额

3)传统变量抽样案例

例如:甲注册会计师审计A公司2012年财务报告,在针对应收账款实施细节测试时,决定采用传统变量抽样方法实施审计抽样。2012年12月31日应收账款账面余额为1600000元,甲注册会计师确定总体规模为1200,样本规模为200,样本账面余额为300000元,样本审定金额为260000元,甲注册会计师分别采用均值法、差额法、比率法三种方法推断总体的错报金额。

(1)均值法。

①样本审定金额的平均值=样本审定金额÷样本规模=260000元÷200个=1300元/个

②估计的总体余额=1300元/个×1200个=1560000元

③推断的总体错报=1600000元-1560000元=40000元

(2)差额法。

①样本平均错报=(样本账面金额-样本审定金额)/样本规模=(300000元-260000元)/200个=200元/个

②推断的总体错报=200元/个×1200个=240000元

(3)比率法。

①比率=样本审定金额/样本账面金额=260000元/300000元≈0.87

②估计的总体金额=总体账面金额×比率=1600000元×0.87=1392000元

③推断的总体错报=总体账面金额-估计的总体金额=1600000元-1392000元=208000元

2. 确定细节测试的样本规模

1)细节测试中样本规模的影响因素

(1)可接受的误受风险。细节测试中的抽样风险包括误受风险和误拒风险。

误受风险是指注册会计师推断某一重大错报不存在而实际上存在的风险,它与审计的效果有关,注册会计师通常更为关注。在确定可接受的误受风险水平时,注册会计师需要考虑下列因素:①愿意接受的审计风险水平;②评估的重大错报风险水平;③针对同一审计目标或特定认定的其他实质性程序(包括分析程序和不涉及审计抽样的细节测试)的检查风险。误受风险与样本规模是反向变动关系。在实务中,注册会计师愿意承担的审计风险通常为5%~10%。当审计风险既定时,如果注册会计师将重大错报风险评估为低水平,或者更为依赖针对同一审计目标或特定认定的其他实质性程序,就可以在计划的细节测试中接受较高的误受风险,从而降低所需的样本规模。相反,如果注册会计师将重大错报风险水平评估为高水平,而且不执行针对同一审计目标或特定认定的其他实质性程序,可接受的误受风险将降低,所需的样本规模随之增加。

误拒风险是指注册会计师推断某一重大错报存在而实际上不存在的风险,它与审计的效率有关。误拒风险与样本规模是反向变动关系。在实务中,如果注册会计师降低可接受的误拒风险,所需的样本规模将增加,以审计效率为代价换取对审计效果的保证程度。如果总体中的预期错报非常小,拟从样本获取的保证程度也较低,且被审计单位拟更正事实错报，这种情况下，误拒风险的影响降低，注册会计师不必过多关注误拒风险。

(2)可容忍错报。可容忍错报是指注册会计师设定的货币金额，注册会计师试图对总体中的实际错报不超过该货币金额获取适当水平的保证。细节测试中，某账户余额、交易类型或披露的可容忍错报是注册会计师能够接受的最大金额的错报。

可容忍错报可以看作实际执行的重要性这个概念在抽样程序中的运用。与确定特定类别交易、账户余额或披露的重要性水平相关的实际执行的重要性，旨在将这些交易、账户余额或披露中未更正与未发现错报的汇总数超过这些交易、账户余额或披露的重要性水平的可能性降至适当的低水平。可容忍错报可能等于或低于实际执行的重要性，这取决于注册会计师所作出的职业判断。可容忍错报与样本规模是反向变动关系。当误受风险一定时，如果注册会计师确定的可容忍错报降低，为实现审计目标所需的样本规模就增加。

(3)预计总体错报。在确定细节测试所需的样本规模时，需要考虑预计在账户余额或交易类别中存在的错报金额和频率。预计总体错报不应超过可容忍错报。在既定的可容忍错报下，预计总体错报的金额和频率越小，所需的样本规模也越小。相反，预计总体错报的金额和频率越大，所需的样本规模也越大。如果预期错报很高，注册会计师在实施细节测试时对总体进行100%检查或使用较大的样本规模可能较为适当。

(4)总体规模。总体中的项目数量在细节测试中对样本规模的影响很小。因此，按总体的固定百分比确定样本规模通常缺乏效率。

(5)总体的变异性。总体变异性是指总体的某一特征(如金额)在各项目之间的差异程度。在细节测试中，注册会计师确定适当的样本规模时要考虑特征的变异性。衡量这种变异或分散程度的指标是标准差。如果使用非统计抽样，则不需量化期望的总体标准差，但要用“大”或“小”等定性指标来估计总体的变异性。总体项目的变异性越低，通常样本规模越小。

综合控制测试和细节测试的表现形式，影响审计抽样样本规模的因素，如表4-6所示。

表4-6　样本规模的影响因素

影响因素	控制测试	细节测试	与样本规模的关系
可接受的抽样风险	可接受的信赖过度风险	可接受的误受风险	反向变动
可容忍误差	可容忍偏差率	可容忍错报	反向变动
预计总体误差	预计总体偏差率	预计总体错报	同向变动
总体规模	总体规模	总体规模	影响很小

2)确定样本量

在综合考虑样本规模的上述五种重要影响因素基础上，运用职业判断和经验确定样本规模。使用统计抽样和非统计抽样确定的样本规模通常是可比的。必要时，可以进一步调整非统计抽样计划，例如，增加样本量或改变选样方法，使非统计抽样也能提供与统计抽样方法同样有效的结果。细节测试样本量确定的典型方法包括查表法和公式法。

(1)查表法。

表4-7提供了细节测试中基于货币单元抽样法的样本量。例如，注册会计师确定的误受风险为10%，可容忍错报与总体账面金额之比为5%，预计总体错报与可容忍错报之比为

0.30，根据表 4－7，则确定样本规模为 87。

表 4－7 细节测试中货币单元抽样的样本规模确定表

误受风险	预计总体错报与可容忍错报之比	可容忍错报与总体账面金额之比										
		50%	30%	10%	8%	6%	5%	4%	3%	2%	1%	0.5%
5%	—	6	10	30	38	50	60	75	100	150	300	600
5%	0.10	8	13	37	46	62	74	92	123	184	368	736
5%	0.20	10	16	47	58	78	93	116	155	232	463	925
5%	0.30	12	20	60	75	100	120	150	200	300	600	1199
5%	0.40	17	27	81	102	135	162	203	270	405	809	1618
5%	0.50	24	39	116	145	193	231	289	385	577	1154	2308
10%	—	5	8	24	29	39	47	58	77	116	231	461
10%	0.20	7	12	35	43	57	69	86	114	171	341	682
10%	0.30	9	15	44	55	73	87	109	145	217	433	866
10%	0.40	12	20	58	72	96	115	143	191	286	572	1144
10%	0.50	16	27	80	100	134	160	200	267	400	799	1597

(2)公式法。

样本规模计算公式为：

$$样本规模=\frac{总体账面金额}{可容忍错报}\times 保障系数$$

可以从表 4－8 中选择适当的保证系数，再运用公式法确定样本规模。沿用上例的数据，如果注册会计师确定的误受风险为 10%，预计总体错报与可容忍错报之比为 0.30，根据表 4－8，保证系数为 4.33，由于可容忍错报与总体账面金额之比为 5%，注册会计师确定的样本规模为 87(4.33÷5%＝86.6，出于谨慎考虑，将样本规模确定为 87)，这与根据表 4－7 得出的样本规模相同。

表 4－8 货币单元抽样确定样本规模时的保证系数

预计总体错报与可容忍错报之比	误受风险								
	5%	10%	15%	20%	25%	30%	35%	37%	50%
0.00	3.00	2.31	1.90	1.61	1.39	1.21	1.05	1.00	0.70
0.05	3.31	2.52	2.06	1.74	1.49	1.29	1.12	1.06	0.73
0.10	3.68	2.77	2.25	1.89	1.61	1.39	1.20	1.13	0.77
0.15	4.11	3.07	2.47	2.06	1.74	1.49	1.28	1.21	0.82
0.20	4.63	3.41	2.73	2.26	1.90	1.62	1.38	1.30	0.87
0.25	5.24	3.83	3.04	2.49	2.09	1.76	1.50	1.41	0.92
0.30	6.00	4.33	3.41	2.77	2.30	1.93	1.63	1.53	0.99

续表

预计总体错报与可容忍错报之比	误受风险								
	5%	10%	15%	20%	25%	30%	35%	37%	50%
0.35	6.92	4.95	3.86	3.12	2.57	2.14	1.79	1.67	1.06
0.40	8.09	5.72	4.42	3.54	2.89	2.39	1.99	1.85	1.14
0.45	9.59	6.71	5.13	4.07	3.29	2.70	2.22	2.06	1.25
0.50	11.54	7.99	6.04	4.75	3.80	3.08	2.51	2.32	1.37
0.55	14.18	9.70	7.26	5.64	4.47	3.58	2.89	2.65	1.52
0.60	17.85	12.07	8.93	6.86	5.37	4.25	3.38	3.09	1.70

注：此表以泊松分布为基础。

3. 选取样本并对其实施审计程序

样本选取的关键是其能够代表抽样总体的特征。可以根据具体情况，从简单随机选样、系统选样或随意选样中挑选适当的选样方法选取样本，也可以使用计算机辅助审计技术提高选样的效果。

在选取样本之前，通常先识别单个重大项目。然后，从剩余项目中选取样本，或者对剩余项目分层，并将样本规模相应分配给各层。货币单元抽样以货币单元作为抽样单元，因为总体中的每一个货币单元都有相同的规模，项目被选取的概率与其货币金额大小成比例，因而无须分层。

注册会计师应当针对选取的每个样本，实施适合于具体审计目标的审计程序。无法对选取的项目实施检查时，应当考虑这些未检查项目对样本评价结果的影响。如果未检查项目中可能存在的错报不会改变注册会计师对样本的评价结果，无须检查这些项目；反之，应当实施替代程序，获取形成结论所需的审计证据。同时考虑无法实施检查的原因是否影响计划的重大错报风险评估水平或舞弊风险的评估水平。

4.3.3　评价样本结果阶段

1. 推断总体的错报

(1)注册会计师应当根据样本结果推断总体的错报。①如果在期中实施细节测试时用到审计抽样，只能根据样本结果推断从中选取样本的总体的错报金额。需要实施进一步审计程序，以确定能否将期中测试得出的结论合理延伸至期末。②不能根据未回函的消极函证推断总体的错报。③根据样本中发现的错报金额估计总体的错报金额时，可以使用比率法、差额法及货币单元抽样法等。

(2)分层推断汇总。如果注册会计师在设计样本时将进行抽样的项目分为几层，则要在每层分别推断错报，然后将各层推断的金额加总，计算估计的总体错报，同时还要将在进行100%检查的个别重大项目中发现的所有错报与推断的错报金额汇总。

(3)使用货币单元抽样法时，如果逻辑单元的账面金额大于或等于选样间隔，推断的错报就是该逻辑单元的实际错报金额；如果逻辑单元的账面金额小于选样间隔，则：①注册会计师首先计算存在错报的所有逻辑单元的错报百分比，这个百分比就是整个选样间隔的错报百分比（因为每一个被选取的货币单元都代表了整个选样间隔中的所有货币单元）；②再用这个错报百分比乘以选样间隔，得出推断错报的金额。

将所有这些推断错报汇总后，再加上在金额大于或等于选样间隔的逻辑单元中发现的实际错报，注册会计师就能计算出总体的错报金额。

(4)货币单元抽样案例。注册会计师采用货币单元抽样（统计抽样）时，确定的选样间隔是 3000 元，如果在样本中发现了 3 个高估错报，项目的账面金额分别为 100 元、200 元和 5000 元，审定金额分别为 0 元、150 元和 4000 元，假定误受风险为 10%。则根据样本结果推断错报金额，如下表 4－9 所示。

表 4－9 货币单元抽样错报推断 单位：元

序号	账面金额 ①	审定金额 ②	错报金额 ③	错报百分比 ④＝③÷①	推断错报
1	100	0	100	100%	＝3000(选样间隔)×100%＝3000
2	200	150	50	25%	＝3000(选样间隔)×25%＝750
3	5000	4000	1000	不适用	1000(事实错报)
合计					4750

2. 考虑抽样风险

1)在细节测试中，推断的错报是注册会计师对总体错报作出的最佳估计

当推断的错报接近或超过可容忍错报时，总体中的实际错报金额很可能超过了可容忍错报。因此，注册会计师要将各交易类别或账户余额的错报总额与该类交易或账户余额的可容忍错报相比较，并适当考虑抽样风险，以评价样本结果。如果推断的错报总额低于可容忍错报，也要考虑总体的实际错报金额仍有可能超过可容忍错报的风险。

2)在货币单元抽样中，须将总体错报的上限与可容忍错报进行比较

注册会计师比较的原则为：①如果总体错报的上限小于可容忍错报，可以初步得出结论，样本结果支持总体的账面金额。②同时应将推断错报（排除被审计单位管理层已更正的事实错报）与其他事实错报和推断错报汇总，以评价财务报表整体是否可能存在重大错报。

货币单元抽样中总体错报上限的计算，通常使用表 4－10 中的保证系数，考虑抽样风险的影响，具体计算情况如下。

(1)如果在样本中没有发现错报：

总体错报的上限＝选样间隔×保证系数

没有发现错报时估计的总体错报上限也被称作“基本精确度”。

(2)如果在账面上金额大于或等于选样间隔的逻辑单元中发现了错报（无论该错报的百分比是否为 100%），则：

总体错报的上限＝事实错报＋基本精确度

(3)如果在样本（排除账面金额大于或等于选样间隔的逻辑单元）中发现了错报百分比

为100%的错报，则：总体错报的上限＝保证系数×选样间隔。

（4）如果在样本（排除账面金额大于或等于选样间隔的逻辑单元）中发现了错报百分比低于100%的错报，先计算推断错报，再将推断错报按金额降序排列后，分别乘以对应的保证系数增量（即在既定的误受风险水平下，特定数量的高估错报所对应的保证系数与上一行保证系数之间的差异），加上基本精确度之后，最终计算出总体错报的上限。

总体错报的上限＝推断错报×保证系数的增量＋基本精确度

（5）如果样本中既有账面金额大于或等于选样间隔的逻辑单元，又有账面金额小于选样间隔的逻辑单元，而且在账面金额小于选样间隔的逻辑单元中，既发现了错报百分比为100%的错报，又发现了错报百分比低于100%的错报。注册会计师可以将所有样本项目分成两组。

第一组：账面金额大于或等于选样间隔的逻辑单元，注册会计师计算出该组项目的事实错报；

第二组：账面金额小于选样间隔的逻辑单元，无论该组项目的错报百分比是否为100%，注册会计师都先计算出各项目的推断错报，再将所有推断错报按金额降序排列后，分别乘以对应的保证系数增量，并将计算结果累计起来。

用这个累计结果加上基本精确度，再加上第一组项目中的事实错报，就是最终总体错报的上限。

表4-10 货币单元抽样评价样本结果时的保证系数

高估错报的数量	误受风险								
	5%	10%	15%	20%	25%	30%	35%	37%	50%
0	3.00	2.31	1.90	1.61	1.39	1.21	1.05	1.00	0.70
1	4.75	3.89	3.38	3.00	2.70	2.44	2.22	2.14	1.68
2	6.30	5.33	4.73	4.28	3.93	3.62	3.35	3.25	2.68
3	7.76	6.69	6.02	5.52	5.11	4.77	4.46	4.35	3.68
4	9.16	8.00	7.27	6.73	6.28	5.90	5.55	5.43	4.68
5	10.52	9.28	8.50	7.91	7.43	7.01	6.64	6.50	5.68
6	11.85	10.54	9.71	9.08	8.56	8.12	7.72	7.57	6.67
7	13.15	11.78	10.90	10.24	9.69	9.21	8.79	8.63	7.67
8	14.44	13.00	12.08	11.38	10.81	10.31	9.85	9.68	8.67
9	15.71	14.21	13.25	12.52	11.92	11.39	10.92	10.74	9.67
10	16.97	15.41	14.42	13.66	13.02	12.47	11.98	11.79	10.67
11	18.21	16.60	15.57	14.78	14.13	13.55	13.04	12.84	11.67
12	19.45	17.79	16.72	15.90	15.22	14.63	14.09	13.89	12.67
13	20.67	18.96	17.86	17.02	16.32	15.70	15.14	14.93	13.67
14	21.89	20.13	19.00	18.13	17.40	16.77	16.20	15.98	14.67
15	23.10	21.30	20.13	19.24	18.49	17.84	17.25	17.02	15.67

续表

高估错报的数量	误受风险								
	5%	10%	15%	20%	25%	30%	35%	37%	50%
16	24.31	22.46	21.26	20.34	19.58	18.90	18.29	18.06	16.67
17	25.50	23.61	22.39	21.44	20.66	19.97	19.34	19.10	17.67
18	26.70	24.76	23.51	22.54	21.74	21.03	20.38	20.14	18.67
19	27.88	25.91	24.63	23.64	22.81	22.09	21.43	21.18	19.67
20	29.07	27.05	25.74	24.73	23.89	23.15	22.47	22.22	20.67

注：此表以泊松分布为基础。

3. 考虑错报的性质和原因

除了评价错报的金额和频率以及抽样风险之外，还应当考虑：①错报的性质和原因，是原则还是应用方面的差异？是错误还是舞弊导致？是误解指令还是粗心大意所致？②错报与审计工作其他阶段之间可能存在的关系。

4. 得出总体结论

注册会计师在推断总体的错报，考虑抽样风险，分析错报的性质和原因的基础上，需要运用职业判断得出总体结论。

(1)如果样本结果不支持总体账面金额，且认为账面金额可能存在错报，注册会计师通常会建议被审计单位对错报进行调查，并在必要时调整账面记录。

(2)依据被审计单位已更正的错报对推断的总体错报额进行调整后，注册会计师应当将该类交易或账户余额中剩余的推断错报与其他交易或账户余额中的错报总额累计起来，以评价财务报表整体是否存在重大错报。

(3)无论样本结果是否表明错报总额超过了可容忍错报，注册会计师都应当要求被审计单位的管理层记录已发现的事实错报(除非明显微小)。

4.3.4 细节测试审计抽样案例

【案例】A 注册会计师负责审计某公司 2010 年度财务报表。在针对销售费用的发生认定实施细节测试时，A 注册会计师决定采用传统变量抽样方法实施统计抽样，相关事项如下：

(1)A 注册会计师抽样单元界定为销售费用总额中的每个货币单元。

(2)A 注册会计师将总体分成两层，使每层的均值大致相等。

(3)A 注册会计师在确定样本规模时不考虑销售费用账户的可容忍错报。

(4)A 注册会计师采用系统选样的方式选取样本项目进行检查。

(5)在对选中的一个样本项目进行检查时，A 注册会计师发现所附发票丢失，于是另选一个样本项目代替。

要求：针对上述第(1)项至第(5)项，逐项指出 A 注册会计师的做法是否正确。

【案例解析】(1)错误，抽样单元应为 2010 年度确认的每笔销售费用。

(2)错误，分层的意义在于减少总体的变异性，而不在于使各层之间均值相同。

(3)错误，细节测试中采用传统抽样方法确定样本规模时需要考虑可容忍错报的影响。

(4)正确，细节测试中，可以用系统选样的方法选取样本项目进行检查。

(5)错误，不应另选一个样本项目代替，应当查明原因，或实施替代程序，或直接将其视为错报。

4.3.5　统计抽样——货币单元抽样法案例

【案例】基于职业判断，注册会计师决定使用货币单元抽样法，通过函证测试 XYZ 公司 2021 年 12 月 31 日应收账款余额的“存在”认定。2021 年 12 月 31 日，XYZ 公司应收账款账户共有 602 个，其中：借方账户有 600 个，账面金额为 2300000 元；贷方账户有 2 个，账面金额为 3000 元。

相关判断与决策如下：

(1)单独测试 2 个贷方账户，另有 6 个借方账户被视为单个重大项目(单个账户的账面金额大于 25000 元，账面金额共计 300000 元)，需要实施 100%的检查。因此，剩下的 594 个应收账款借方账户就是注册会计师定义的总体，总体账面金额为 2000000 元。

(2)注册会计师定义的抽样单元是每个货币单元。

(3)可接受的误受风险为 10%。

(4)可容忍的错报为 40000 元。

(5)预计的总体错报为 8000 元。具体抽样与推断总体程序简述如下：

第一，确定样本量。

根据表 4-7，当可接受的误受风险为 10%，可容忍的错报与总体账面金额之比为 2%，预计总体错报与可容忍错报之比为 20%时，样本量为 171。注册会计师使用系统选样选取包含抽样单元的逻辑单元进行检查，选样间隔为 11695 元(2000000÷171≈11695)。实务中，注册会计师也可以将选样间隔略微下调，以方便选样。比如，将选样间隔从 11695 元下调至 11600 元，使样本量调增为 172。

第二，选取样本并实施审计程序。

注册会计师对样本中的 171 个账户(上述 6 个单个重大项目和 2 个贷方账户已单独测试，未发现错报)逐一实施函证程序，收到了 155 个询证函回函。注册会计师对没有收到回函的 16 个账户实施了替代程序，认为能够合理保证这些账户不存在错报。在收到回函的 155 个账户中，有 4 个存在高估，注册会计师对其作了进一步调查，确定只是笔误导致，不涉及舞弊因素。

第三，推断错报。

推断错报汇总如表 4-11 所示。

表 4－11　推断错报汇总

账户	账面金额/元	审定金额/元	错报金额/元	错报百分比/%	选样间隔/元	推断错报/元
A1	200	190	10	5	11695	585
A2	50	40	10	20	11695	2339
A3	3000	2700	300	10	11695	1170
A4	16000	15000	1000	不适用	不适用	1000
合计						5094

注：如果逻辑单元的账面金额大于或等于选样间隔，推断的错报就是该逻辑单元的实际错报金额，如账户 A4。

第四，计算总体错报上限。

使用表 4－10 中的保证系数，考虑抽样风险的影响，计算总体错报的上限，结果如表 4－12 所示。

表 4－12　总体错报上限的计算

推断错报(降序)	保证系数的增量	推断错报×保证系数的增量
2339 元	1.58(3.89－2.31)	3696 元
1170 元	1.44(5.33－3.89)	1685 元
585 元	1.36(6.69－5.33)	796 元
小计		6177 元
加上：基本精确度		2.31×11695 元＝27015 元
加上：账户 A4 中的事实错报		1000 元
总体的错报上限		34192 元

第五，得出总体结论。

由于总体错报上限(34192 元)小于可容忍错报(40000 元)，可得出结论，样本结果支持应收账款账面金额。

4.3.6　记录细节测试抽样程序

在细节测试中使用审计抽样时，通常在审计工作底稿中记录下列内容：①测试的目标，受到影响的账户和认定；②对总体和抽样单元的定义，包括注册会计师如何考虑总体的完整性；③对错报的定义；④可接受的误受风险；⑤可接受的误拒风险；⑥估计的错报及可容忍错报；⑦使用的审计抽样方法；⑧确定样本规模的方法；⑨选样方法；⑩选取的样本项目；⑪对如何实施抽样程序的描述，以及在样本中发现的错报的清单；⑫对样本的评价；⑬总体结论概要；⑭进行样本评估和作出职业判断时，认为重要的性质因素。

课后习题

一、单选题

1. 下列有关非抽样风险的说法中，错误的是（　　）。

A. 非抽样风险影响审计风险

B. 非抽样风险不能量化

C. 注册会计师可以通过采取适当的质量控制政策和程序降低非抽样风险

D. 注册会计师可以通过扩大样本规模降低非抽样风险

2. 下列有关抽样风险的说法中，错误的是（　　）。

A. 在使用非统计抽样中，注册会计师可以对抽样风险进行定性的评价和控制

B. 如果注册会计师对总体中的所有项目都实施检查，就不存在抽样风险

C. 注册会计师未能恰当地定义误差将导致抽样风险

D. 无论控制测试还是细节测试，注册会计师都可以通过扩大样本规模降低抽样风险

3. 下列有关样本规模的说法中，正确的是（　　）。

A. 在控制测试中，注册会计师确定的可容忍偏差率越低，样本规模越小

B. 在细节测试中，总体规模越大，注册会计师确定的样本规模越大

C. 在既定的可容忍误差下，注册会计师预计的总体误差越大，样本规模越大

D. 注册会计师接受的抽样风险越高，样本规模越大

二、多选题

1. 下列审计程序中，通常不宜使用审计抽样的有（　　）。

A. 风险评估的程序

B. 实质性分析程序

C. 对未留下运行轨迹的控制的运行有效性实施测试

D. 对信息技术应用控制的运行有效性实施测试

2.（　　）两种风险会导致注册会计师降低审计效率。

A. 信赖不足风险　　B. 误拒风险　　C. 信赖过度风险　　D. 误受风险

3. 以下哪些变量之间是反方向变动的关系（　　）。

A. 可信赖程度和选取的样本量　　B. 可容忍误差和选取的样本量

C. 抽样风险和选取的样本量　　D. 控制风险和选取的样本量

三、分析题

A 注册会计师负责审计甲公司 2016 年度财务报表。

(1)甲公司规定，对现金支付业务，审批人根据其职责、权限和相应程序对支付申请进行审批。A 注册会计师拟测试甲公司现金支付审批控制是否有效运行，将甲公司 2016 年度所有经批准的付款申请单界定为属性抽样总体。

(2)A 注册会计师拟测试甲公司 2016 年度信用审核控制是否有效运行，由于开展审计工作时，甲公司 2016 年 12 月的销售单尚未归档整理完毕，A 注册会计师向销售经理询问，

得到答复称2016年12月业务量较其他月份少，故A注册会计师将2016年1月1日至2016年11月30日期间的所有销售单界定为测试总体。

(3)甲公司及其下属子公司执行相同的成本核算方法，即由成本会计人员手工计算产品成本并进行账户处理。为加强产品成本管理，甲公司购入一项信息化系统用于成本核算，于2016年正式投入使用，并拟在2017年推广至其下属子公司。为测试成本核算相关控制的有效性，A注册会计师将甲公司及其下属子公司2016年度所有成本计算单定义为抽样总体。

要求：针对上述第(1)项至第(3)项，逐项判断A注册会计师的做法是否恰当，如不恰当，说明理由。

四、简答题

1. 简述抽样风险和非抽样风险。

2. 简述影响样本规模的因素。

第 5 章　审计工作底稿

学习目标

1. 了解审计工作底稿的含义。
2. 了解审计工作底稿的格式、要素和范围。
3. 掌握审计工作底稿归档、保存的期限。
4. 掌握变动审计工作底稿时的记录要求。

5.1　审计工作底稿概述

5.1.1　审计工作底稿的含义

审计工作底稿是指注册会计师对制订的审计计划、实施的审计程序、获取的相关审计证据,以及得出的审计结论所作的记录。

5.1.2　审计工作底稿的编制目的

及时编制充分、适当的审计工作底稿,有助于提高审计质量,便于在完成审计报告前,对获取的审计证据和得出的结论进行有效复核和评价。具体而言,审计工作底稿能够实现下列目的:

(1)提供证据,作为注册会计师得出实现总体目标结论的基础;

(2)提供证据,证明注册会计师按照审计准则和相关法律法规的规定计划和执行了审计工作;

(3)有助于项目组计划和执行审计工作;

(4)有助于负责督导的项目组成员按照《中国注册会计师审计准则第 1121 号——对财务报表审计实施的质量管理》的规定,履行指导、监督与复核审计工作的责任;

(5)便于项目组说明其执行审计工作的情况;

(6)保留对未来审计工作持续产生重大影响的事项的记录;

(7)便于会计师事务所实施项目质量复核、其他类型的项目复核以及质量管理体系中的监控活动;

(8)便于监管机构和注册会计师协会根据相关法律法规或其他相关要求，对会计师事务所实施执业质量检查。

5.1.3 审计工作底稿的编制要求

注册会计师编制的审计工作底稿，应当使得未曾接触该项审计工作的有经验的专业人士清楚了解：

(1)按照审计准则和相关法律法规的规定实施的审计程序的性质、时间安排和范围；

(2)实施审计程序的结果和获取的审计证据；

(3)审计中遇到的重大事项和得出的结论，以及在得出结论时作出的重大职业判断。

其中，依据《中国注册会计师审计准则第 1131 号——审计工作底稿》的规定，有经验的专业人士，是指会计师事务所内部或外部的具有审计实务经验，并且对下列方面有合理了解的人士：①审计过程；②审计准则和相关法律法规的规定；③被审计单位所处的经营环境；④与被审计单位所处行业相关的会计和审计问题。

5.1.4 审计工作底稿的内容

1. 审计工作底稿的存在形式与内容

审计工作底稿可以以纸质、电子或其他介质形式存在。审计工作底稿通常包括：①总体审计策略；②具体审计计划；③分析表；④问题备忘录；⑤重大事项概要；⑥询证函回函和声明；⑦核对表；⑧有关重大事项的往来函件(包括电子邮件)。注册会计师还可以将被审计单位文件记录的摘要或复印件(如重大的或特定的合同和协议)作为审计工作底稿的一部分。然而，审计工作底稿并不能代替被审计单位的会计记录。

2. 审计工作底稿通常不包括的内容

审计工作底稿不需要包括已被取代的审计工作底稿的草稿或财务报表的草稿、反映不全面或初步思考的记录、存在印刷错误或其他错误而作废的文本，以及重复的文件记录等。

5.2 审计工作底稿的格式、要素和范围

5.2.1 决定因素

审计工作底稿的格式、内容和范围主要取决于下列因素：

(1)被审计单位的规模和复杂程度；

(2)拟实施审计程序的性质；

(3)识别出的重大错报风险；

(4)已获取的审计证据的重要程度；

(5)识别出的例外事项的性质和范围；

(6)当从已执行审计工作或获取审计证据的记录中不易确定结论或结论的基础时,记录结论或结论基础的必要性;

(7)审计方法和使用的工具。

5.2.2 审计工作底稿的要素

审计工作底稿通常包括下列要素:审计工作底稿的标题、审计过程记录、审计结论、审计标识及其说明、索引号及编号、编制人员和复核人员及执行日期。

1. 审计工作底稿的标题

每张审计工作底稿的标题应当包括被审计单位的名称、审计项目的名称以及资产负债表日或审计工作底稿覆盖的会计期间(如果与交易相关)。

2. 审计过程记录

审计过程记录要求及时、充分,并应当特别关注以下方面。

(1)测试的具体项目或事项的识别特征。识别特征是指被测试的项目或事项表现出的征象或标志。识别特征因审计程序的性质和测试的项目或事项不同而不同。对某一个具体项目或事项而言,其识别特征通常具有唯一性,这种特性可以使其他人员根据识别特征在总体中识别该项目或事项并重新执行该测试。因此,在记录实施审计程序的性质、时间安排和范围时,应当记录测试的具体项目或事项的识别特征。其可实现多种目的:反映项目组履行职责的情况,对例外事项或不符事项进行调查,对测试的项目或事项进行复核等。

(2)重大事项及相关重大职业判断。重大事项通常包括:①引起特别风险的事项;②实施审计程序的结果,该结果表明财务信息可能存在重大错报,或需要修正以前对重大错报风险的评估和针对这些风险拟采取的应对措施;③导致注册会计师难以实施必要审计程序的情形;④导致出具非无保留意见或者带强调事项段“与持续经营相关的重大不确定性”等段落的审计报告的事项。

审计实务中,由于有关重大事项的记录可能分散在审计工作底稿的不同部分,编制重大事项概要尤为必要。重大事项概要包括审计过程中识别的重大事项及其如何得到解决,或对其他支持性审计工作底稿的交叉索引;将分散在审计工作底稿中的有关重大事项的记录汇总,利于实现有效的复核,检查审计工作底稿,评价重大事项的影响。

运用职业判断的程度,决定着记录重大事项审计工作底稿的格式、内容和范围,注册会计师需要编制与运用职业判断相关的审计工作底稿。例如:①记录注册会计师对某些方面主观判断的合理性(如某些重大会计估计的合理性)得出结论的基础;②如果注册会计师针对审计过程中识别出的导致其对某些文件记录的真实性产生怀疑的情况实施了进一步调查(如适当利用专家的工作或实施函证程序),记录注册会计师对这些文件记录真实性得出结论的基础。

(3)针对重大事项如何处理不一致的情况。

如果识别出的信息与针对某重大事项得出的最终结论不一致,应当记录如何处理不一致的情况。

3. 审计结论

恰当地记录审计结论，审计工作的每一部分都应包含：①与已实施审计程序的结果及其是否实现既定审计目标相关的结论；②审计程序识别出的例外情况和重大事项如何得到解决的结论。在记录审计结论时需注意，在审计工作底稿中记录的审计程序和审计证据是否足以支持所得出的审计结论。

4. 审计标识及其说明

为提高记录效率，审计标识被用于与已实施审计程序相关的底稿。每张审计工作底稿都应包含对已实施程序的性质和范围所作的解释，以支持每一个标识的含义。审计工作底稿中可使用各种审计标识，但应说明其含义，并保持前后一致。

5. 索引号及编号

通常，审计工作底稿需要注明索引号及顺序编号，相关审计工作底稿之间需要保持清晰的钩稽关系。为了汇总及便于交叉索引和复核，每个事务所都会制定特定的审计工作底稿归档流程。

6. 编制人员和复核人员及执行日期

编制者和复核者在各自完成与特定工作底稿相关的任务之后，都应在工作底稿上签名并注明编制日期和复核日期，以明确责任。

5.3 审计工作底稿的归档

5.3.1 归档工作的性质

审计档案是指一个或多个文件夹或其他存储介质，以实物或电子形式存储构成某项具体业务的审计工作底稿的记录。在审计报告日后将审计工作底稿归整为最终审计档案是一项事务性的工作，不涉及实施新的审计程序或得出新的结论。如果在归档期间对审计工作底稿作出的变动属于事务性的，注册会计师可以作出变动。允许变动的情形主要包括：

(1)删除或废弃被取代的审计工作底稿；

(2)对审计工作底稿进行分类、整理和交叉索引；

(3)对审计档案归整工作的完成核对表签字认可；

(4)记录在审计报告日前获取的、与项目组相关成员进行讨论并达成一致意见的审计证据。

5.3.2 审计档案的结构

对每项具体审计业务，注册会计师应当将审计工作底稿归整为审计档案。审计档案的结构围绕审计核心工作展开，典型的结构如下。

1. 审计计划阶段工作底稿

(1)总体审计策略和具体审计计划。

(2)对内部审计职能的评价。

(3)对外部专家的评价。

(4)对服务机构的评价。

(5)被审计单位提交的资料清单。

(6)集团项目组的审计指令与沟通。

(7)前期审计报告和经审计的财务报表。

(8)预备会会议纪要。

2. 审计完成阶段工作底稿

(1)审计工作完成情况核对表。

(2)管理层声明书原件。

(3)重大事项概要。

(4)错报汇总表。

(5)被审计单位财务报表和试算平衡表。

(6)有关列报的工作底稿(如现金流量表、关联方和关联方交易的披露等)。

(7)财务报表所属期间的董事会会议纪要。

(8)总结会会议纪要。

3. 沟通和报告相关工作底稿

(1)审计报告和经审计的财务报表。

(2)与主审注册会计师的沟通和报告。

(3)与治理层的沟通和报告。

(4)与管理层的沟通和报告。

(5)管理建议书。

4. 特定项目审计程序表

(1)舞弊。

(2)持续经营。

(3)对法律法规的考虑。

(4)关联方。

5. 进一步审计程序工作底稿

(1)有关控制测试工作底稿。

(2)有关实质性程序工作底稿(包括实质性分析程序和细节测试)。

5.3.3　审计工作底稿归档的期限

依据《中国注册会计师审计准则第 1131 号 ——审计工作底稿》相关规范要求,审计工作底稿的归档期限为审计报告日后六十天内。如果注册会计师未能完成审计业务,审计工作底稿的归档期限为审计业务中止后的六十天内。

5.3.4 审计工作底稿归档后的变动

在完成最终审计档案的归整工作后，注册会计师不应在规定的保存期限届满前删除或废弃任何性质的审计工作底稿。

1. 需要变动审计工作底稿的情形

(1)注册会计师已实施了必要的审计程序，取得了充分、适当的审计证据并得出了恰当的审计结论，但审计工作底稿的记录不够充分。

(2)审计报告日后，发现例外情况要求实施新的或追加审计程序，或导致注册会计师得出新的结论。

2. 变动审计工作底稿时的记录要求

在完成最终审计档案归整工作后，如果注册会计师发现有必要修改现有审计工作底稿或增加新的审计工作底稿，无论修改或增加的性质如何，注册会计师均应当记录：

(1)修改或增加审计工作底稿的理由；

(2)修改或增加审计工作底稿的时间和人员，以及复核的时间和人员。

5.3.5 审计工作底稿的保存期限

会计师事务所应当自审计报告日起，对审计工作底稿至少保存十年。如果注册会计师未能完成审计业务，会计师事务所应当自审计业务中止日起，对审计工作底稿至少保存十年。

5.3.6 审计工作底稿的审计案例

【案例】A 注册会计师负责审计甲公司 2012 年度财务报表。与审计工作底稿相关的部分事项如下：

(1)A 注册会计师在具体审计计划中记录拟对固定资产采购与付款循环采用综合性方案，因在测试控制时发现相关控制运行无效，将其改为实质性方案，重新编制具体审计计划工作底稿，并替代原具体审计计划工作底稿。

(2)A 注册会计师拟利用 2011 年度审计中获取的有关存货和成本循环的控制运行有效性的审计证据，将信赖这些控制的理由和结论记录于审计工作底稿。

(3)A 注册会计师在对销售发票进行细节测试时，将相关销售发票所载明的发票日期以及商品的名称、规格和数量作为识别特征记录于审计工作底稿。

(4)审计报告日后，A 注册会计师对在审计报告日前收到的应付账款询证函回函中存在的差异进行调查，确认其金额和性质均不重大，并记录于审计工作底稿。

(5)在归整审计档案时，A 注册会计师删除了固定资产减值测试审计工作底稿初稿。

(6)在完成审计档案归整工作后，A 注册会计师收到一份应收账款询证函回函，其结果显示无差异。A 注册会计师将其归入审计档案，并删除了在审计过程中实施的相关替代程序的审计工作底稿。

要求：针对上述第(1)项至第(6)项，逐项指出 A 注册会计师的做法是否恰当。

【案例解析】

(1)不恰当，注册会计师应在审计工作底稿中记录在审计过程中对具体审计计划作出的任何重大修改和理由。

(2)恰当，符合《中国注册会计师审计准则第 1131 号——审计工作底稿》相关规范要求。

(3)不恰当，识别特征应当具有唯一性，发票日期以及商品的名称、规格和数量不具有唯一性，注册会计师应当将销售发票编号作为识别特征记录于审计工作底稿。

(4)不恰当，在出具审计报告前，注册会计师应当对收到的应付账款询证函回函中存在的差异进行调查，并记录于审计工作底稿。

(5)恰当，审计工作底稿不需要包括初步思考的记录。

(6)不恰当，在完成审计档案的归整工作后，注册会计师不应在规定的保存期限届满前删除或废弃任何性质的审计工作底稿。

课后习题

一、分析题

ABC会计师事务所的A注册会计师负责审计多家被审计单位2016年度财务报表。与审计工作底稿相关的部分事项如下：

(1)因无法获取充分、适当的审计证据，A注册会计师在2017年2月28日终止了甲公司2016年度财务报表审计业务。考虑到该业务可能重新启动，A注册会计师未将审计工作底稿归档。

(2)A注册会计师在出具乙公司2016年度审计报告日次日收到一份应收账款询证函回函，确认金额无误后将其归入审计工作底稿，未删除记录替代程序的原审计工作底稿。

(3)在将丙公司2016年度财务报表审计工作底稿归档后，A注册会计师知悉丙公司已于2017年4月清算并注销，认为无须保留与丙公司相关的审计档案，决定销毁。

(4)A注册会计师在丁公司2016年度审计工作底稿归档后，收到管理层寄回的书面声明原件，与已归档的传真件核对一致后，直接将其归入审计档案。

(5)A注册会计师获取了丁公司2016年年度报告的最终版本，阅读和考虑年度报告中的其他信息后，通过在年度报告封面上注明“已阅读”作为已执行工作的记录。

要求：针对上述第(1)项至第(5)项，逐项指出A注册会计师的做法是否恰当，如不恰当，简要说明理由。

二、简答题

1.简述审计工作底稿的含义与编制目的。

2.简述审计工作底稿的保存期限。

第 6 章　风险评估

学习目标

1. 了解风险识别与评估的内在逻辑关系。
2. 理解被审计单位及其环境的主要内容。
3. 掌握内部控制的定义、内部控制体系的要素构成。
4. 掌握内部控制的风险评估程序。
5. 能够识别和评估重大错报风险。

审计模式是审计导向性的目的、范围和方法等要素的组合。其本质是审计方法的选择与组合，反映了审计资源的分配逻辑、技术手段的应用方向及对审计环境的适应性。随着社会经济的发展，审计目标和审计环境不断地发生变化，审计模式的发展过程可分为三个阶段：账项基础审计、制度基础审计和风险导向审计。风险导向审计是在账项基础和制度基础审计上发展起来的一种审计模式，是当今主流的审计方法，其特点是以“审计风险＝固有风险×控制风险×检查风险”模型为依托，通过风险识别、评估和应对等系统性方法和策略，将审计风险降至可接受的低水平。该模式下审计工作分为这样几个步骤：①了解被审计单位及其环境，执行风险评估程序。②识别和评估重大错报风险，从财务报表整体层次和认定层次识别和评估重大错报风险。③应对重大错报风险，即针对评估的报表整体层次的重大错报风险采取总体应对措施，同时针对认定层次的重大错报风险采取进一步审计程序(包括控制测试和实质性程序)，合理保证财务报表不存在重大错报。

在实务中，风险导向审计模式的实施，需动态平衡审计目标、资源与技术，使审计资源向高审计风险领域倾斜，加强对高风险点的实质性测试，将审计的检查风险降低到最低水平，使审计成为一个不断克服和降低审计风险的过程。

6.1　风险识别和评估的概念、作用与程序

6.1.1　风险识别和评估的概念

在风险导向审计模式下，注册会计师以重大错报风险的识别和评估以及应对为审计工

作的主线，最终将审计风险降至可接受的低水平。风险的识别和评估是审计风险控制流程的起点，是指注册会计师通过设计、实施风险评估程序，识别和评估财务报表层次及认定层次的重大错报风险。其中：风险识别是指找出财务报表层次和认定层次的重大错报风险；风险评估是指对“重大错报”发生的可能性和后果严重程度进行评估，逻辑关系如图 6 - 1 所示。

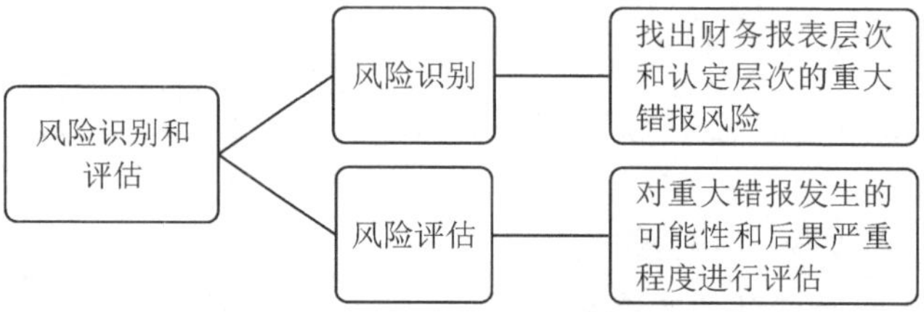

图 6 - 1 风险识别与评估的逻辑关系

6.1.2 作用与必要程序

实施风险评估的主要作用在于，获取审计证据，为识别和评估财务报表层次及认定层次重大错报风险，设计进一步审计程序提供依据。

《中国注册会计师审计准则第 1211 号——重大错报风险的识别和评估》规定，注册会计师应当实施风险评估程序，以了解被审计单位及其环境、适用的财务报告编制基础和内部控制体系各要素。

1. 必要的程序

了解被审计单位及其环境、适用的财务报告编制基础和内部控制体系各要素是风险识别和评估的必要程序，特别是为注册会计师在下列关键环节作出职业判断提供重要基础：

(1)确定重要性水平，并随着审计工作的进程评估对重要性水平的判断是否仍然适当；

(2)考虑会计政策的选择和运用是否恰当，以及财务报表的列报是否适当；

(3)识别需要特别考虑的领域，包括关联方交易、管理层运用持续经营假设的合理性，或交易是否具有合理的商业目的等；

(4)确定在实施分析程序时所使用的预期值；

(5)设计和实施进一步审计程序，以将审计风险降至可接受的低水平；

(6)评价所获取审计证据的充分性和适当性。

2. 动态性与恰当性

了解被审计单位及其环境、适用的财务报告编制基础和内部控制体系各要素是一个连续和动态地收集、更新与分析信息的过程，贯穿于整个审计过程的始终。注册会计师应当运用职业判断确定需要了解被审计单位及其环境的程度。

评价了解的程度是否恰当，关键是看注册会计师了解的信息是否足以为识别、评估财务报表层次及认定层次重大错报风险和设计进一步审计程序提供依据。如果足以为之提供依据，那么，了解的程度就是恰当的。

6.1.3　风险评估程序和信息来源

风险评估程序是指注册会计师为了解被审计单位及其环境(包括内部控制),以识别和评估财务报表层次和认定层次的重大错报风险(无论该错报是舞弊还是错误导致的)而实施的审计程序。其目标是识别和评估财务报表层次和认定层次的重大错报风险,为设计和实施针对评估的重大错报风险采取的应对措施提供基础。

注册会计师应当实施风险评估程序,以此作为评估财务报表层次和认定层次重大错报风险的基础。在设计和实施风险评估程序时,不应当偏向于获取佐证性的审计证据,也不应当排斥相矛盾的审计证据。风险评估程序本身并不足以为发表审计意见提供充分、适当的审计证据,注册会计师还应当实施进一步审计程序,包括实施控制测试和实质性程序。

注册会计师应当实施下列风险评估程序以了解被审计单位及其环境。

1. 询问被审计单位管理层和内部其他相关人员

除了询问管理层和对财务报告负有责任的人员外,还应当考虑询问内部审计人员、采购人员、生产人员、销售人员等其他人员,并考虑询问不同级别的员工,以获取对识别重大错报风险有用的信息。

2. 实施分析程序

分析程序是指注册会计师通过分析不同财务数据之间以及财务数据与非财务数据之间的内在关系,对财务信息作出评价。分析程序还包括在必要时对识别出的、与其他相关信息不一致或与预期值差异重大的波动或关系进行调查。注册会计师实施分析程序有助于识别异常的交易或事项,以及对财务报表和审计产生影响的金额、比率和趋势。

在实施分析程序时,注册会计师应当预期可能存在的合理关系,并与被审计单位记录的金额、依据记录金额计算的比率或趋势相比较;如果发现异常或未预期到的关系,注册会计师应当在识别重大错报风险时考虑这些比较结果。

如果使用了高度汇总的数据,实施分析程序的结果仅可能初步显示财务报表存在重大错报风险,注册会计师应当将分析结果连同识别重大错报风险时获取的其他信息一并考虑。

3. 观察和检查

观察和检查程序可以印证对管理层和其他相关人员的询问结果,并可提供有关被审计单位及其环境的信息,注册会计师应当实施下列观察和检查程序:

(1)观察被审计单位的生产经营活动;

(2)检查文件、记录和内部控制手册;

(3)阅读由管理层和治理层编制的报告;

(4)实地察看被审计单位的生产经营场所和设备;

(5)追踪交易在财务报告信息系统中的处理过程(穿行测试)。

6.1.4　其他审计程序和信息来源

实务中,可以通过实施其他审计程序从被审计单位外部获取有助于识别重大错报风险的信息。例如，直接或间接从特定外部机构（如监管机构）获取；获取被审计单位的公开信息，如被审计单位发布的新闻稿、分析师或投资者会议的材料、分析师报告或与交易活动有关的信息；询问被审计单位聘请的外部法律顾问、专业评估师、投资顾问和财务顾问等。

从外部获取的信息如若用作审计证据，必须考虑信息的相关性和可靠性。如，对于连续审计业务，如果拟利用以往与被审计单位交往的经验和以前审计中实施审计程序获取的信息，注册会计师应当确定被审计单位及其环境等方面情况自以前审计后是否已发生变化，并评价这些经验和信息是否依然相关和可靠。

6.2 了解被审计单位及其环境

依据《中国注册会计师审计准则第 1211 号——重大错报风险的识别和评估》的要求，注册会计师应当从下列方面了解被审计单位及其环境：①行业状况、法律环境与监管环境以及其他外部因素；②被审计单位的性质；③被审计单位对会计政策的选择和运用；④被审计单位的目标、战略以及相关经营风险；⑤被审计单位财务业绩的衡量和评价；⑥被审计单位的内部控制。

6.2.1 行业状况、法律环境和监管环境及其他外部因素

1. 行业状况

被审计单位经营所处的行业可能由于其经营性质或监管程度产生特定的重大错报风险。注册会计师应当了解被审计单位的行业状况，主要包括：①所在行业的市场供求与竞争；②生产经营的季节性和周期性；③产品生产技术的变化；④能源供应与成本；⑤行业的关键指标和统计数据。

2. 法律环境和监管环境

不同的法律法规对财务报表（金额和披露）的影响差异很大。违反法律法规可能导致被审计单位面临罚款、诉讼或其他对财务报表产生重大影响的后果。被审计单位需要遵守的所有法律法规，构成注册会计师在财务报表审计中需要考虑的法律法规框架。注册会计师的职责是对财务报表整体不存在舞弊或错误导致的重大错报获取合理保证，应当了解被审计单位所处的法律环境及监管环境，主要包括：

(1)适用的会计准则、会计制度和行业特定惯例；

(2)对经营活动产生重大影响的法律法规及监管活动；

(3)对开展业务产生重大影响的政府政策，包括货币、财政、税收和贸易等政策；

(4)与被审计单位所处行业和所从事经营活动相关的环保要求。

3. 其他外部因素

注册会计师应当了解影响被审计单位经营的其他外部因素，主要包括：①宏观经济的景气度；②利率和资金供求状况；③通货膨胀水平及币值变动；④国际经济环境和汇率变动。

4. 了解的重点和程度

需要强调的是注册会计师对上述外部因素了解的范围和程度，因被审计单位所处行业、规模以及其他因素（如市场地位）的不同而不同。例如，对金融企业，注册会计师可能更关心宏观经济走势以及货币、财政等方面的宏观经济政策；对化工等产生污染的行业，注册会计师可能更关心相关环保法规。

6.2.2 被审计单位的性质

了解被审计单位的性质有助于注册会计师理解预期在财务报表中反映的各类交易、账户余额、列报。其主要包括以下几个方面。

1. 所有权结构

注册会计师应当了解所有权结构以及所有者与其他人员或单位之间的关系，考虑关联方关系是否已经得到识别，以及关联方交易是否得到恰当核算。

2. 治理结构

良好的治理结构可以对被审计单位的经营和财务运作以及财务报告实施有效的监督，从而降低财务报表发生重大错报的风险。注册会计师应当了解被审计单位的治理结构，例如，董事会的构成情况，治理结构中是否设有审计委员会或监事会及其运作情况。重点考虑治理层是否能够在独立于管理层的情况下对被审计单位事务（包括财务报告）做出客观判断。

3. 组织结构

复杂的组织结构通常更有可能导致某些特定的重大错报风险。注册会计师应当了解被审计单位的组织结构，考虑复杂组织结构可能导致的重大错报风险，包括财务报表合并、商誉摊销和减值、长期股权投资核算以及特殊目的实体核算等问题。例如，对于在多个地区拥有子公司、合营企业、联营企业或其他成员机构，或者存在多个业务分部和地区分部的被审计单位，不仅编制合并财务报表的难度增加，还存在其他可能导致重大错报风险的复杂事项，包括对于子公司、合营企业、联营企业和其他股权投资类别的判断及其会计处理等。

4. 经营活动

了解被审计单位的经营活动有助于注册会计师识别预期在财务报表中反映的主要交易类别、重要账户余额和列报，主要包括：①主营业务的性质；②与生产产品或提供劳务相关的市场信息；③业务的开展情况；④联盟、合营与外包情况；⑤从事电子商务的情况；⑥地区与行业分布；⑦生产设施、仓库的地理位置及办公地点；⑧关键客户；⑨重要供应商；⑩劳动用工情况；⑪研究与开发活动及其支出；⑫关联方交易。

5. 投资活动

了解被审计单位投资活动有助于注册会计师关注被审计单位在经营策略和方向上的重大变化，主要包括：

（1）近期拟实施或已实施的并购活动与资产处置情况；

（2）证券投资、委托贷款的发生与处置；

(3)资本性投资活动,包括固定资产和无形资产投资,以及近期或计划发生的变动;

(4)不纳入合并范围的投资。

6. 筹资活动

了解被审计单位筹资活动有助于注册会计师评估被审计单位在融资方面的压力,并进一步考虑被审计单位在可预见未来的持续经营能力。主要包括:

(1)主要子公司和联营企业(无论是否纳入合并范围)的所有权结构;

(2)债务结构和相关条款,包括担保情况及表外融资;

(3)实际受益方(例如,实际受益方来自国内还是国外,其商业声誉和经验可能对被审计单位产生的影响)及关联方;

(4)衍生金融工具的使用。

6.2.3 被审计单位对会计政策的选择和运用

注册会计师应当了解适用的财务报告编制基础、会计政策及变更会计政策的原因,并评价被审计单位的会计政策是否适当、是否与适用的财务报告编制基础一致。应重点关注下列重要事项:

(1)重要项目的会计政策和行业惯例;

(2)重大和异常交易的会计处理方法;

(3)在新领域和缺乏权威性标准或共识的领域,采用重要会计政策产生的影响;

(4)会计政策的变更;

(5)被审计单位何时采用以及如何采用新颁布的会计准则和相关会计制度。

如果被审计单位变更了重要的会计政策,注册会计师应当考虑变更的原因及其适当性,并考虑是否符合适用的会计准则和相关会计制度的规定,如被审计单位是否按照适用的会计准则和相关会计制度的规定恰当地进行了列报,并披露了重要事项等。

需要强调的是,被审计单位对会计政策的选择和运用,包括变更会计政策的原因。注册会计师应当根据被审计单位的经营活动,评价会计政策是否适当,并与适用的财务报告编制基础、相关行业使用的会计政策保持一致。

6.2.4 被审计单位的目标、战略以及相关经营风险

了解被审计单位的目标、战略和业务模式有助于从战略层面和整体层面了解被审计单位,以及被审计单位承担和面临的经营风险。

1. 目标、战略与经营风险

目标是企业经营活动的指针。企业管理层或治理层一般会根据企业经营面临的外部环境和内部各种因素,制定合理可行的经营目标。战略是企业管理层为实现经营目标采用的总体层面的策略和方法。为了实现某一既定的经营目标,企业可能有多个可行战略。经营风险源于对被审计单位实现目标和战略产生不利影响的重大情况、事项、环境和行动,或源于不恰当的目标和战略。

注册会计师应当了解被审计单位是否存在与下列方面有关的目标和战略,并考虑相应

的经营风险：

(1)行业发展及其可能导致的被审计单位不具备足以应对行业变化的人力资源和业务专长等风险；

(2)开发新产品或提供新服务及其可能导致的被审计单位产品责任增加等风险；

(3)业务扩张及其可能导致的被审计单位对市场需求的估计不准确等风险；

(4)新颁布的会计法规及其可能导致的被审计单位执行法规不当或不完整，或会计处理成本增加等风险；

(5)监管要求及其可能导致的被审计单位法律责任增加等风险；

(6)本期及未来的融资条件及其可能导致的被审计单位由于无法满足融资条件而失去融资机会等风险；

(7)信息技术的运用及其可能导致的被审计单位信息系统与业务流程难以融合等风险。

2. 经营风险对重大错报风险的影响

经营风险与财务报表重大错报风险是既有联系又相互区别的两个概念。前者比后者范围更广。注册会计师了解被审计单位的经营风险有助于其识别财务报表重大错报风险，但并非所有的经营风险都与财务报表相关，注册会计师没有责任识别或评估对财务报表没有影响的经营风险。

多数经营风险最终会产生财务后果，从而影响财务报表，但并非所有经营风险都会导致重大错报风险。经营风险可能对各类交易、账户余额及列报认定层次或财务报表层次产生直接影响。因此，了解影响财务报表的经营风险有助于注册会计师识别重大错报风险。

3. 被审计单位的风险评估过程

管理层通常制定识别和应对经营风险的策略，注册会计师应当了解被审计单位的风险评估过程。

6.2.5　被审计单位财务业绩的衡量和评价

被审计单位内部或外部对财务业绩的衡量和评价可能对管理层产生压力，促使其采取行动改善财务业绩或歪曲财务报表。注册会计师应当了解被审计单位财务业绩的衡量和评价情况，考虑这种压力是否可能导致管理层采取行动，以至于增加财务报表发生重大错报的风险。

1. 了解的主要方面

在了解被审计单位财务业绩衡量和评价情况时，应当关注下列用于评价财务业绩的标准。

(1)关键业绩指标(财务的或非财务的)、关键比率、趋势和经营统计数据。

(2)业绩趋势，同期财务业绩比较分析。

(3)预测、预算和差异分析。

(4)管理层和员工业绩考核与激励性报酬政策。

(5)分部信息与不同层次部门的业绩报告。

(6)与竞争对手的业绩比较。

(7)外部机构提出的报告。如分析师或信用机构，新闻和其他媒体，税务机关，监管机构，商会和资金提供方等也可能评价和分析被审计单位的财务业绩。了解的重点在于识别相矛盾的信息，为评估错报风险提供参考。

2. 关注内部财务业绩衡量的结果

内部财务业绩衡量可能显示未预期到的结果或趋势。例如，异常的增长率或盈利水平，此类信息如果与业绩奖金或激励性报酬等因素结合起来考虑，可能显示管理层在编制财务报表时存在某种倾向的错报风险。因此，注册会计师应当关注被审计单位内部财务业绩衡量所显示的未预期到的结果或趋势、管理层的调查结果和纠正措施，以及相关信息是否显示财务报表可能存在重大错报。

3. 考虑财务业绩衡量指标的可靠性

如果拟利用被审计单位内部信息系统生成的财务业绩衡量指标，注册会计师应当考虑相关信息是否可靠，以及利用这些信息是否足以实现审计目标。

6.3 了解被审计单位的内部控制体系

6.3.1 内部控制的含义、要素和固有局限性

1. 内部控制的含义

内部控制是被审计单位为了合理保证财务报告的可靠性、经营的效率和效果以及对法律法规的遵守，由治理层、管理层和其他人员设计和执行的政策和程序。其中：①政策，是通过被审计单位人员采取相关行动或限制该人员采取与政策相冲突的行动而得以贯彻的。②程序，可能是通过正式文件或由管理层或治理层采取其他形式明确规定的，也可能是被审计单位组织文化中约定俗成的。程序还可能通过被审计单位的信息技术应用程序及信息技术环境的其他方面所允许的行动来实施。

具体地，内部控制可以从以下几方面理解：

(1)内部控制的目标是合理保证：①财务报告的可靠性，这一目标与管理层履行财务报告编制责任密切相关；②经营的效率和效果，即经济有效地使用企业资源，以最优方式实现企业的目标；③遵守适用的法律法规的要求，即在法律法规的框架下从事经营活动。

(2)设计和实施内部控制的责任主体是治理层、管理层和其他人员，组织中的每一个人都对内部控制负有责任。

(3)实现内部控制目标的手段是设计和执行控制政策及程序。

2. 内部控制体系的要素

内部控制是一个体系，按照美国反虚假财务报告委员会下属的发起人委员会(The Committee of Sponsoring Organizations of the Treadway Commission，简称 COSO)发布的内部控制框架，用三维模型来描述，如图 6-2 所示。COSO 三维模型的顶部，表示内部控制

的三类目标：营运控制、报告控制和合规性控制；三维模型的正前方表示内部控制体系的五个关键要素：①控制环境；②风险评估；③控制活动；④信息与沟通；⑤监控活动。企业的组织结构是内部控制的第三个重要维度，显示在模型的右侧，它展现了内部控制在整个组织结构中的相关要素，包括公司层面控制、分支机构层面控制和业务活动控制等。

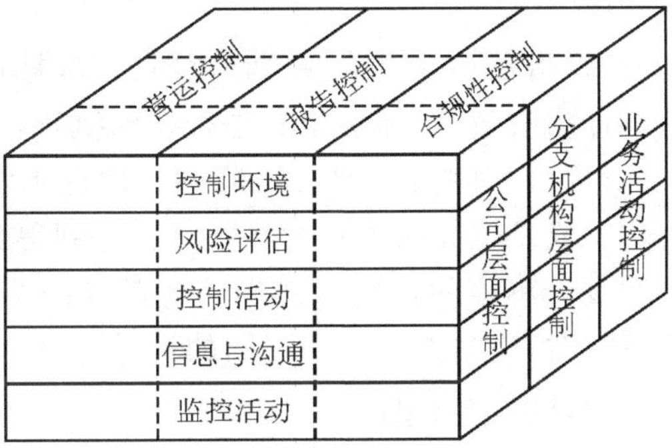

图 6－2　COSO 内控体系的三维模型

3. 内部控制的固有局限性

内部控制无论如何设计和执行，只能对财务报告的可靠性提供合理的保证，这是由于其存在两方面的固有局限：①在决策时，人为判断可能出现错误，人为失误导致内部控制失效；②两个或更多的人员进行串通或管理层凌驾于内部控制之上而被规避。

6.3.2　与审计相关的控制

审计人员审计的目标是对财务报表是否存在重大错报发表审计意见，尽管要求审计人员在财务报表审计中考虑与审计相关的内部控制，但目的并不是对被审计单位内部控制的有效性发表意见。因此，审计人员需要了解和评价的只是与财务报表审计相关的内部控制，并不是被审计单位所有的内部控制。

1. 为实现财务报告可靠性目标设计和实施的控制

与审计相关的控制，包括被审计单位为实现财务报告可靠性目标设计和实施的控制。注册会计师应当运用职业判断，考虑一项控制单独或连同其他控制是否与评估重大错报风险以及针对评估的风险设计和实施进一步审计程序有关。在运用职业判断时，注册会计师应当考虑下列因素：①确定的重要性水平；②被审计单位的性质、规模；③被审计单位经营的多样性和复杂性；④法律法规和监管要求；⑤作为内部控制组成部分的系统的性质和复杂性。

2. 其他与审计相关的控制

如果在设计和实施进一步审计程序时拟利用被审计单位内部生成的信息，注册会计师应当考虑用以保证该信息完整性和准确性的控制可能与审计相关。注册会计师以前的经验以及在了解被审计单位及其环境过程中获得的信息，可以帮助注册会计师识别与审计相关的控制。

如果用以保证经营效率、效果的控制以及对法律法规遵守的控制与实施审计程序时评价或使用的数据相关，注册会计师应当考虑这些控制可能与审计相关。

6.3.3 对内部控制了解的程度和程序

1. 对内部控制了解的程度

对内部控制了解的程度，是指在实施风险评估程序时，了解被审计单位内部控制的范围及深度。其包括评价控制设计的有效性，并确定其是否得到执行，但不包括对控制是否得到一贯执行的测试(控制测试阶段)。其中：①评价控制的有效性是指考虑一项控制单独或连同其他控制是否能够有效防止或发现并纠正重大错报。②控制得到执行是指某项控制存在且被审计单位正在使用。③设计不当的控制可能表明内部控制存在重大缺陷，注册会计师在确定是否考虑控制得到执行时，应当首先考虑控制的设计。

2. 获取控制设计和执行审计证据的程序

注册会计师通常实施下列风险评估程序，以获取有关控制设计和执行的审计证据：①询问被审计单位的人员；②观察特定控制的运用；③检查文件和报告；④追踪交易在财务报告信息系统中的处理过程(穿行测试)。

需强调的是，询问本身并不足以评价控制的设计以及确定其是否得到执行，注册会计师应当将询问与其他风险评估程序结合使用。同时，除非存在某些可以使控制得到一贯运行的自动化控制，注册会计师对控制的了解并不能够代替对控制运行有效性的测试。

6.3.4 控制环境

1. 控制环境的含义

控制环境主要包括治理职能和管理职能，以及治理层和管理层对内部控制及其重要性的态度、认识和措施。控制环境设定了被审计单位的内部控制基调，影响员工对内部控制的认识和态度。良好的控制环境是实施有效内部控制的基础。防止或发现并纠正舞弊和错误是被审计单位治理层和管理层的责任。在评价控制环境的设计和实施情况时，注册会计师应当了解管理层在治理层的监督下，是否营造并保持了诚实守信和合乎道德的文化，以及是否建立了防止或发现并纠正舞弊和错误的恰当控制。实际上，在审计业务承接阶段，注册会计师就需要对控制环境作出初步了解和评价。

2. 了解控制环境的主要内容

在评价控制环境的设计时，注册会计师应当考虑构成控制环境的下列要素，以及这些要素如何被纳入被审计单位业务流程。

(1)对诚信和道德价值观念的沟通与落实。

诚信和道德价值观念是内部环境的重要组成部分，影响到重要业务流程的内部控制设计和运行。内部控制的有效性直接依赖于负责创建、管理和监控内部控制的人员的诚信和道德价值观念。被审计单位是否存在道德行为规范，以及这些规范如何在被审计单位内部得到沟通和落实，决定了是否能产生诚信和道德的行为。对诚信和道德价值观念的沟通与落实，既包括管理层如何处理不诚实、非法或不道德行为，也包括在被审计单位内部，通过行为规范以及高层管理人员的身体力行，对诚信和道德价值观念的营造和保持。注册会计师可以通过询问管理层和员工，观察和检查，并考虑外部来源的信息，了解和评价被审计单位诚信和道德价值观念的沟通与落实。

(2)对胜任能力的重视。

胜任能力是指具备完成某一职位的工作所应有的知识和能力。管理层对胜任能力的重视包括对于特定工作所需的胜任能力水平的设定，以及对达到该水平所必需的知识和能力的要求。注册会计师在就被审计单位对胜任能力的重视情况进行了解和评估时，考虑的主要因素包括：①财务人员以及信息管理人员是否具备与被审计单位业务性质和复杂程度相称的足够的胜任能力和培训，在发生错误时，是否通过调整人员或系统来加以处理；②管理层是否配备足够的财务人员以适应业务发展和有关方面的需要；③财务人员是否具备理解和运用会计准则所需的技能。

(3)治理层的参与程度。

被审计单位的内部环境在很大程度上受治理层的影响。治理层的职责应在被审计单位的章程和政策中予以规定。治理层(董事会)通常通过其自身的活动，并在审计委员会或类似机构的支持下，监督被审计单位的财务报告政策和程序。治理层的职责还包括监督用于复核内部控制有效性的政策和程序设计是否合理，执行是否有效。注册会计师在对被审计单位治理层的参与程度进行了解和评估时，应重点关注：治理层相对于管理层的独立性、决策的客观性、成员的经验和品德、治理层参与被审计单位经营的程度和收到的信息及其对经营活动的详细检查、治理层采取措施的适当性，包括提出问题的难度和对问题的跟进程度，以及治理层与内部审计人员和注册会计师的互动等。

(4)管理层的理念和经营风格。

管理层负责企业的运作以及经营策略和程序的制定、执行与监督。内部环境的每个方面在很大程度上都受管理层采取的措施和作出决策的影响，或在某些情况下受管理层不采取某些措施或不作出某种决策的影响。在有效的内部环境中，管理层的理念和经营风格可以创造一个积极的氛围，促进业务流程和内部控制的有效运行，同时创造一个减少错报发生可能性的环境。

注册会计师在了解和评估被审计单位管理层的理念和经营风格时，考虑的主要因素可能包括：①管理层是否对内部控制，包括信息技术的控制，给予了适当的关注；②管理层是否由一个或几个人所控制，董事会、审计委员会或类似机构对其是否实施了有效监督；③管理层在承担和监控经营风险方面是风险偏好者还是风险规避者；④管理层在选择会计政策和作出会计估计时是倾向于激进还是保守；⑤ 管理层对于信息管理人员以及财会人员是否给予了适当关注；⑥对于重大的内部控制和会计事项，管理层是否征询注册会计师的意见，或者经常在这些方面与注册会计师存在不同意见。

(5)组织结构及职权与责任的分配。

被审计单位的组织结构为计划、运作、控制及监督经营活动提供了一个整体框架。通过集权或分权决策，可在不同部门间进行适当的职责划分，建立适当层次的报告体系。组织结构会影响权力、责任和工作任务在组织成员中的分配，并在一定程度上取决于单位的规模和经营活动的性质。

注册会计师应当关注组织结构及权责分配方法的实质而不是仅关注其形式。考虑的主要因素可能包括：①在被审计单位内部是否有明确的职责划分，是否将业务授权、业务记录、资产保管和维护以及业务执行的责任尽可能地分离；②数据处理和管理的职责划分是否合理；③是否已针对授权交易建立适当的政策和程序。

(6)人力资源政策与实务。

内部控制的有效性取决于执行人。人力资源政策与实务涉及招聘、培训、考核、咨询、晋升和薪酬等方面。注册会计师在对被审计单位人力资源政策与实务进行了解和评估时，考虑的主要因素可能包括：①被审计单位在招聘、培训、考核、咨询、晋升、薪酬、补救措施等方面是否都有适当的政策和实务(特别是在会计、财务和信息系统方面)；②是否有书面的员工岗位职责手册，或者在没有书面文件的情况下，对于工作职责和期望是否做了适当的沟通和交流；③人力资源政策与实务是否清晰，并且定期发布和更新。

总之，控制环境对重大错报风险的评估具有广泛影响，注册会计师应当考虑控制环境的总体优势是否为内部控制的其他要素提供了适当的基础，并且未被控制环境中存在的缺陷所削弱。但控制环境本身并不能防止或发现并纠正各类交易、账户余额、列报认定层次的重大错报，注册会计师在评估重大错报风险时应当将控制环境连同其他内部控制要素产生的影响一并考虑。同时，在小型被审计单位，可能无法获取以文件形式存在的有关控制环境要素的审计证据，应当重点了解管理层对内部控制设计的态度、认识和措施。

6.3.5 与财务报表编制相关的风险评估过程

1. 被审计单位风险评估过程的含义

对于任何经济组织，可能产生风险的事项很多，如监管及经营环境的变化、新信息系统的使用、业务快速发展、新技术、新业务模式等。被审计单位风险评估过程包括识别与财务报告相关的经营风险，以及针对这些风险所采取的措施。注册会计师应当了解被审计单位的风险评估过程和结果。

2. 对风险评估过程的了解

在评价被审计单位风险评估过程的设计和执行时，注册会计师应当确定管理层如何识别与财务报告相关的经营风险，如何估计该风险的重要性，如何评估风险发生的可能性，以及如何采取措施管理这些风险。了解和评估被审计单位整体层面的风险评估工作时，考虑的主要因素包括：

(1)是否已建立并沟通其整体目标，并辅以具体策略和业务流程层面的计划；

(2)是否已建立风险评估，包括识别风险、估计风险的重大性、评估风险发生的可能性以及确定需要采取的应对措施；

(3)是否已建立某种机制，识别和应对可能对被审计单位产生重大且普遍影响的变化；

(4)会计部门是否建立了某种流程，以识别会计政策的重大变化；

(5)风险管理部门是否建立了某种流程，以识别经营环境包括监管环境发生的重大变化。

在审计过程中，注册会计师应当询问管理层识别出的经营风险，并考虑这些风险是否可能导致重大错报。如果识别出管理层未能识别的重大错报风险，注册会计师应当考虑被审计单位的风险评估过程为何没有识别出这些风险，以及评估过程是否适合于具体环境。

6.3.6　信息系统与沟通

1. 与财务报告相关的信息系统的含义与职能

与财务报告相关的信息系统，包括用以生成、记录、处理和报告交易、事项和情况，对相关资产、负债和所有者权益履行经营管理责任的程序和记录。

与财务报告相关的信息系统应当与业务流程相适应。业务流程是指被审计单位开发、采购、生产、销售、发送产品和提供服务、保证遵守法律法规、记录信息（包括会计和财务报告信息）等一系列活动。与财务报告相关的信息系统所生成信息的质量，对管理层能否作出恰当的经营管理决策以及编制可靠的财务报告具有重大影响。

与财务报告相关的信息系统通常包括下列职能：

(1)识别与记录所有的有效交易；

(2)及时、详细地描述交易，以便在财务报告中对交易作出恰当分类；

(3)恰当计量交易，以便在财务报告中对交易的金额作出准确记录；

(4)恰当确定交易生成的会计期间；

(5)在财务报表中恰当列报交易。

2. 对与财务报告相关的信息系统的了解

注册会计师应当从下列方面了解与财务报告相关的信息系统（包括相关业务流程）：

(1)在被审计单位经营过程中，对财务报表具有重大影响的各类交易；

(2)在信息技术和人工系统中，被审计单位的交易生成、记录、处理、必要的更正、结转至总账以及在财务报表中报告的程序；

(3)用以生成、记录、处理和报告（包括纠正不正确的信息以及信息如何结转至总账）交易的会计记录、支持性信息和财务报表中的特定账户；

(4)被审计单位的信息系统如何获取除交易以外的对财务报表重大的事项和情况；

(5)用于编制被审计单位财务报表（包括作出的重大会计估计和披露）的财务报告过程；

(6)与会计分录相关的控制，这些分录包括用以记录非经常性的、异常的交易或调整的非标准会计分录。

在了解与财务报告相关的信息系统时，应当特别关注由于管理层凌驾于账户记录控制之上，或规避控制行为而产生的重大错报风险，并考虑被审计单位如何纠正不正确的交易处理；应当包括了解信息系统中与财务报表所披露信息相关的方面，无论该信息是从总账和明细账中获取，还是从总账和明细账之外的其他途径获取。

3. 与财务报告相关的沟通的含义和了解

沟通包括使员工了解各自在与财务报告有关的内部控制方面的角色和职责，员工之间的工作联系，以及向适当级别的管理层报告例外事项的方式。

注册会计师应当了解被审计单位内部如何对财务报告的岗位职责，以及与财务报告相关的重大事项进行沟通；还应当了解管理层与治理层（特别是审计委员会）之间的沟通，以及被审计单位与外部（包括与监管机构）的沟通。

6.3.7 控制活动

1. 与审计相关的控制活动的含义

控制活动是指有助于确保管理层的指令得以执行的政策和程序，包括与授权、业绩评价、信息处理、实物控制和职责分离等相关的活动。

（1）授权，包括一般授权和特别授权。一般授权是指管理层制定的要求组织内部遵守的普遍适用于某类交易或活动的政策。特别授权是指管理层针对特定类别的交易或活动逐一设置的授权，如重大资本支出和股票发行等。

（2）业绩评价主要包括被审计单位分析评价实际业绩与预算（或预测、前期业绩）的差异，综合分析财务数据与经营数据的内在关系，将内部数据与外部信息来源相比较，评价职能部门、分支机构或项目活动的业绩，以及对发现的异常差异或关系采取必要的调查与纠正措施。

（3）信息处理主要包括信息技术一般控制和应用控制。信息技术一般控制是指与多个应用系统有关的政策和程序，有助于保证信息系统持续恰当地运行（包括信息的完整性和数据的安全性），支持应用控制作用的有效发挥，通常包括数据中心和网络运行控制，系统软件的购置、修改及维护控制，接触或访问权限控制，应用系统的购置、开发及维护控制。信息技术应用控制是指主要在业务流程层次运行的人工或自动化程序，与用于生成、记录、处理、报告交易或其他财务数据的程序相关，通常包括检查数据计算准确性，审核账户和试算平衡表，设置对输入数据和数字序号的自动检查，以及对例外报告进行人工干预。

（4）实物控制主要包括了解对资产和记录采取适当的安全保护措施，对访问计算机程序和数据文件设置授权，以及定期盘点并将盘点记录与会计记录相核对。实物控制的效果影响资产的安全，从而对财务报表的可靠性及审计产生影响。

（5）职责分离主要包括了解被审计单位如何将交易授权、交易记录以及资产保管等职责分配给不同员工，以防范同一员工在履行多项职责时可能发生的舞弊或错误。

2. 对控制活动的了解

在了解控制活动时，注册会计师应当重点考虑一项控制活动单独或连同其他控制活动，是否能够以及如何防止或发现并纠正各类交易、账户余额、列报存在的重大错报。如果多项控制活动能够实现同一目标，不必了解与该目标相关的每项控制活动。

6.3.8 对控制的监督

1. 对控制的监督的含义

对控制的监督是指被审计单位评价内部控制在一段时间内运行有效性的过程，该过程包括及时评价控制的设计和运行，以及根据情况的变化采取必要的纠正措施。例如，管理层对是否定期编制银行存款余额调节表进行复核，法律部门定期监控公司的道德规范和商务行为准则是否得以遵循等。控制的持续有效运行离不开必要的监督机制。

2. 了解对内部控制的监督

注册会计师应当了解被审计单位对控制的持续监督活动和专门的评价活动。如果拟利用被审计单位监督活动使用的信息（包括内部审计报告），应当考虑该信息是否具有可靠的基础，是否足以实现审计目标。

6.3.9　在整体层面和业务流程层面了解内部控制

内部控制的某些要素（如内部环境）更多地对被审计单位整体层面产生影响，而其他要素（如信息系统与沟通、控制活动）则可能更多地与特定业务流程相关。在实务中，注册会计师应当从被审计单位整体层面和业务流程层面分别了解和评价被审计单位的内部控制，并需要注意以下方面：①整体层面的控制（包括对管理层凌驾于内部控制之上的控制）和信息技术一般控制通常在所有业务活动中普遍存在。②业务流程层面控制主要是对工薪、销售和采购等交易的控制。③整体层面的控制对内部控制在所有业务流程中得到严格的设计和执行具有重要影响。整体层面的控制较差甚至可能使最好的业务流程层面控制失效。例如，被审计单位可能有一个有效的采购系统，但如果会计人员不胜任，仍然会发生大量错误，且其中一些错误可能导致财务报表存在重大错报。而且，凌驾于内部控制之上（它们经常在企业整体层面出现）也是公司治理失范行为中的普遍问题。

在初步计划审计工作时，注册会计师需要确定在被审计单位财务报表中存在重大错报风险的相关交易类别、账户余额和披露及相关认定。为实现此目的，通常采取下列步骤：①确定被审计单位的重要业务流程和相关交易类别；②了解相关交易类别的流程，并记录获得的了解；③确定可能发生错报的环节；④识别和了解相关控制；⑤执行穿行测试，证实对交易流程和相关控制的了解；⑥进行初步评价和风险评估；⑦对财务报告流程的了解。

6.4　识别和评估重大错报风险

了解被审计单位及其环境、了解被审计单位内部控制体系各要素的最终目的在于识别和评估财务报表层次以及各类交易、账户余额和披露认定层次的重大错报风险。

6.4.1　识别评估财务报表层次和认定层次的重大错报风险

1. 评估重大错报风险时考虑的因素

表 6－1 列示了风险评估时考虑的部分风险因素。

表 6-1　风险评估时考虑的部分风险因素

1. 已识别的风险是什么？	
财务报表层次	(1)源于薄弱的被审计单位整体层面内部控制或信息技术一般控制 (2)与财务报表整体广泛相关的特别风险 (3)与管理层凌驾和舞弊相关的风险因素 (4)管理层愿意接受的风险，例如小企业因缺乏职责分离导致的风险
认定层次	考虑： (1)与完整性、准确性、存在或计价相关的特定风险 ①收入、费用和其他交易 ②账户余额 ③财务报表披露 (2)可能产生多重错报的风险
相关内部控制程序	(1)特别风险 (2)用于预防、发现或减轻已识别风险的恰当设计并执行的内部控制程序 (3)仅通过执行控制测试应对的风险
2. 错报(金额影响)可能发生的规模有多大？	
财务报表层次	什么事项可能导致财务报表重大错报？考虑管理层凌驾、舞弊、未预期事件和以往经验
认定层次	考虑： (1)交易、账户余额或披露的固有性质 (2)日常和例外事件 (3)以往经验
3. 事件(风险)发生的可能性有多大？	
财务报表层次	考虑： (1)来自高层的基调 (2)管理层风险管理的方法 (3)采用的政策和程序 (4)以往经验
认定层次	考虑： (1)相关的内部控制活动 (2)以往经验
相关内部控制程序	识别对降低事件发生可能性非常关键的管理层风险应对要素

2. 评估重大错报风险的审计程序

在识别和评估重大错报风险时，应当实施下列审计程序：

(1)在了解被审计单位及其环境的整个过程中识别风险，并考虑各类交易、账户余额、列报；

(2)将识别的风险与认定层次可能发生错报的领域相联系；

(3)考虑识别的风险是否重大；

(4)考虑识别的风险导致财务报表发生重大错报的可能性。

3. 识别两个层次的重大错报风险

识别的重大错报风险包括两个层次：认定层次与财务报表层次。前者为某些重大错报风险可能与特定的某类交易、账户余额和披露的认定相关。如联营或并购：影响长期股权投资的账面价值。后者为某些重大错报风险可能与财务报表整体广泛相关，进而影响多项认定。

4. 控制环境对评估财务报表层次重大错报风险的影响

财务报表层次的重大错报风险很可能源于薄弱的控制环境。薄弱的控制环境带来的风险可能对财务报表产生广泛影响，难以限于某类交易、账户余额、列报，注册会计师应当采取总体应对措施。

5. 控制对评估认定层次重大错报风险的影响

注册会计师应当将所了解的控制与特定认定相联系，并和其他要素综合考虑。控制与认定直接或间接相关；关系越间接，控制对防止或发现并纠正认定错报的效果越小。

审计过程中，当考虑对识别的各类交易、账户余额和列报认定层次的重大错报风险予以汇总和评估，以确定进一步审计程序的性质、时间和范围。表 6 - 2 给出了评估认定层次重大错报风险汇总表。

表 6 - 2　评估认定层次的重大错报风险汇总表

相关账户	相关认定	识别的重大错报风险	风险评估结果
列示重大账户。如，应收账款	列示相关的认定。如，存在、完整性、计价或分摊等	汇总实施审计程序识别出的与该重大账户的某项认定相关的重大错报风险	评估该项认定的重大错报风险水平(应考虑控制设计是否合理，是否得到执行)
……	……	……	……

注：注册会计师也可以在该表中记录针对评估的认定层次重大错报风险而相应制定的审计方案。

6. 考虑财务报表的可审计性

如果通过对内部控制的了解发现下列情况，并对财务报表局部或整体的可审计性产生疑问，注册会计师应当考虑出具保留意见或无法表示意见的审计报告：①被审计单位会计记录的状况和可靠性存在重大问题，不能获取充分、适当的审计证据以发表无保留意见；②对管理层的诚信存在严重疑虑。必要时，注册会计师应当考虑解除业务约定。

6.4.2　需要特别考虑的重大错报风险

1. 特别风险的含义

特别风险是指注册会计师识别和评估的、根据职业判断认为需要特别考虑的重大错报风险。

2. 确定特别风险时考虑的事项

在确定风险的性质时，应当考虑下列事项：

(1)风险是否属于舞弊风险；

(2)风险是否与近期经济环境、会计处理方法及其他方面的重大变化有关；

(3)交易的复杂程度；

(4)风险是否涉及重大的关联方交易；

(5)财务信息计量的主观程度，特别是对不确定事项的计量存在较大区间；

(6)风险是否涉及异常或超出正常经营过程的重大交易。

在确定哪些风险是特别风险时，不应考虑识别出的控制对相关风险的抵销效果。

3. 非常规交易和判断事项导致的特别风险

特别风险通常与重大的非常规交易和判断事项有关。

非常规交易是指由于金额或性质异常而不经常发生的交易。非常规交易具有下列特征，与重大非常规交易相关的特别风险可能导致更高的重大错报风险：①管理层更多地干预会计处理；②数据收集和处理涉及更多的人工成分；③复杂的计算或会计处理方法；④非常规交易的性质可能使被审计单位难以对由此产生的特别风险实施有效控制。

判断事项通常包括作出的会计估计。下列原因，与重大判断事项相关的特别风险可能导致更高的重大错报风险：①对涉及会计估计、收入确认等方面的会计原则存在不同的理解；②所要求的判断可能是主观和复杂的，或需要对未来事项作出假设。

6.4.3 仅通过实质性程序无法应对的重大错报风险

作为风险评估的一部分，如果认为仅通过实质性程序获取的审计证据无法将认定层次的重大错报风险降至可接受的低水平，注册会计师应当评价被审计单位针对这些风险设计的控制，并确定其执行情况。实务中，识别的重大错报风险汇总如表 6－3 所示。

表 6－3 识别的重大错报风险汇总

识别的重大错报风险	对财务报表的影响	相关的各类交易类别、账户余额和披露认定	是否与财务报表整体广泛相关	是否属于特别风险	是否属于通过实质性程序无法应对的重大错报风险
记录识别的重大错报风险	描述对财务报表的影响和导致财务报表发生重大错报的可能性	列示相关的各类交易、账户余额和披露及相关认定	考虑是否属于财务报表层次的重大错报风险	考虑是否属于特别风险	考虑是否属于通过实质性程序无法应对的重大错报风险
……	……	……	……	……	……

6.4.4　对风险评估的修正

显然，对认定层次重大错报风险的评估应以获取的审计证据为基础，并可能随着不断获取审计证据而作出相应的变化。如果通过实施进一步审计程序获取的审计证据与初始评估获取的审计证据相矛盾，注册会计师应当修正风险评估结果，并相应修改原计划实施的进一步审计程序。总之，充分适当的审计证据是形成审计结论和积极发表审计意见的基石。

6.4.5　风险评估审计案例

【案例】上市公司甲公司是 ABC 会计师事务所的常年审计客户，主要从事医疗器械的生产和销售。A 注册会计师负责审计甲公司 2020 年度财务报表，确定财务报表整体的重要性为 1000 万元。

资料一：A 注册会计师在审计工作底稿中记录了所了解的甲公司情况及其环境，部分内容摘录如下：

(1)为占领市场，甲公司 2020 年对 a 设备采取新的销售模式：将设备售价减半为每台 50 万元，设备销售合同约定客户必须向甲公司购买 a 设备使用的试剂，试剂采购合同根据需求另行签订。甲公司预期试剂销售的利润可以弥补设备降价的损失。2×20 年 a 设备销量增长 20%。

(2)2020 年 6 月，甲公司受乙公司委托为其生产 1000 台专用设备 b，每台售价 6 万元。乙公司指定了 b 设备主要部件的供应商，并与该供应商确定了主要部件的规格和价格。

(3)甲公司采用经销模式销售 2020 年 10 月推出的新产品 c 设备，每台售价 50 万元。合同约定：经销商在实现终端销售后向甲公司支付设备款，在采购设备半年内未实现终端销售的可以退货。截至 2020 年末，甲公司累计销售 c 设备 100 台，与经销商对账显示这些设备均未实现终端销售。

(4)2020 年 5 月，甲公司与丁大学合作研发一项新技术，预付研发经费 3000 万元。2020 年末，该研发项目进入开发阶段。

(5)2020 年 5 月，甲公司收到当地政府支付的疫情停工损失补助 2000 万元。

资料二：A 注册会计师在审计工作底稿中记录了甲公司的财务数据，部分摘录内容如表 6-4 所示。

表 6-4　甲公司财务数据表　　单位：万元

项目	2020 年	2019 年
	未审数	已审数
营业收入——a 设备	30000	50000
营业成本——a 设备	36500	30000
营业收入——b 设备	6000	0
营业成本——b 设备	5500	0
营业收入——c 设备	5000	0

续表

项目	2020 年	2019 年
	未审数	已审数
营业成本——c 设备	2800	0
其他收益——停工损失补助	2000	0
预付款项——丁大学	3000	0
存货——a 设备	10000	8000
存货——a 设备存货跌价准备	100	100
合同资产——c 设备经销商	5000	0

要求：针对资料一第(1)项至第(5)项，并结合资料二，假定不考虑其他条件，逐项指出资料一所列事项是否可能表明存在重大错报风险。如果认为可能表明存在重大错报风险，简要说明理由，并说明该风险主要与哪些财务报表项目的哪些认定相关(不考虑税务影响)，如表 6－5 所示。

表 6－5 案例解析

事项序号	是否可能表明存在重大错报风险	理由	财务报表项目名称及认定
(1)	是	新销售模式可能导致 a 设备销售毛利出现负数，未来试剂销售情况存在不确定性，可能存在少计存货跌价准备的风险	资产减值损失(完整性/准确性) 存货(准确性、计价和分摊)
(2)	是	b 设备的毛利率较低，由乙公司指定主要部件的供应商和价格，可能需要按净额确认收入，可能存在多计收入和成本的风险	营业收入(准确性/发生)营业成本(准确性/发生)
(3)	是	经销商在未实现终端销售前没有付款义务，且可以退货，c 设备的控制权可能没有转移给经销商，可能存在多计收入，少计存货的风险	营业收入(发生) 合同资产(存在) 营业成本(发生) 存货(完整性)
(4)	是	未确认研究阶段发生的费用，可能存在少计研发费用的风险	研发费用(完整性) 预付款项(准确性、计价和分摊/存在)
(5)	是	疫情导致的停工损失为非常损失，收到的补助与日常活动无关，可能存在多计其他收益的风险	其他收益(分类/发生) 营业外收入(分类/完整性)

课后习题

一、单选题

1. 下列各项中,属于对控制的监督的是(　　)。

A. 授权与批准

B. 职权与责任的分配

C. 业绩评价

D. 内审部门定期评估控制的有效性

2. 下列各项中,属于预防性控制的是(　　)。

A. 财务主管定期盘点现金和有价证券

B. 管理层分析评价实际业绩与预算的差异,并针对超过规定金额的差异调查原因

C. 董事会复核并批准由管理层编制的财务报表

D. 由不同的员工负责职工薪酬档案的维护和职工薪酬的计算

3. 在实施进一步审计程序后,如果 B 注册会计师认为某项交易不存在重大错报,而实际上该项交易存在重大错报,这种风险是(　　)。

A. 抽样风险　　B. 非抽样风险　　C. 重大错报风险　　D. 检查风险

二、多选题

1. 下列各项程序中,通常用作风险评估程序的有(　　)

A. 检查　　B. 分析程序　　C. 重新执行　　D. 观察

2. 下列有关注册会计师了解内部控制的说法中,正确的有(　　)

A. 注册会计师在了解被审计单位内部控制时,应当确定其是否得到一贯执行

B. 注册会计师不需要了解被审计单位所有的内部控制

C. 注册会计师对内部控制的了解通常不足以测试控制运行的有效性

D. 注册会计师询问被审计单位人员不足以评价内部控制设计的有效性

3. 下列各项中,注册会计师在评估特别风险时应当考虑的有(　　)

A. 风险是否涉及重大的关联方交易

B. 交易的复杂程度

C. 与交易相关的控制对风险的抵消效果

D. 风险是否属于舞弊风险

三、分析题

甲公司是 ABC 会计师事务所的常年审计客户,主要从事家电产品的生产、批发和零售。A 注册会计师负责审计甲公司 2019 年度财务报表,确定财务报表整体的重要性为 800 万元,明显微小错报的临界值为 40 万元。

资料一:A 注册会计师在审计工作底稿中记录了所了解的甲公司情况及其环境,部分内容摘录如下:

(1)2019 年 6 月,甲公司推出了应用人工智能(AI)技术的新款洗衣机,新产品迅速占领

市场并持续热销。甲公司自2019年末起以成本价清理旧款洗衣机库存。

(2)为使空调产品在激烈竞争中保持市场占有率,甲公司自2019年3月起推出30天保价和赠送5次空调免费清洗服务的促销措施。

(3)2018年12月31日,甲公司取得常年合作电商平台乙公司20%股权,对其具有重大影响。乙公司2019年接受委托对甲公司自有电子商务平台进行升级改造。乙公司2019年度净利润为3亿元。

(4)2019年,甲公司获得节能产品价格补贴5000万元和智能家电研发补助6000万元。

(5)2019年1月起,甲公司将智能家电产品的质保期由一年延长至两年,产品销量因此有所增长。

资料二:A注册会计师在审计工作底稿中记录了甲公司的财务数据,部分摘录内容如表6-6所示。

表6-6 A注册会计师记录甲公司财务数据 单位:万元

项目	未审数	已审数
	2019年	2018年
营业收入——洗衣机(旧款)	130000	220000
营业成本——洗衣机(旧款)	120000	170000
营业收入——空调	300000	290000
营业成本——空调	220000	200000
其他收益——节能产品价格补贴	5000	0
其他收益——研发补助	6000	3000
研发费用	24000	25000
存货——洗衣机(旧款)	20000	40000
存货——洗衣机(旧款)存货跌价准备	800	1600
长期股权投资——乙公司	56000	50000
固定资产——电子商务平台系统	15000	5000
预计负债——空调产品售后清洗服务	6000	0
预计负债——智能家电产品质量保证	7200	6000

要求:针对资料一第(1)项至第(5)项,并结合资料二,假定不考虑其他条件,逐项指出资料一所列事项是否可能表明存在重大错报风险。如果认为可能表明存在重大错报风险,简要说明理由,并说明该风险主要与哪些财务报表项目的哪些认定相关(不考虑税务影响)。

四、简答题

1. 简述风险评估程序的含义和作用。
2. 简述注册会计师如何了解被审计单位及其环境。
3. 简述内部控制的定义、目标和内部控制体系的构成要素。
4. 简述识别和评估重大错报风险应当实施的审计程序。

第7章　风险应对

学习目标

1. 了解针对财务报表层次的重大错报风险实施的总体应对措施。
2. 理解针对认定层次的重大错报风险设计和实施的进一步审计程序。
3. 掌握控制测试的含义、性质、时间和范围。
4. 掌握实质性程序的内涵、性质、时间和范围。

注册会计师应当针对评估的财务报表层次重大错报风险确定总体应对措施，并针对评估的认定层次重大错报风险设计和实施进一步审计程序，以将审计风险降至可接受的低水平。

7.1　针对财务报表层次重大错报风险的总体应对措施

7.1.1　财务报表层次重大错报风险与总体应对措施

针对评估的财务报表层次重大错报风险确定下列总体应对措施：

(1)向项目组强调在收集和评价审计证据过程中保持职业怀疑态度的必要性；

(2)分派更有经验或具有特殊技能的审计人员，或利用专家的工作；

(3)提供更多的督导；

(4) 在选择拟实施的进一步审计程序时融入更多的不可预见的因素；

(5)对拟实施审计程序的性质、时间和范围作出总体修改。比如，财务报表层次的重大错报风险很可能源于薄弱的控制环境。薄弱的控制环境带来的风险可能对财务报表产生广泛影响，而不限于某类交易、账户余额和披露。为应对无效的内部环境，可以采取的措施举例如下：①在期末而非期中实施更多的审计程序；②通过实施实质性程序获取更广泛的审计证据；③增加拟纳入审计范围的经营地点的数量。

7.1.2　总体应对措施对拟实施进一步审计程序的总体审计方案的影响

注册会计师评估的财务报表层次重大错报风险以及采取的总体应对措施，对拟实施进一步审计程序的总体审计方案具有重大影响。总体审计方案包括实质性方案和综合性方案。实质性方案是指注册会计师实施的进一步审计程序以实质性程序为主;综合性方案是指注册会计师在实施进一步审计程序时,将控制测试与实质性程序结合使用。当评估的财务报表层次重大错报风险属于高风险水平(并相应采取更强调审计程序不可预见性以及重视调整审计程序的性质、时间安排和范围等总体应对措施)时,拟实施进一步审计程序的总体方案往往更倾向于实质性方案。

7.2 针对认定层次重大错报风险的进一步审计程序

7.2.1 进一步审计程序的含义和要求

1. 进一步审计程序的含义

进一步审计程序相对于风险评估程序而言,是指注册会计师针对评估的各类交易、账户余额和披露认定层次重大错报风险实施的审计程序,包括控制测试和实质性程序。

注册会计师应当针对评估的认定层次重大错报风险,设计和实施进一步审计程序,包括审计程序的性质、时间安排和范围。

2. 设计进一步审计程序时的考虑因素

设计进一步审计程序时,注册会计师应当考虑下列因素:

(1)风险的重要性;

(2)重大错报发生的可能性;

(3)涉及的各类交易、账户余额、列报的特征;

(4)被审计单位采用的特定控制的性质;

(5)是否拟获取审计证据,以确定内部控制在防止或发现并纠正重大错报方面的有效性。如果注册会计师在风险评估时预期内部控制运行有效,随后拟实施的进一步审计程序就必须包括控制测试,且实质性程序自然会受到之前控制测试结果的影响。

无论如何设计,都应当对所有重大类别的交易、账户余额和披露设计和实施实质性程序。

7.2.2 进一步审计程序的性质

1. 进一步审计程序的性质的含义

进一步审计程序的性质是指审计程序的目的和类型。审计程序的目的包括:①实施控制测试以评价内部控制在防止、发现并纠正认定层次重大错报方面运行的有效性;②实施实质性程序以发现认定层次重大错报。审计程序的类型包括检查、观察、询问、函证、重新计算、重新执行和分析程序。

在应对评估的风险时,不同的审计程序应对特定认定错报风险的效力不同,因此,确定审计程序的性质是最重要的。例如，在测试收入时，对于与收入完整性认定相关的重大错报风险，控制测试可能最能有效应对；对于与收入发生认定相关的重大错报风险，实质性程序可能最能有效应对。

2. 进一步审计程序的性质的选择

在确定进一步审计程序的性质时，需要重点考虑的是认定层次重大错报风险的评估结果。评估的认定层次重大错报风险越高，对通过实质性程序获取的审计证据的相关性和可靠性的要求越高，从而可能影响进一步审计程序的类型及其综合运用。例如，当判断某类交易协议的完整性存在更高的重大错报风险时，除检查文件以外，注册会计师还可能决定向第三方询问或函证协议条款的完整性。

7.2.3　进一步审计程序的时间

1. 进一步审计程序的时间的含义

进一步审计程序的时间是指注册会计师何时实施进一步审计程序，或审计证据适用的期间或时点。

2. 进一步审计程序的时间的选择

注册会计师可以在期中或期末实施控制测试或实质性程序。

当重大错报风险越高时，注册会计师可能认为在期末或接近期末而非期中实施实质性程序，或采用不通知的方式(如在不通知的情况下对选取的经营地点实施审计程序)，或在管理层不能预见的时间实施审计程序更有效。这在考虑应对舞弊风险时尤为相关。例如，如果识别出故意错报或操纵会计记录的风险，注册会计师可能认为将期中得出的结论延伸至期末而实施的审计程序是无效的。

影响注册会计师考虑在何时实施审计程序的其他相关因素包括：

(1)控制环境。良好的控制环境可以抵销在期中实施进一步审计程序的一些局限性，使注册会计师在确定实施进一步审计程序的时间时有更大的灵活度。

(2)何时能得到相关信息。例如，某些活动可能仅在期中(或期中以前)发生，而之后可能难以再被观察到。

(3)错报风险的性质。例如，被审计单位可能为了保证盈利目标的实现，而在会计期末以后伪造销售合同以虚增收入，此时需要考虑在期末(即资产负债表日)这个特定时点获取被审计单位截至期末所能提供的所有销售合同及相关资料，以防范被审计单位在资产负债表日后伪造销售合同虚增收入的做法。

(4)审计证据适用的期间或时点。例如 ，为了获取资产负债表日的存货余额证据，显然不宜在与资产负债表日间隔过长的期中时点或期末以后时点实施存货监盘等相关审计程序。

(5) 编制财务报表的时间，尤其是编制某些披露的时间，这些披露为资产负债表、利润表、所有者权益变动表或现金流量表中记录的金额提供了进一步解释。

总之，时间的选择服务于审计证据获取的充分性和适当性。

7.2.4 进一步审计程序的范围

1. 进一步审计程序的范围的含义

进一步审计程序的范围是指实施进一步审计程序(含控制测试和实质性程序)的数量，包括抽取的样本量，对某项控制活动的观察次数等。

2. 确定进一步审计程序的范围时考虑的因素

在确定进一步审计程序的范围时，注册会计师应当考虑下列因素：

(1)确定的重要性水平。确定的重要性水平越低，需实施进一步审计程序的范围越广，反之越小。

(2)评估的重大错报风险。评估的重大错报风险越高，对拟获取审计证据的相关性、可靠性的要求越高，需实施的进一步审计程序的范围也越广。

(3)计划获取的保证程度。计划获取的保证程度，是指注册会计师计划通过所实施的审计程序，对测试结果可靠性所能达到的合理保证水平。计划获取的保证程度越高，对测试结果可靠性要求越高，需实施的进一步审计程序的范围越广。

显然，随着重大错报风险的增加，应当考虑扩大审计程序的范围。但是，只有当审计程序本身与特定风险相关时，扩大审计程序的范围才是有效的。

为提高审计效率，注册会计师可以使用计算机辅助审计技术对电子化的交易和账户文档进行更广泛的测试，包括从主要电子文档中选取交易样本，或按照某一特征对交易进行分类，或对总体而非样本进行测试。

尽管使用恰当的抽样方法通常可以得出有效结论。如果存在下列情形：①从总体中选择的样本量过小；②选择的抽样方法对实现特定目标不适当；③未对发现的例外事项进行恰当的追查。注册会计师依据样本得出的结论可能与对总体实施同样的审计程序得出的结论不同，出现不可接受的风险。

总之，进一步审计程序的有效实施需要科学权衡性质、时间和范围。审计人员在综合运用不同审计程序时，不仅应当考虑各类审计程序的性质，还应当考虑测试的范围是否适当。

7.3 控制测试

控制测试是为了评价内部控制在防止或发现并纠正认定层次重大错报方面的运行有效性而实施的审计程序。注册会计师应当选择为相关交易、账户余额和披露的认定提供证据的内部控制进行测试。

7.3.1 控制测试的含义和要求

1. 控制测试的含义

控制测试是指用于评价内部控制在防止或发现并纠正认定层次重大错报方面的运行有

效性的审计程序。

2. 控制测试与“了解内部控制”的不同

控制测试强调“测试控制运行的有效性”，与“了解内部控制”不同。“了解内部控制”包含两层含义：一是评价控制的设计；二是确定控制是否得到执行。测试控制运行的有效性与确定控制是否得到执行（了解内部控制）所需获取的审计证据是不同的。

在实施风险评估程序以获取控制是否得到执行的审计证据时，注册会计师应当确定某项控制是否存在，被审计单位是否正在使用。

在测试控制运行的有效性时，注册会计师应当从下列方面获取关于控制是否有效运行的审计证据：

（1）控制在所审计期间的不同时点是如何运行的。如果被审计单位在所审计期间内的不同时期使用了不同的控制，注册会计师应当考虑不同时期控制运行的有效性。

（2）控制是否得到一贯执行；

（3）控制由谁执行；

（4）控制以何种方式运行。

因此，在了解控制是否得到执行时，只需抽取少量的交易进行检查或观察某几个时点。但在测试控制运行的有效性时，需要抽取足够数量的交易进行检查或对多个不同时点进行观察。二者的审计范围和证据的充分性存在差异。

当然，两者也有联系。尽管为评价控制设计和确定控制是否得到执行而实施的某些风险评估程序并非专为控制测试而设计，但可能提供有关控制运行有效性的审计证据，也能够作为控制测试。例如，注册会计师实施的风险评估程序可能包括：

（1）询问管理层对预算的使用；

（2）观察管理层对月度预算费用与实际费用的比较；

（3）检查预算金额与实际金额之间的差异报告。

通过实施这些审计程序，注册会计师可以了解被审计单位预算管理制度的设计及其是否得到执行，同时也可以获取关于这些制度在预防或发现费用的重大错报方面运行的有效性的审计证据。注册会计师应当考虑这些审计证据是否足以实现控制测试的目的，同时可以考虑在评价控制设计和获取其得到执行的审计证据的同时测试控制运行有效性，以提高审计效率。

3. 控制测试的要求

控制测试并非在任何情况下都需要，实施需要存在下列情形之一：

（1）在评估认定层次重大错报风险时，预期控制的运行是有效的；

（2）仅实施实质性程序不足以提供认定层次充分、适当的审计证据。

如果在评估认定层次重大错报风险时预期控制的运行是有效的，注册会计师应当实施控制测试，就控制在相关期间或时点的运行有效性获取充分、适当的审计证据。只有认为控制设计合理、能够防止或发现并纠正认定层次的重大错报，注册会计师才有必要对控制运行的有效性实施测试。

如果认为仅实施实质性程序获取的审计证据无法将认定层次重大错报风险降至可接受

的低水平，注册会计师应当实施相关的控制测试，以获取控制运行有效性的审计证据。

7.3.2 控制测试的性质

1. 控制测试的性质的含义

控制测试的性质是指控制测试所使用的审计程序的类型及其组合。

控制测试与了解内部控制的目的不同，但两者采用审计程序的类型通常相同，包括询问、观察、检查和穿行测试。此外，控制测试的程序还包括重新执行。

询问主要是向被审计单位适当员工询问，获取与内部控制运行情况相关的信息。观察是测试不留下书面记录的控制（如职责分离）的运行情况的有效方法，也可运用于实物控制。检查非常适用对运行情况留有书面证据的控制。询问本身并不足以测试控制运行的有效性，注册会计师应当将询问与其他审计程序结合使用，以获取有关控制运行有效性的审计证据。将询问与检查或重新执行结合使用，通常能够比仅实施询问和观察获取更高的保证；观察提供的证据仅限于观察发生的时点，本身不足以测试控制运行的有效性。

2. 确定控制测试的性质时的要求

在确定实施哪种程序以获取有关控制运行是否有效的审计证据时，需要考虑以下因素：

（1）特定控制的性质。例如，某些控制通过文件记录证明其运行的有效性，在这种情况下，注册会计师可能需要检查这些文件记录以获取控制运行有效的审计证据。而某些控制可能不存在文件记录，或文件记录与控制运行是否有效不相关。例如，内部环境中的某些要素（如职权和责任的分配），或某些类型的控制（如自动化控制），可能不会留下运行记录。在这种情况下，注册会计师可能需要通过询问并结合其他审计程序（如观察）或借助计算机辅助审计技术，获取有关控制运行有效性的审计证据。

（2）与认定直接相关和间接相关的控制。在设计控制测试时，不仅应当考虑与认定直接相关的控制，还应当考虑这些控制所依赖的与认定间接相关的控制，以获取支持控制运行有效性的审计证据。

（3）信息处理自动化类型的控制。对于一项自动化的应用控制，由于信息技术处理过程的内在一贯性，注册会计师可以利用该项控制得以执行的审计证据和信息技术一般控制（特别是对系统变动的控制）运行有效性的审计证据，作为支持该项控制在相关期间运行有效性的重要审计证据。

3. 实施控制测试时对双重目的的实现

尽管控制测试和细节测试的目的不同，注册会计师可以考虑针对同一交易同时实施控制测试和细节测试，以实现双重目的，这种做法称为双重目的测试。双重目的测试是通过分别考虑每个测试的目的而设计和评价的。例如，注册会计师可以通过检查某笔交易的发票这项程序，实现以下两个目的，一是确定其是否经过适当的授权，二是获取关于该交易的发生、准确性等认定的审计证据。

4. 实施实质性程序的结果对控制测试结果的影响

在评价相关控制运行的有效性时，注册会计师应当评价通过实施实质性程序发现的错报是否表明控制未得到有效运行。逻辑上，通过实质性程序未发现错报，并不能证明与所测试认定相关的控制是有效的。但如果实施实质性程序发现被审计单位没有识别出的重大错报，通常表明内部控制存在重大缺陷，注册会计师应当就这些缺陷与管理层和治理层进行沟通。

7.3.3　控制测试的时间

1. 控制测试的时间的含义

注册会计师应当根据控制测试的目的确定控制测试的时间，并确定拟信赖的相关控制的时点或期间。这意味着控制测试的时间包含两层含义：一是何时实施控制测试；二是测试所针对的控制适用的时点或期间。如果仅需要测试控制在特定时点运行的有效性（如对被审计单位期末存货盘点进行控制测试），注册会计师只需要获取该时点的审计证据。如果拟信赖控制在某一期间运行的有效性，注册会计师需要实施其他测试，以获取相关控制在该期间内的相关时点运行有效的审计证据。这种测试可能包括测试被审计单位对内部控制体系的监督工作中的控制。

2. 特别考虑：期中审计证据

在审计实务中，可能在期中实施进一步审计程序（控制测试）。在该种情景下，如果已获取有关控制在期中运行有效性的审计证据，并拟利用该证据，注册会计师应当实施下列审计程序：

（1）获取这些控制在剩余期间变化情况的审计证据；

（2）确定针对剩余期间还需获取的补充审计证据。

需要强调的是，在确定需要获取哪些补充审计证据以证明控制在期中之后的剩余期间仍然有效运行时，需要考虑的相关因素包括以下几个方面。

（1）评估的认定层次重大错报风险的重要程度；重大错报风险对财务报表的影响越大，需要获取的剩余期间的补充证据越多。

（2）在期中测试的特定控制，以及自期中测试后发生的重大变动，包括在信息系统、流程和人员方面发生的变动。

（3）在期中对有关控制运行的有效性获取的审计证据的程度；如果获取的审计证据较为充分，可以考虑适当减少对剩余期间的补充证据。

（4）剩余期间的长度；剩余期间越长，需要获取的补充证据则越多。

（5）在信赖控制的基础上拟缩小实质性程序的范围。减少实质性程序的范围大小取决于对相关控制的信赖程度，信赖程度越高，拟减少实质性程序的范围就越大，这意味着需要获取的剩余期间的补充证据则越多。

（6）控制环境。控制环境越薄弱，需要获取的补充证据则越多。

因此，通过测试剩余期间控制的运行有效性或测试被审计单位对控制的监督，注册会计师可以获取补充审计证据。

3. 特别考虑：以前审计获取的审计证据

对以前审计获取的审计证据利用，审计准则《中国注册会计师审计准则第 1231 号——

针对评估的重大错报风险采取的应对措施》有着严格的规定：如果拟信赖以前审计获取的有关控制运行有效性的审计证据，注册会计师应当通过实施询问并结合观察或检查程序，获取这些控制是否已经发生变化的审计证据。在某些情况下，如果注册会计师实施了用以确定审计证据持续相关性和可靠性的审计程序，以前审计获取的审计证据可以为本期提供相关审计证据。例如，在以前期间执行审计时，注册会计师可能确定被审计单位某项自动化控制能够发挥预期作用。那么在本期审计中，注册会计师可能需要获取审计证据以确定是否发生了影响该自动化控制持续有效发挥作用的变化。例如，注册会计师可以通过询问管理层或检查日志，确定哪些控制已经发生变化。通过考虑控制变化的证据，注册会计师可以增加或减少需要在本期获取的有关控制运行是否有效的审计证据。

这意味着，拟信赖的以前审计中测试的控制在本期是否发生变化是审计程序安排与决策的关键因素：

(1)如果已发生变化，且这些变化对以前审计获取的审计证据的持续相关性产生影响，注册会计师应当在本期审计中测试这些控制运行的有效性；

(2)如果未发生变化，注册会计师应当每三年至少对控制测试一次，并且在每年审计中测试部分控制，以避免将所有拟信赖控制的测试集中于某一年，而在之后的两年中不进行任何测试。

一般情况下，重大错报风险越高，或对控制的拟信赖程度越高，时间间隔就越短。下列因素可能缩短再次测试控制的时间间隔或导致完全不信赖以前审计获取的审计证据：

(1)内部环境薄弱；

(2)被审计单位对内部控制体系的监督薄弱；

(3)控制中的人工成分较多；

(4)发生对控制运行产生重大影响的人事变动；

(5)环境的变化表明需要对控制作出相应的变动；

(6)信息技术一般控制薄弱。

4. 特别考虑：重大错报风险和对控制的信赖程度

鉴于特别风险的特殊性，如果确定评估的认定层次重大错报风险是特别风险，并拟信赖旨在减轻特别风险的控制，注册会计师不应依赖以前审计获取的审计证据，而应在本期审计中测试这些控制的运行有效性。图 7-1 总结了注册会计师是否需要在本期测试某项控制的决策过程。

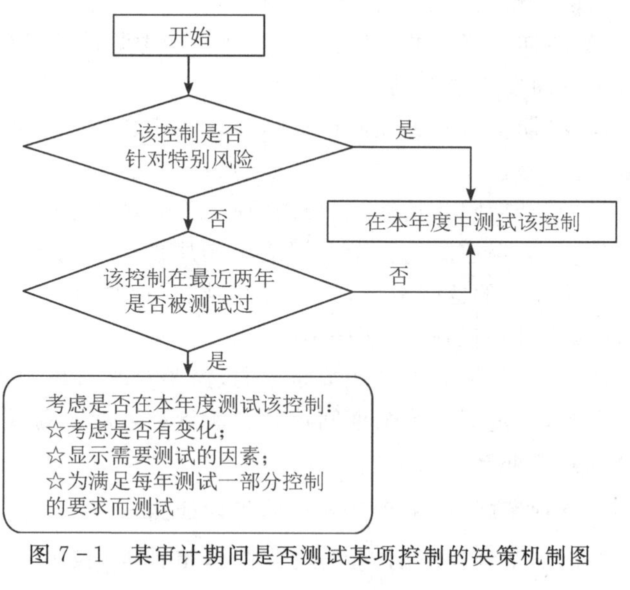

图 7-1　某审计期间是否测试某项控制的决策机制图

7.3.4　控制测试的范围

控制测试的范围主要是指某项控制活动的测试次数。科学确定控制测试的范围是获取控制在整个拟信赖的期间有效运行的充分、适当的审计证据的重要前提。

1. 确定控制测试范围的考虑因素

在确定某项控制的测试范围时，注册会计师通常考虑下列因素：

(1)在整个拟信赖的期间，被审计单位执行控制的频率。执行控制的频率越高，控制测试的范围越大。

(2)在所审计期间，注册会计师拟信赖控制运行有效性的时间长度。拟信赖期间越长，控制测试的范围越大。

(3)为证实控制能够防止或发现并纠正认定层次重大错报，所需获取审计证据的相关性和可靠性。如果其相关性和可靠性较高，测试该控制的范围可适当缩小。

(4)通过测试与认定相关的其他控制获取的审计证据的范围。

(5)同一认定可能存在不同的控制。当针对其他控制获取审计证据的充分性和适当性较高时，测试该控制的范围可适当缩小。

(6)控制的预期偏差。控制的预期偏差率越高，需要实施控制测试的范围越大。如果控制的预期偏差率过高，注册会计师应当考虑控制可能不足以将认定层次的重大错报风险降至可接受的低水平，从而针对某一认定实施的控制测试可能是无效的。

2. 特别考虑：对自动化控制的测试范围

信息技术处理具有内在一贯性，除非系统发生变动，注册会计师通常不需要增加自动化控制的测试范围。

7.4　实质性程序

鉴于注册会计师对重大错报风险的评估是一种判断，存在无法充分识别所有的重大错报风险的可能，而内部控制又存在固有局限性，如管理层可能凌驾于控制之上。因此，无论评估的重大错报风险结果如何，注册会计师都应当针对所有重大类别的交易、账户余额和披露，设计和实施实质性程序，以发现认定层次的重大错报。

7.4.1　实质性程序的含义和要求

1. 实质性程序的含义

实质性程序是指用于发现认定层次重大错报的审计程序，包括对各类交易、账户余额和披露的细节测试以及实质性分析程序。

注册会计师实施的实质性程序应当包括下列与财务报表编制完成阶段相关的审计程序：

(1)将财务报表与其所依据的会计记录相核对，包括核对或调节披露中的信息，无论该信息是从总账和明细账中获取，还是从总账和明细账之外的其他途径获取。

(2)检查财务报表编制过程中作出的重大会计分录和其他会计调整。对会计分录和其他会计调整检查的性质和范围，取决于被审计单位财务报告过程的性质和复杂程度以及由此产生的重大错报风险。

2. 针对特别风险实施的实质性程序

如果认为相关风险为特别风险，注册会计师应当专门针对该风险实施实质性程序。从恰当的被询证者以函证形式直接取得的审计证据，可以帮助注册会计师获取应对舞弊或错误导致的重大错报风险所需的具有高度可靠性的审计证据。例如，如果注册会计师认为管理层面临实现盈利预期的压力，则可能存在管理层虚增销售收入的风险，即通过对不满足收入确认条款的销售协议进行不当确认，或通过在出货前出具销售发票虚增收入。在这些情况下，注册会计师可能设计函证程序，不仅用于确认应收账款的账户余额，也用于确认销售协议的细节条款，包括日期、退货权和交货条款。此外，注册会计师还可能认为有必要就销售协议和交货条款的任何变更询问被审计单位的非财务人员，以此作为函证程序的补充。

如果针对特别风险仅实施实质性程序，应当使用细节测试，或将细节测试和实质性分析程序结合使用，以获取充分、适当的审计证据。这意味着，为应对特别风险而实施的实质性程序中，细节测试是必不可少的。

7.4.2 实质性程序的性质

1. 实质性程序的性质的含义

实质性程序的性质是指实质性程序的类型及其组合。实质性程序包括细节测试和实质性分析程序两类。

2. 细节测试和实质性分析程序的适用性

审计实务中，应当根据各类交易、账户余额和披露的性质选择实质性程序的类型。

细节测试是对各类交易、账户余额和披露的具体细节进行测试，目的在于直接识别各类交易、账户余额和披露的认定是否存在错报。细节测试通常被用于获取与某些认定相关的审计证据，尤其是对存在或发生、计价认定的测试。

实质性分析程序从技术特征上讲仍然是分析程序，主要是通过研究数据间关系评价信息，只是将该技术方法用于实质性分析程序中，即用以识别各类交易、账户余额和披露的认定是否存在错报。实质性分析程序通常更适用于在一段时间内存在可预期关系的大量交易。

3. 细节测试的设计

注册会计师应当针对评估的风险设计细节测试，即在设计细节测试时，需要考虑风险评估的结果或认定的性质。如，在针对存在或发生认定设计细节测试时，注册会计师应当选择包含在财务报表金额中的项目，并获取相关审计证据。又如，在针对完整性认定设计细节测试时，注册会计师应当选择有证据表明应包含在财务报表金额中的项目，并调查这些项目是否确实包括在内。唯其如此，才能获取充分、适当的审计证据，以达到认定层次所计划的保证水平。

4. 设计实质性分析程序时考虑的因素

在设计实质性分析程序时，应当考虑下列因素：

(1)对特定认定使用实质性分析程序的适当性；

(2)对已记录的金额或比率作出预期时，所依据的内部或外部数据的可靠性；

(3)作出预期的准确程度是否足以在计划的保证水平上识别重大错报；

(4)已记录金额与预期值之间可接受的差异额。

当实施实质性分析程序时，如果使用被审计单位编制的信息，注册会计师应当考虑测试与信息编制相关的控制，以及这些信息是否在本期或前期经过审计。

7.4.3　实质性程序的时间

尽管控制测试和实质性程序两类程序都面临着对期中审计证据和对以前审计获取的审计证据的考虑，但二者间差异较大：一方面，在控制测试中，期中实施控制测试并获取期中关于控制运行有效性审计证据的做法具有“常态”性，而由于实质性程序的目的在于更直接地发现重大错报，在期中实施实质性程序时更需要考虑其成本效益的权衡。另一方面，对于以前审计中通过实质性程序获取的审计证据，本期实质性程序则采取了更加慎重的态度和更为严格的限制。

1. 如何考虑是否在期中实施实质性程序

实质性程序的目的在于更直接地发现重大错报，注册会计师在期中实施实质性程序，增加期末存在错报而未被发现的风险，并且该风险随着剩余期间的延长而增加。因此，是否在期中实施实质性程序，注册会计师审计需要权衡成本和效能，并应当考虑下列因素：

(1)控制环境和其他相关的控制。控制越薄弱，越不宜在期中实施实质性程序。

(2)实施审计程序所需信息在期中之后的可获得性。只有实施实质性程序所需信息在期中之后可能难以获取(如系统变动导致某类交易记录难以获取)，才有必要考虑在期中实施实质性程序。

(3)实质性程序的目的。如果针对某项认定实施实质性程序的目的就包括获取该认定的期中审计证据(从而与期末比较)，则应在期中实施实质性程序。

(4)评估的重大错报风险。对某项认定评估的重大错报风险越高，越应当考虑将实质性程序集中于期末(或接近期末)实施，以更好满足审计证据的充分性、适当性。

(5)各类交易或账户余额以及相关认定的性质。例如，某些交易、账户余额和披露认定的特殊性质(如收入“截止”认定、未决诉讼)决定了注册会计师必须在期末(或接近期末)实施实质性程序。

(6)针对剩余期间，能否通过实施实质性程序或将实质性程序与控制测试相结合，降低期末存在错报而未被发现的风险。如果能，则可以考虑在期中实施实质性程序，反之不宜实施。

2. 如何考虑期中审计证据

如果在期中实施了实质性程序，注册会计师应当针对剩余期间实施进一步的实质性程序，或将实质性程序和控制测试结合使用，以将期中测试得出的结论合理延伸至期末。

如果拟将期中测试得出的结论延伸至期末，注册会计师应当考虑针对剩余期间仅实施实质性程序是否足够。如果认为实施实质性程序本身不充分，注册会计师还应测试剩余期间相关控制运行的有效性或针对期末实施实质性程序。

如果已识别出舞弊导致的重大错报风险，为将期中得出的结论延伸至期末而实施的审计程序通常是无效的，注册会计师应当考虑在期末或者接近期末实施实质性程序。

3. 如何考虑以前审计获取的审计证据

在以前审计中实施实质性程序获取的审计证据，通常对本期只有很弱的证据效力或没有证据效力，不足以应对本期的重大错报风险。

只有当以前获取的审计证据及其相关事项未发生重大变动时（例如，以前审计通过实质性程序测试过的某项诉讼在本期没有任何实质性进展），以前获取的审计证据才可能用作本期的有效审计证据。需要强调的是，如果拟利用以前审计中实施实质性程序获取的审计证据，注册会计师应当在本期实施审计程序，以确定这些审计证据是否具有持续相关性。

7.4.4 实质性程序的范围

评估的认定层次重大错报风险和实施控制测试的结果是确定实质性程序范围的关键因素，评估的认定层次的重大错报风险越高，需要实施实质性程序的范围越广；如果对控制测试结果不满意，注册会计师应当考虑扩大实质性程序的范围。然而，只有当审计程序本身与特定风险相关时，扩大审计程序的范围才是适当的。

具体而言，在设计细节测试时，注册会计师除了从样本量的角度考虑测试范围外，还要考虑选样方法的有效性等因素。在设计实质性分析程序时，注册会计师应当确定已记录金额与预期值之间可接受的差异额。

课后习题

一、单选题

1. 下列各项措施中，不能应对财务报表层次重大错报风险的是（　　）。

A. 在期末而非期中实施更多的审计程序　　B. 扩大控制测试的范围

C. 增加拟纳入审计范围的经营地点的数量　　D. 增加审计程序的不可预见性

2. 如果注册会计师已获取有关控制在期中运行有效的审计证据，下列有关剩余期间补充证据的说法中，错误的是（　　）。

A. 注册会计师可以通过测试被审计单位对控制的监督，将控制在期中运行有效的审计证据合理延伸至期末

B. 被审计单位的控制环境越有效，注册会计师需要获取的剩余期间的补充证据越少

C. 如果控制在剩余期间发生了变化，注册会计师可以通过实施穿行测试，将期中获取的审计证据合理延伸至期末

D. 注册会计师在信赖控制的基础上拟减少的实质性程序的范围越大，注册会计师需要获取的剩余期间的补充证据越多

3. 下列有关注册会计师实施进一步审计程序的时间的说法中，错误的是（　　）。

A. 如果被审计单位的控制环境良好，注册会计师可以更多地在期中实施进一步审计程序

B. 注册会计师在确定何时实施进一步审计程序时需要考虑能够获取相关信息的时间

C. 如果评估的重大错报风险为低水平，注册会计师可以选择资产负债表日前适当日期为止日实施函证

D. 对于被审计单位发生的重大交易，注册会计师应当在期末或期末以后实施实质性程序

二、多选题

1. 下列有关采用总体审计方案的说法中，错误的有（　　）。

A. 注册会计师可以针对不同认定采用不同的审计方案

B. 注册会计师可以采用综合性方案或实质性方案应对重大错报风险

C. 注册会计师应当采用实质性方案应对特别风险

D. 注册会计师应当采用与前期审计一致的审计方案，除非评估的重大错报风险发生重大变化

2. 下列各项因素中，注册会计师在确定实施审计程序的时间时需要考虑的有（　　）。

A. 审计证据适用的期间　　B. 错报风险的性质

C. 被审计单位的控制环境　　D. 何时能得到相关信息

3. 下列有关与特别风险相关的控制的说法中，正确的有（　　）。

A. 注册会计师应当了解和评价与特别风险相关的控制的设计情况，并确定其是否得到执行

B. 如果被审计单位未能实施控制以恰当应对特别风险，注册会计师应当针对特别风险实施细节测试

C. 如果注册会计师实施控制测试后认为与特别风险相关的控制运行有效，对特别风险实施的实质性程序可以仅为实质性分析程序

D. 对于与特别风险相关的控制，注册会计师不能利用以前审计获取的有关控制运行有效性的审计证据

三、分析题

ABC 会计师事务所负责审计甲公司 2014 年度财务报表，审计工作底稿中与内部控制相关的部分内容摘录如下：

(1)甲公司营业收入的发生认定存在特别风险。相关控制在 2013 年度审计中经测试运行有效。因这些控制本年未发生变化，审计项目组拟继续予以信赖，并依赖了上年审计获取的有关这些控制运行有效的审计证据。

(2)考虑到甲公司 2014 年固定资产的采购主要发生在下半年，审计项目组从下半年固定资产采购中选取样本实施控制测试。

(3)依据甲公司与原材料采购批准相关的控制每日运行数次，审计项目组确定样本规模为 25 个。考虑到该控制自 2014 年 7 月 1 日起发生重大变化，审计项目组从上半年和下半年的交易中分别选取 12 个和 13 个样本实施控制测试。

(4)审计项目组对银行存款实施了实质性程序，未发现错报，因此认为甲公司与银行存款相关的内部控制运行有效。

(5)甲公司内部控制制度规定，财务经理每月应复核销售返利计算表，检查销售收入金额和返利比例是否准确，如有异常进行调查并处理，复核完成后签字存档。审计项目组选取了 3 个月的销售返利计算表，检查了财务经理的签字，认为该控制运行有效。

(6)审计项目组拟信赖与固定资产折旧计提相关的自动化应用控制。因该控制在 2013 年度审计中测试结果满意，且在 2014 年未发生变化，审计项目组仅对信息技术一般控制实施测试。

要求：针对上述第(1)项至第(6)项，逐项指出审计项目组的做法是否恰当，如不恰当，简要说明理由。

四、简答题

1. 简述注册会计师针对评估的财务报表层次的重大错报风险确定的总体应对措施。

2. 简述在设计进一步审计程序时注册会计师应当考虑的因素。

3. 简述注册会计师在确定某项控制的测试范围时应当考虑的因素。

4. 简述细节测试和实质性分析程序的适用性比较。

第 8 章　销售与收款循环的审计

学习目标

1. 了解销售与收款循环的主要业务活动及主要凭证和会计记录。
2. 理解销售交易的内部控制和控制测试。
3. 熟悉销售交易的控制测试。
4. 掌握主营业务收入的审计目标和实质性程序。
5. 掌握应收账款及其坏账准备的审计目标和实质性程序。

8.1　概述

8.1.1　财务报表审计的组织形式

财务报表审计的组织方式主要有两种：①账户法，是对财务报表的每个账户余额单独进行审计；②循环法，是将财务报表分成几个循环进行审计，即把紧密联系的各类交易和账户余额归入同一循环中，按业务循环组织实施审计。账户法与多数被审计单位账户设置体系及财务报表格式相吻合，具有操作方便的优点，但它将紧密联系的相关账户（如存货和营业成本）人为地予以分割，容易造成整个审计工作脱节和重复，不利于审计效率的提高；而循环法则更符合被审计单位的业务流程和内部控制设计的实际情况，可以加深审计人员对被审计单位经济业务的理解，由于将特定业务循环所涉及的财务报表项目分配给一个或数个审计人员，还可以增强审计人员分工的合理性，有助于提高审计工作的效率与效果。

控制测试是在了解被审计单位内部控制体系各要素的基础上进行的，与被审计单位的业务流程关系密切，因此，对控制测试通常采用循环法实施。一般而言，在财务报表审计中可将被审计单位的所有交易和账户余额划分为多个业务循环。各个业务循环间相互关联，如图 8－1 所示。

对交易和账户余额的实质性程序，既可采用账户法实施，也可采用循环法实施。但由于控制测试通常按循环法实施，为有利于实质性程序与控制测试的衔接，提倡采用循环法。按照各财务报表项目与业务循环的相关程度，基本可以建立起各业务循环与其所涉及的主要财务报表项目之间的对应关系，如表 8－1 所示。

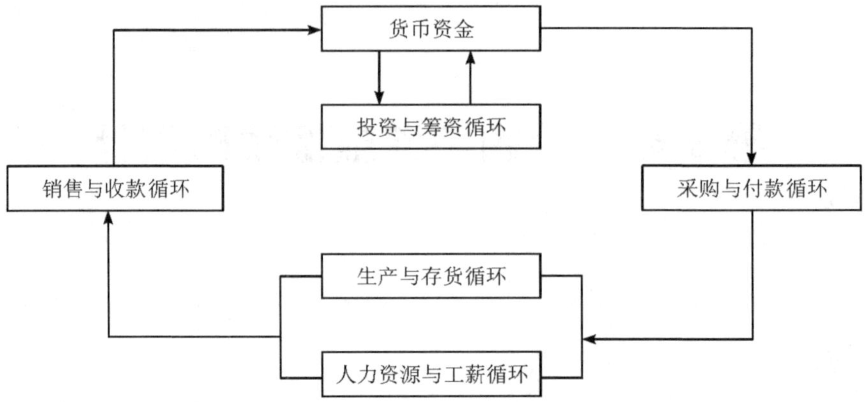

图 8-1 各个业务循环之间的关系

表 8-1 业务循环与主要财务报表项目对照表

业务循环	资产负债表项目	利润表项目
销售与收款循环	应收票据、应收账款、长期应收款、预收账款、应交税费	营业收入、营业税金及附加、销售费用
采购与付款循环	预付账款、固定资产、在建工程、工程物资、固定资产清理、无形资产、研发支出、商誉、长期待摊费用、应付票据、应付账款、长期应付款	管理费用
生产与存货循环	存货(包括材料采购、在途物资、原材料、材料成本差异、库存商品、发出商品、商品进销差价、委托加工物资、委托代销商品、受托代销商品、周转材料、生产成本、制造费用、劳务成本、存货跌价准备、受托代销商品款等)	营业成本
人力资源与工薪循环	应付职工薪酬	营业成本、管理费用、销售费用
筹资与投资循环	交易性金融资产、应收股利、应收利息、其他应收款、其他流动资产、可供出售金融资产、持有至到期投资、长期股权投资、投资性房地产、递延所得税资产、其他非流动资产、短期借款、交易性金融负债、应付利息、应付股利、其他应付款、其他流动负债、长期借款、应付债券、专项应付款、预计负债、递延所得税负债、其他非流动负债、实收资本(或股本)、资本公积、盈余公积、未分配利润	财务费用 资产减值损失 公允价值变动损益 投资收益 营业外收入 营业外支出 所得税费用

8.1.2 不同行业类型的收入来源

企业的收入主要来源于出售商品、提供劳务等。企业所处行业不同,具体收入的来源有所不同,如表 8-2 所示。

表 8-2　不同行业类型的主要收入来源

行业类型	收入来源
制造业	通过采购原材料、生产制造成产成品，销售给客户
贸易业	作为零售商(批发商)向消费者(零售商)供应商品
建筑业	通过提供建筑服务，完成建筑合同取得收入
金融业	贷款利息收入；金融服务手续费；协助客户对其资金进行投资取得相关理财费用
服务业	通过提供专业服务取得服务费收入，如律师、会计师、咨询师等；医疗服务机构；餐饮业；旅游业等等

所处行业和经营性质决定了企业的收入来源，及为获得收入而相应产生的各项费用支出。只有对被审计单位的经营性质和业务活动有比较全面的了解，才能因地制宜、有的放矢地执行被审计单位收入、成本的审计工作。

8.1.3　相关的业务活动

销售与收款业务循环的主要业务活动，如图 8-2 所示。

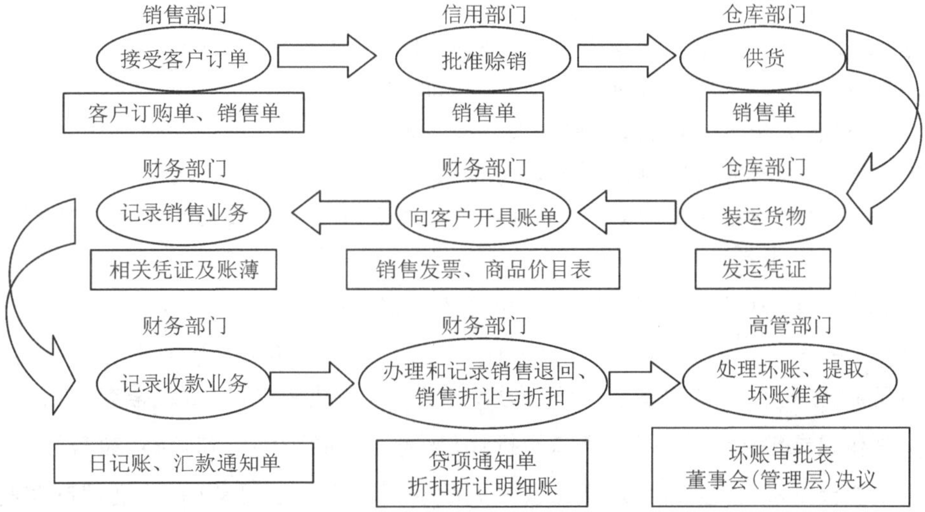

图 8-2　销售与收款业务循环的主要业务活动

1. 接受客户订单(发生)

客户提出订货要求是整个销售与收款循环的起点。销售单是证明管理层有关销售交易的“发生”认定的凭据之一，也是此笔销售的交易轨迹的起点。

2. 批准赊销信用(准确性、计价和分摊)

赊销批准是由信用管理部门根据管理层的赊销政策在每个顾客的已授权信用额度内进行的。设计信用批准控制的目的是为降低坏账风险。

3. 按销售单供货(发生、完整性)

管理层通常要求商品仓库只有在收到经过批准的销售单时才能供货。已批准销售单的一联通常应送达仓库。

4. 按销售单装运货物

装运部门职员在装运之前，还必须进行独立验证，以确定从仓库提取的商品都附有经批准的销售单，且所提取商品的内容与销售单一致。

5. 向顾客开具账单(发生、准确性、计价和分摊、完整性)

向顾客开具账单包括编制和向顾客寄送事先连续编号的销售发票。这项功能所针对的主要问题如下：

(1)是否对所有装运货物都开具了账单(“完整性”认定)；

(2)是否只对实际装运货物才开具账单，有无重复开具账单或虚构交易(“发生”认定)；

(3)是否按已授权批准的商品价目表所列价格开具账单(“准确性”认定)。

6. 记录销售(发生、准确性、计价和分摊、完整性)

区分赊销、现销。记录销售的控制程序包括以下内容：

(1)只依据附有有效装运凭证和销售单的销售发票记录销售。这些装运凭证和销售单应能证明销售交易的发生及其日期；

(2)控制所有事先连续编号的销售发票；

(3)独立检查已处理销售发票上的金额同会计记录金额的一致性；

(4)记录销售的职责应与处理销售交易的其他功能相分离；

(5)限制对有关记录的接触，以减少未经授权批准的记录发生；

(6)定期独立检查应收账款的明细账与总账的一致性；

(7)定期向顾客寄送对账单，并要求顾客将任何例外情况直接向指定的未执行或记录销售交易的会计主管报告。

7. 记录收款业务(发生、准确性、计价和分摊、完整性)

关注货币资金失窃的可能性。在这方面，汇款通知单很重要。保证货币资金如数、及时计入库存现金、银行存款日记账或应收账款明细账，并如数、及时地将现金存入银行。

8. 办理和记录销售退回、销售折扣与折让(发生、准确性、计价和分摊、完整性)

必须经授权批准，并应确保办理此事有关的部门和职员各司其职，分别控制实物流和会计处理。在这方面，严格使用贷项通知单很关键。

9. 处理坏账、提取坏账准备(准确性、计价和分摊)

坏账正确的处理应是在获取货款无法收回的确凿证据，经适当审批后及时作会计调整。

8.1.4 涉及的主要单据与会计记录

涉及的主要单据包括客户订购单、销售单、发运凭证、销售发票、商品价目表、贷项通知单、应收账款账龄分析表、应收账款明细账、主营业务收入明细账、折扣与折让明细表、汇款通知书、现金日记账和银行存款日记账、坏账核销审批表、客户对账单、转账凭证及现金和银行凭证等。

涉及的主要账户及关系，如图 8-3 所示。

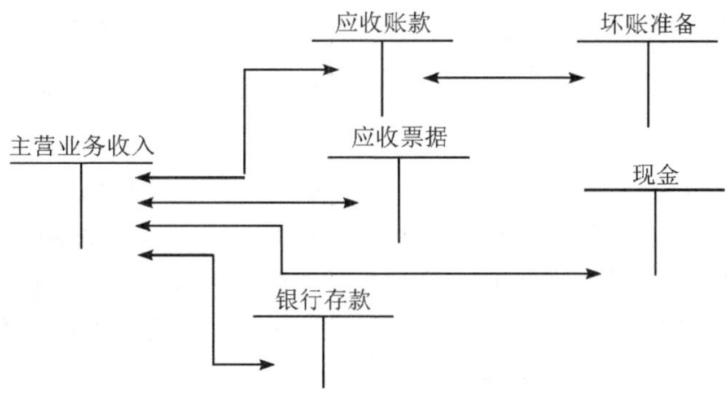

图 8-3　销售与收款业务循环的主要账户及关系

8.2　销售与收款循环的相关内部控制

8.2.1　内部控制的设计

在销售与收款循环中企业通常从以下方面设计和执行内部控制：

1. 适当的职责分离

适当的职责分离不仅是预防舞弊的必要手段，也有助于防止各种有意或无意的错误。例如，主营业务收入账如果是由记录应收账款之外的员工独立登记，并由另一位不负责账簿记录的员工定期调节总账和明细账，就构成了一项交互牵制；负责主营业务收入和应收账款记账的员工不得经手货币资金，也是防止舞弊的一项重要控制。另外，销售人员通常有一种追求更大销售数量的固有倾向，而不考虑是否将以巨额坏账损失为代价，赊销的审批则在一定程度上可以抑制这种倾向。因此，赊销批准职能与销售职能的分离，也是一种理想的控制。

2. 恰当的授权审批

抓好四个关键点上的审批程序：其一，在销售发生之前，赊销已经正确审批；其二，非经正当审批，不得发出货物；其三，销售价格、销售条件、运费、折扣等必须经过审批；其四，审批人应当根据销售与收款授权批准制度的规定，在授权范围内进行审批，不得超越审批权限。对于超过企业既定销售政策和信用政策规定范围的特殊销售交易，需要经过适当的授权。前两项控制的目的在于防止企业因向虚构的或者无力支付货款的客户发货而蒙受损失；价格审批控制的目的在于保证销售交易按照企业定价政策规定的价格开票收款；对授权审批范围设定权限的目的则在于防止因审批人员决策失误而造成严重损失。

3. 充分的凭证和记录

充分的凭证和记录有助于企业执行各项控制以实现控制目标。例如，企业在收到客户订购单后，编制一份预先编号的一式多联的销售单，分别用于批准赊销、审批发货、记录发货数量以及向客户开具发票等。在这种制度下，通过定期清点销售单和销售发票，可以避免漏开发票或漏记销售的情况。又如，财务人员在记录销售交易之前，对相关的销售单、出库单和销售发票上的信息进行核对，以确保入账的营业收入是真实发生的、准确的。

4. 凭证的预先编号

对凭证预先进行编号，旨在防止销售以后遗漏向客户开具发票或登记入账，也可防止重复开具发票或重复记账。当然，如果对凭证的编号不作清点，预先编号就会失去其控制意义。定期检查全部凭证的编号，并调查凭证缺号或重号的原因，是实施这项控制的关键点。在目前信息技术得以广泛运用的环境下，凭证预先编号这一控制在很多情况下由系统执行，同时辅以人工的监控。

5. 定期寄发对账单

由不负责现金出纳和销售及应收票据/应收款项融资/应收账款/合同资产记账的人员定期向客户寄发对账单，能促使客户在发现应付账款余额不正确后及时反馈有关信息。为了使这项控制更加有效，最好将账户余额中出现的所有核对不符的账项，指定一位既不负责货币资金也不记录主营业务收入和应收票据/应收款项融资/应收账款/合同资产账目的主管人员处理，然后由独立人员定期编制对账情况汇总报告并交管理层审阅。

6. 内部核查程序

由内部审计人员或其他独立人员核查销售与收款交易的处理和记录，举例如表 8－3 所示。

表 8－3 内部核查程序举例

内部控制目标	内部核查程序举例
登记入账的销售交易是真实的	检查登记入账的销售交易所附的佐证凭证
销售交易均经适当审批	了解顾客的信用情况是否符合企业的赊销政策
所有销售交易均已登记入账	检查发运凭证的连续性并与主营业务收入明细账核对
登记入账的销售交易金额正确	将销售发票上的数量与发运凭证上的记录比较核对
登记入账的销售交易分类恰当	将登记入账的销售交易的原始凭证与会计科目表核对
销售交易的记录及时	检查开票员所保管的未开票发运凭证，确定是否包括存在未在恰当期间及时开票的发运凭证
销售交易正确记入明细账并汇总	从发运凭证追查至主营业务收入明细账和总账

8.2.2　了解内部控制的审计程序

注册会计师通常通过实施下列程序，了解销售和收款循环的业务活动和相关内部控制：

(1)询问参与销售与收款流程各业务活动的被审计单位人员，通常包括销售部门、仓储部门和财务部门的员工和管理人员；

(2)获取并阅读企业的相关业务流程图或内部控制手册等资料；

(3)观察销售与收款流程中特定控制的运行，例如，观察仓储部门人员是否以及如何将装运的商品与销售单上的信息进行核对；

(4)检查文件资料，例如，检查销售单、出库单、客户对账单等；

(5)实施穿行测试，即追踪销售交易从发生到最终被反映在财务报表中的整个处理过程。例如，选取一笔已收款的销售交易，追踪该笔交易从接受客户订购单直至收回货款的整个过程。

8.3　销售与收款循环的重大错报风险的评估

8.3.1　相关交易类别和账户余额存在的重大错报风险

注册会计师识别出的重大错报风险因被审计单位的性质和交易的具体情况而异。以一般制造业的赊销销售为例，识别出的重大错报风险通常包括：

(1)已记录的收入交易未真实发生。

(2)未完整记录所有已发生的收入交易。

(3)收入交易的复杂性可能导致的错误。例如，被审计单位可能针对一些特定的产品或者服务提供一些特殊的交易安排，如可变对价安排、特殊的退货约定、特殊的服务期限安排等，但管理层可能对这些不同安排下所涉及的交易风险的判断缺乏经验，导致收入确认发生错误。

(4)期末发生的交易可能未计入正确的期间，包括销售退回交易的截止错误。

(5)收款未及时入账或记入不正确的账户，因而导致应收账款/合同资产(或应收票据/银行存款)的错报。

(6)应收账款坏账准备的计提不准确。

1. 重点关注：收入确认的舞弊风险

收入是企业的利润来源，直接关系到企业的财务状况和经营成果。在财务报表舞弊案件中，涉及收入确认的舞弊占有很大比例。有些企业往往为了达到粉饰财务报表的目的而采用虚增(“发生”认定)或隐瞒收入(“完整性”认定)等方式实施舞弊。因此，收入确认已成为注册会计师审计的高风险领域。

2. 常用的收入确认舞弊手段

被审计单位通常采用的收入确认舞弊手段如下：

(1)为了达到粉饰财务报表的目的而虚增收入或提前确认收入。

该种手段主要包括:①虚构销售交易,如签订虚假购销合同、虚开商品销售发票、虚构销售交易等;②实施显失公允的交易,如,通过与未披露的关联方或真实非关联方进行显失公允的交易;与同一客户或同受一方控制的多个客户在各期发生多次交易,通过调节各次交易的商品销售价格,调节各期销售收入金额。③在客户取得相关商品控制权前确认销售收入。如,在客户取得相关商品控制权前,通过伪造出库单、发运单、验收单等单据,提前确认销售收入。④通过隐瞒退货条款,在发货时全额确认销售收入。⑤通过隐瞒不符合收入确认条件的售后回购或售后租回协议,而将以售后回购或售后租回方式发出的商品作为销售商品确认收入。⑥当存在多种可供选择的收入确认会计政策或会计估计方法时,随意变更所选择的会计政策或会计估计方法。⑦选择与销售模式不匹配的收入确认会计政策。⑧通过调整与单独售价或可变对价等相关的会计估计,达到多计或提前确认收入的目的。

(2)为了达到报告期内降低税负或转移利润等目的而少计收入或推迟确认收入。

其主要包括:①在满足收入确认条件后,不确认收入,而将收到的货款作为负债挂账,或转入本单位以外的其他账户。②采用以旧换新的方式销售商品时,以新旧商品的差价确认收入。③对于属于在某一时段内履约的销售交易,未按实际履约进度确认收入,或采用时点法确认收入。④对于属于在某一时点履约的销售交易,未在客户取得相关商品或服务控制权时确认收入,推迟收入确认时点。⑤通过调整与单独售价或可变对价等相关的会计估计,达到少计或推迟确认收入的目的。

3. 对收入确认实施分析程序

在收入确认领域实施审计程序时,分析程序是一种较为有效的识别舞弊的方法。通常进行以下分析:

(1)余额分析。将本期销售收入金额与以前可比期间的对应数据或预算数进行比较。

(2)配比分析:①将账面销售收入、销售清单和销售增值税销项清单进行核对;②将销售收入变动幅度与销售商品及提供劳务收到的现金、应收账款/合同资产、存货、税金等项目的变动幅度进行比较;③分析销售收入与销售费用之间的关系,包括销售人员的人均业绩指标、销售人员薪酬、差旅费用,以及销售机构的设置、规模、数量、分布等。

(3)比率分析:①将销售毛利率、应收账款周转率、存货周转率等关键财务指标与可比期间数据、预算数或同行业其他企业数据进行比较;②分析销售收入等财务信息与投入产出率、劳动生产率、产能、水电能耗、运输数量等非财务信息之间的关系。

(4)趋势分析。分析月度或季度销售量、销售单价、销售收入金额、毛利率变动趋势。

通过实施分析程序,注册会计师可能识别出未注意到的异常关系,或通过其他审计程序难以发现的变动趋势,从而有目的、有针对性地关注可能发生重大错报风险的领域,有助于评估重大错报风险,为设计和实施应对措施奠定基础。如果发现异常或偏离预期的趋势或关系,注册会计师需要认真调查其原因,评价是否表明可能存在由于舞弊导致的重大错报风险。

8.3.2　评估固有风险和控制风险

1. 评估固有风险

针对识别出的销售与收款循环相关交易类别和账户余额存在的重大错报风险，注册会计师应当运用职业判断，通过评估错报发生的可能性和重要程度来评估固有风险。

如，某被审计单位本年度与新客户签订了一项重大合同，包含向客户转让多项商品和服务的承诺。在评估固有风险时，注册会计师认为与该交易相关的固有风险因素包括：①复杂性。例如，被审计单位需要识别合同中包含几个单项履约义务。②主观性。例如，在确定单独售价时，被审计单位需要对采用的方法和参数作出选择。③不确定性。例如，在确定涉及可变对价的交易价格和单项履约义务的履约进度时，涉及重大的管理层判断，存在估计不确定性。④其他因素。被审计单位以往年度未签订过这类合同，财务人员对相关的会计处理缺乏经验。基于上述因素，注册会计师认为错报发生的可能性较高，并且由于合同金额重大，如果发生错报，其严重程度较高。综合考虑这些，注册会计师将与该交易相关的风险的固有风险等级评估为最高级，即存在特别风险。

2. 评估控制风险

如果计划测试销售与收款循环中相关控制的运行有效性，注册会计师应当评估控制风险。如果不测试控制运行的有效性，则应当将固有风险的评估结果作为重大错报风险的评估结果。

8.3.3　根据重大错报风险评估结果设计进一步审计程序

根据对销售与收款循环的重大错报风险的评估结果，制定实施进一步审计程序的总体方案，包括确定是采用综合性方案还是实质性方案，并考虑审计程序的性质、时间安排和范围，继而实施控制测试和实质性程序，以应对识别出的认定层次的重大错报风险。

销售与收款循环的重大错报风险和拟实施的进一步审计程序的总体方案举例，如表 8 - 4 所示。

表 8 - 4　销售与收款循环的重大错报风险和进一步审计程序的总体方案举例

重大错报风险描述	相关财务报表项目及认定	风险程度	是否信赖控制	进一步审计程序的总体方案	拟从控制测试中获取的保证程度	拟从实质性程序中获取的保证程度
1. 销售收入可能未真实发生	①收入/发生 ②应收账款/存在	特别	是	综合性方案	高	中
2. 销售收入记录可能不完整	收入/应收账款：完整性	一般	否	实质性方案	无	低
3. 期末收入交易可能未计入正确的期间	①收入：截止 ②应收账款：存在/完整性	特别	否	实质性方案	无	高

续表

重大错报风险描述	相关财务报表项目及认定	风险程度	是否信赖控制	进一步审计程序的总体方案	拟从控制测试中获取的保证程度	拟从实质性程序中获取的保证程度
4. 发生的收入交易未能得到准确记录	①收入/准确性 ②应收账款/准确性、计价和分摊	一般	是	综合性方案	中	低
5. 应收账款坏账准备的计提不准确	应收账款/准确性、计价和分摊	一般	否	实质性方案	无	中

需要强调的是，无论是采用综合性方案还是实质性方案，获取的审计证据都应当能够从认定层面应对所识别的重大错报风险，直至针对该风险所涉及的全部相关认定，都已获取了足够的保证程度。

8.4 销售与收款循环的内部控制测试

8.4.1 控制测试的注意事项

注册会计师需要注意以下几点：

(1)控制测试所使用的审计程序的类型主要包括询问、观察、检查和重新执行，其提供的保证程度依次递增。测试程序的选择须基于所测试的内部控制的特征及需要获得的保证程度的综合考量。

(2)如果在期中实施了控制测试，应当在年末审计时实施适当的前推程序，就控制在剩余期间的运行情况获取证据，以确定控制是否在整个被审计期间持续运行有效。

(3)控制测试的范围取决于需要通过控制测试获取的保证程度。

(4)如果拟信赖的内部控制是由计算机执行的自动化控制，除了测试自动化信息处理控制的运行有效性，还需要就相关的信息技术一般控制的运行有效性获取审计证据。

8.4.2 以风险为起点的控制测试

由于风险评估和风险应对是整个审计过程的核心，注册会计师通常以识别的重大错报风险为起点，选取拟测试的控制并实施控制测试。

表 8-5 为销售与收款循环的风险与相关控制测试程序。

表 8－5　销售与收款循环的风险与相关控制测试程序

可能发生错报的环节		相关的财务报表项目及认定	内部控制测试程序
(一)订单处理和赊销的信用控制	可能向没有获得赊销授权或超出了其信用额度的客户赊销	收入:发生 应收账款:存在	1.询问员工销售单的生成过程 2.检查所生成的销售单是否均有对应的客户订购单为依据 3.检查系统中自动生成销售单的生成逻辑,是否确保满足了客户范围及其信用控制的要求 4.对于系统外授权审批的销售单,检查是否经过适当批准
(二)发运商品	1.可能在没有批准发货的情况下发出了商品	收入:发生 应收账款:存在	1.检查系统内发运凭证的生成逻辑以及发运凭证是否连续编号 2.询问并观察发运时保安人员的放行检查
	2.发运商品与客户销售单不一致;与发运凭证上的商品种类和数量不符	收入:准确性 应收账款:准确性、计价和分摊	1.检查例外报告和暂缓发货的清单 2.检查发运凭证上相关员工及客户的签名,作为发货一致的证据
	3.已销售商品未实际发运给客户	收入:发生 应收账款:存在	检查发运凭证上客户的签名
(三)开具发票	1.商品发运未开具销售发票或已开出发票没有发运凭证的支持	应收账款:存在、完整性、权利和义务;收入:发生、完整性	1.检查系统生成发票的逻辑 2.检查例外报告及跟进情况
	2.因定价或摘要不正确、订购单或发运凭证或发票代码输入错误,销售价格不正确	收入:准确性 应收账款:准确性、计价和分摊	1.检查文件以确定价格更改是否经授权 2.重新执行以确定打印出的更改后价格与授权是否一致 3.检查 IT 的一般控制和收入交易的应用控制,确定正确的定价主文档版本是否已被用来生成发票 4.检查发票中价格复核人的签名
	3.发票上的金额可能出现计算错误	收入:准确性 应收账款:准确性、计价和分摊	1.自动化:询问发票生成程序更改的一般控制情况,确定是否经授权以及现有的版本是否正在被使用 检查有关程序更改的复核审批程序 2.手工:检查与发票计算金额正确性相关的人员的签名

续表

可能发生错报的环节		相关的财务报表项目及认定	内部控制测试程序
(四)记录赊销	1. 销售发票入账的会计期间不正确	收入:截止、发生 应收账款:存在、完整性、权利和义务	1. 检查系统中销售记录生成的逻辑 2. 重新执行销售截止检查程序 3. 检查客户质询信件并确定问题是否已得到解决
	2. 销售发票入账金额不准确	收入:准确性 应收账款:准确性、计价和分摊	1. 检查系统销售入账记录的生成逻辑,对于手工调节项目进行检查,并调查原因是否合理 2. 检查客户质询信件并确定问题是否已得到解决
	3. 销售发票被记入不正确的应收账款明细账户	应收账款:准确性、计价和分摊	1. 检查应收账款客户主文档中明细余额汇总金额的调节结果与总分类账是否核对相符,及负责该项工作的员工签名 2. 检查客户质询信件并确定问题是否已得到解决
(五)记录应收账款的收款	1. 应收账款记录的收款与银行存款可能不一致	应收账款/货币资金:完整性、存在、权利和义务;准确性、计价和分摊	1. 检查核对每日收款汇总表、电子版收款清单和银行存款清单的核对记录和核对人员签名 2. 检查银行存款余额调节表和负责编制的员工的签名 3. 检查客户质询信件并确定问题是否已被解决
	2. 收款被记入不正确的应收账款账户	应收账款:准确性、计价和分摊、存在	1. 检查系统中的对应关系审核设置是否合理 2. 检查对例外事项报告中的信息进行核对的记录 3. 检查管理层对应收账款账龄分析表的复核及跟进措施
(六)坏账准备计提及坏账核销	坏账准备的计提可能不充分	应收账款:准确性、计价和分摊	1. 检查财务系统计算账龄分析表的规则是否正确 2. 询问管理层如何复核坏账准备计提表的计算 3. 检查坏账核销是否经过管理层的恰当审批
(七)记录现金销售	登记入账的现金收入与企业已经实际收到的现金不符	收入:完整性、发生、截止、准确性 货币资金:完整性、存在	1. 检查盘点记录和结算记录上负责计算现金和与销售汇总表相调节工作的员工的签名 2. 检查银行存款单和销售汇总表的签名,证明已实施复核 3. 检查银行存款余额调节表的编制和复核人员的审核记录

在审计实务工作中,注册会计师需要从实际出发,做好审计质量、审计效果和审计效率的平衡,设计适合被审计单位具体情况的实用高效的控制测试计划。

8.5　销售与收款循环的实质性程序

基于对控制运行是否有效的控制测试结果，注册会计师确定是否需要对具体审计计划中设计的实质性程序的性质、时间安排和范围作出适当调整。例如，如果控制测试的结果表明内部控制未能有效运行，需要从实质性程序中获取更多的相关审计证据，可以修改实质性程序的性质，如采用细节测试而非实质性分析程序、获取更多的外部证据等，或修改实质性审计程序的范围，如扩大样本规模等。

8.5.1　营业收入的实质性程序

1. 营业收入的审计目标

营业收入包括主营业务收入和其他业务收入，其审计目标一般包括表中的第①项至第⑥项，要结合发生、完整性等六项认定来理解审计程序的选择和审计目标的实现，如表 8-6 所示。

表 8-6　审计目标与财务报表认定的关系

审计目标	财务报表认定					
	发生	完整性	准确性	截止	分类	列报
①利润表中记录或披露的营业收入已发生，且与被审计单位有关	√					
②所有应当记录的营业收入均已记录，应当包括在财务报表中的相关披露均已包括		√				
③与营业收入有关的金额及其他数据已恰当记录，相关披露已得到恰当计量和描述			√			
④营业收入已记录于正确的会计期间				√		
⑤营业收入已记录于恰当的账户					√	
⑥营业收入已被恰当地汇总或分解且表述清楚，相关披露是相关的、可理解的						√

2. 主营业务收入的一般实质性程序

1）获取营业收入明细表，并执行以下工作

（1）复核加计是否正确，并与总账数和明细账合计数核对是否相符；

（2）检查以非记账本位币结算的主营业务收入使用的折算汇率及折算是否正确。

2）实施实质性分析程序

（1）建立期望值。针对已识别需要运用分析程序的有关项目，结合对被审计单位及其环境等方面情况，考虑有关数据间的关联关系，在此基础上建立期望值：

①将账面销售收入、销售清单和销售增值税销项清单进行核对。

②本期销售收入金额与以前可比期间的对应数据或预算数进行比较。

③分析月度或季度销售量、销售单价、销售收入金额、毛利率变动趋势。

④将销售收入变动幅度与销售商品及提供劳务收到的现金、应收账款/合同资产、存货、税金等项目的变动幅度进行比较。

⑤将销售毛利率、应收账款/合同资产周转率、存货周转率等关键财务指标与可比期间数据、预算数或同行业其他企业数据进行比较。

⑥分析销售收入等财务信息与投入产出率、劳动生产率、产能、水电能耗、运输数量等非财务信息之间的关系。

⑦分析销售收入与销售费用之间的关系,包括销售人员的人均业绩指标、销售人员薪酬、广告费、差旅费,以及销售机构的设置、规模、数量、分布等。

(2)确定可接受的差异额。

(3)将实际金额与期望值相比较,计算差异。

(4)如果差异额超过确定的可接受差异额,调查并获取充分的解释和恰当的、佐证性质的审计证据,如果差异超过可接受差异额,需要对差异额的全额进行调查证实,而非仅针对超出可接受差异额的部分。

(5)评价实质性分析程序的结果。

3. 检查主营业务收入确认方法是否符合企业会计准则的规定

根据《企业会计准则第 14 号——收入》的规定,企业应当在履行了合同中的履约义务,即在客户取得相关商品控制权时确认收入。取得相关商品控制权,是指能够主导该商品的使用并从中获得几乎全部的经济利益。

4. 检查与收入交易相关的原始凭证与会计分录

以主营业务收入明细账中的会计分录为起点,检查相关原始凭证,如订购单、销售单、出库单、发票等,评价已入账的营业收入是否真实发生(“发生”认定)。检查订购单和销售单,用以确认存在真实的客户购买要求,销售交易已经过适当的授权批准。销售发票存根上所列的单价,通常还要与经过批准的商品价目表进行比较核对,对其金额小计和合计数也要进行复算。发票中列出的商品的规格、数量和客户代码等,则应与出库单进行比较核对,尤其是由客户签收商品的一联,确定已按合同约定履行了履约义务,可以确认收入。同时,还要检查原始凭证中的交易日期(客户取得商品控制权的日期),以确认收入计入正确的会计期间。

5. 从出库单(客户签收联)中选取样本,追查至主营业务收入明细账,以确定是否存在遗漏事项(“完整性”认定)

也就是说,如果注册会计师测试收入的“完整性”这一目标,起点需要是出库单。为使这一程序成为一项有意义的测试,注册会计师需要确认已获取的全部出库单,通常可以通过检查出库单的顺序编号来查明。

6. 结合对应收账款实施的函证程序,选择客户函证本期销售额

7. 实施销售截止测试

实施销售截止测试主要目的:确定被审计单位主营业务收入的会计记录归属期是否正

确：应记入本期或下期的主营业务收入是否被推延至下期或提前至本期。其程序主要包括：

（1）选取资产负债表日前后若干天的出库单，与应收账款和收入明细账进行核对；同时，从应收账款和收入明细账选取在资产负债表日前后若干天的凭证，与出库单核对，以确定销售是否存在跨期现象。

（2）复核资产负债表日前后销售和发货水平，确定业务活动水平是否异常，并考虑是否有必要追加实施截止测试程序。

（3）取得资产负债表日后所有的销售退回记录，检查是否存在提前确认收入的情况。

（4）结合对资产负债表日应收账款/合同资产的函证程序，检查有无未取得客户认可的销售。

8. 对于销售退回，检查相关手续是否符合规定，结合原始销售凭证检查其会计处理是否正确，结合存货项目审计关注其真实性

9. 检查销售折扣与折让

10. 检查主营业务收入在财务报表中的列报和披露是否符合企业会计准则的规定

审计程序服务于审计目标，结合表 8－6，得到实质性程序与审计目标关系，如表 8－7 所示。

表 8－7　主营业务收入审计目标与审计程序对应关系表

审计目标	可供选择的审计程序
③	1. 获取营业收入明细表
①②③	2. 实施实质性分析程序
①②③④	3. 检查主营业务收入确认方法是否符合《中华人民共和国企业会计准则》的规定
①③④	4. 核对收入交易的原始凭证与会计记录
②	5. 从发运凭证（客户签收联）中选取样本，追查至销售发票存根和主营业务收入明细账，以确定是否存在遗漏事项（完整性认定）
①③	6. 结合对应收账款实施的函证程序，选择主要客户函证本期销售额
④	7. 实施销售截止测试
①	8. 存在销售退回的，检查相关手续
③	9. 检查销售折扣与折让
⑥	10. 检查主营业务收入的列报和披露是否符合企业会计准则的规定

8.5.2　应收账款的实质性程序

1. 应收账款的审计目标

应收账款指企业因销售商品、提供劳务而形成的现时收款权利。应收账款余额一般包括应收账款账面余额和相应的预期信用损失两部分，其审计目标一般包括表 8－8 中的第①项至第⑥项，要结合发生、完整性等六项认定来理解审计程序的选择和审计目标的实现。

表 8-8 应收账款的审计目标

审计目标	财务报表认定					
	存在	完整性	权利和义务	准确性、计价和分摊	分类	列报
①资产负债表中记录的应收账款是存在的	√					
②所有应当记录的应收账款均已记录，相关披露均已包括		√				
③记录的应收账款由被审计单位拥有或控制			√			
④应收账款以恰当的金额包括在财务报表中，与之相关的计价或分摊调整已恰当记录，相关披露已得到恰当计量和描述				√		
⑤应收账款已记录于恰当的账户					√	
⑥应收账款已被恰当地汇总或分解且表述清楚，相关披露在适用的财务报告编制基础下是相关的、可理解的						√

2. 应收账款的实质性程序

常规的实质性程序包括：

1)取得应收账款明细表

(1)复核加计正确，并与总账数和明细账合计数核对是否相符；结合损失准备科目与报表数核对是否相符。

(2)分析有贷方余额的项目，查明原因，必要时，建议作重分类调整。

(3)结合其他应收款、预收款项等往来项目的明细余额，调查有无同一客户多处挂账、异常余额或与销售无关的其他款项(如代销账户、关联方账户或员工账户)。

2)分析与应收账款相关的财务指标

(1)复核应收账款借方累计发生额与主营业务收入关系是否合理，并将当期应收账款借方发生额占销售收入净额的百分比与管理层考核指标和被审计单位相关赊销政策比较，如存在异常查明原因。

(2)计算应收账款周转率、应收账款周转天数等指标，并与被审计单位相关赊销政策、被审计单位以前年度指标、同行业同期相关指标对比，分析是否存在重大异常并查明原因。

3)对应收账款实施函证程序

函证的目的在于证实应收账款账户余额是否真实、准确。应重点关注以下方面：

(1)函证决策。除非有充分证据表明应收账款对被审计单位财务报表而言是不重要的，或者函证很可能是无效的，否则，注册会计师应当对应收账款进行函证。如果不对应收账款进行函证，应当在审计工作底稿中说明理由。如果认为函证很可能是无效的，应当实施替代审计程序，获取相关、可靠的审计证据。

(2)函证的范围和对象。函证范围主要决定因素有：①应收账款在全部资产中的重要程度。如果应收账款占资产总额的比重较大，则需要相应扩大函证的范围。②被审计单位内部控制的有效性。如果相关内部控制有效，则可以相应减少函证范围；反之，则需要扩大函证范围。③以前期间的函证结果。如果以前期间函证中发现过重大差异，或欠款纠纷较多；则需要扩大函证的范围。

(3)函证的方式。可采用积极的或消极的函证方式，也可将两种方式结合使用。由于应收账款通常存在高估风险，且与之相关的收入确认存在舞弊风险假定，实务中通常采用积极的函证方式。

(4)函证时间的选择。时间选择如表 8－9 所示。

表 8－9　应收账款的函证时间选择

截止日	要求
资产负债表日	通常以资产负债表日为截止日，在资产负债表日后适当时间函证
资产负债表日前	如果重大错报风险评估为低水平，注册会计师可选择资产负债表日前适当日期为截止日实施函证，并对所函证项目自该截止日起至资产负债表日发生的变动实施其他实质性程序

(5)对不符事项的处理。对回函中出现的不符事项，注册会计师需要调查核实原因，确定其是否构成错报。

(6)对未回函项目实施替代程序。如果未收到被询证方的回函，注册会计师应当实施替代审计程序。

4)对应收账款余额实施函证以外的细节测试

在未实施应收账款函证的情况下，需要实施其他审计程序以获取充分适当的审计证据。

5)检查坏账的冲销和转回

重点检查被审计单位坏账的处理是否经授权批准，有关会计处理是否正确。

6)确定应收账款的列报是否恰当

评价其披露是否符合企业会计准则要求，以及证券监管等部门的特别规定。

3. 坏账准备的实质性程序

坏账准备审计常规的实质性程序：

(1)取得坏账准备明细表，复核加计是否正确，与坏账准备总账数、明细账合计数核对是否相符。

(2)将应收账款坏账准备本期计提数与信用减值损失相应明细项目的发生额核对是否相符。

(3)检查应收账款坏账准备计提和核销的批准程序，取得书面报告等证明文件，结合应收账款函证回函结果，评价计提坏账准备所依据的资料、假设及方法。可以通过测试应收账款账龄分析表来评估坏账准备的计提是否恰当。

(4)确定应收账款坏账准备的披露是否恰当,如企业是否在财务报表附注中清晰地说明坏账的确认标准、坏账准备的计提方法等内容。

8.5.3 综合案例

【案例】A 注册会计师负责审计甲公司 2011 年度财务报表。甲公司 2011 年 12 月 31 日应收账款余额为 3000 万元。A 注册会计师认为应收账款存在重大错报风险,决定选取金额较大以及风险较高的应收账款明细账户实施函证程序,选取的应收账款明细账户余额合计为 1800 万元。相关事项如下:

(1)审计项目组成员要求被询证的甲公司客户将回函直接寄至会计师事务所,但甲公司客户 X 公司将回函寄至甲公司财务部,审计项目组成员取得了该回函,将其归入审计工作底稿。

(2)对审计项目组以传真件方式收到的回函,审计项目组成员与被询证方取得了电话联系,确认回函信息,并在审计工作底稿中记录了电话内容与时间、对方姓名与职位,以及实施该程序的审计项目组成员姓名。

(3)审计项目组成员根据甲公司财务人员提供的电子邮箱地址,向甲公司境外客户 Y 公司发送了电子邮件,询证应收账款余额,并收到了电子邮件回复。Y 公司确认余额准确无误。审计项目组成员将电子邮件打印后归入审计工作底稿。

(4)甲公司客户 Z 公司的回函确认金额比甲公司账面余额少 150 万元。甲公司销售部人员解释,甲公司于 2011 年 12 月末销售给 Z 公司的一批产品,在 2011 年末尚未开具销售发票,Z 公司因此未入账。A 注册会计师认为该解释合理,未实施其他审计程序。

(5)实施函证的 1800 万元应收账款余额中,审计项目组未收到回函的余额合计 950 万元,审计项目组对此实施了替代程序:对其中的 500 万元查看了期后收款凭证;对没有期后收款记录的 450 万元,检查了与这些余额相关的销售合同和发票,未发现例外事项。

(6)鉴于对 60%应收账款余额实施函证程序未发现错报,A 注册会计师推断其余 40%的应收账款余额也不存在错报,无须实施进一步审计程序。

要求:针对上述第(1)项至第(6)项,逐项指出甲公司审计项目组做法是否恰当。

【案例解析】(1)不恰当。注册会计师应当对函证的全过程保持控制,不应接受甲公司转交过来的回函。

(2)恰当。

(3)不恰当。注册会计师应核实被询证者的信息。电子回函的可靠性存在风险,注册会计师和回函者要采用一定的程序为电子形式的回函创造安全环境。

(4)不恰当。函证的差异不能仅以口头解释为证据,注册会计师应实施其他审计程序核实不符事项。

(5)不恰当。获取的销售合同和发票为内部证据,注册会计师应检查能够证明交易实际发生的证据。

(6)不恰当。选取特定项目的方法不能以样本的测试结果推断至总体。

课后习题

一、单选题

1. 下列认定中，与销售信用批准控制相关的是(　　)。

A. 发生　B. 准确性、计价和分摊　C. 权利和义务　D. 完整性

2. 在应收账款和应付账款的审计中，共同审计的范围是(　　)。

A. 销货发票　B. 购货发票

C. 现金和银行存款日记账　D. 验收单

3. 甲公司将 2021 年度的主营业务收入列入 2020 年度的财务报表，则其 2020 年度财务报表存在错误的认定是(　　)。

A. 截止　B. 计价或分摊　C. 发生　D. 完整性

二、多选题

1. 下列审计程序中，与营业收入的“发生”认定相关的有(　　)。

A. 检查应收账款的贷方发生额，以测试是否正常收到货款

B. 获取产品价目表，抽查售价是否符合价格政策

C. 从收入明细账追查至发运凭证及其他凭证，以测试销售交易是否真实

D. 检查发运凭证等是否连续编号，是否有漏号

2. 下列各项审计程序中，可以为营业收入发生认定提供审计证据的有(　　)。

A. 从营业收入明细账中选取若干记录，检查相关原始凭证

B. 对应收账款余额实施函证

C. 检查应收账款明细账的贷方发生额

D. 调查本年新增客户的工商资料、业务活动及财务状况

三、分析题

注册会计师在审计工作底稿中记录了甲公司销售与收款循环的内部控制，部分摘录内容如表 8 - 10 所示。

表 8 - 10　甲公司销售与收款循环的内部控制部分摘录内容

序号	风险	控制
(1)	向客户提供过长信用期而增加坏账损失风险	客户的信用期由信用管理部审核批准。如长期客户临时申请延长信用期，由销售部经理批准。
(2)	已记账的收入未发生或不准确	财务人员将经批准的销售订单、客户签字确认的发运凭单及发票所载信息相互核对无误后，编制记账凭证(附上述单据)，经财务部经理审核后入账。
(3)	应收账款记录不准确	每季度末，财务部向客户寄送对账单。如客户未及时回复，销售人员需要跟进；如客户回复表明差异超过该客户欠款余额的 5%，则进行调查。

要求：针对资料一第(1)项至第(3)项，假定不考虑其他条件，逐项指出资料一所列控制的设计是否存在缺陷。如认为存在缺陷，简要说明理由。

四、审计人员对某企业的应收账款进行审计时，有下列客户被考虑作为函证对象，见表8-11。

表8-11 客户

单位：元

客户	应收账款年初余额	应收账款年末余额	本年销售总额
A	150000	140000	200000
B	85000	100000	360000
C	220000	220000	80000
D	30000	40000	50000
E	70000	350000	400000
F		66000	178000

要求：

(1)从上面客户中应选择哪两家客户作为函证对象？并说明理由。

(2)如果函证结果发现差异，审计人员应采取哪些主要的审计程序？

五、简答题

1.简述销售与收款循环的控制测试内容。

2.简述主营业务收入的实质性程序。

3.简述应收账款的实质性程序。

第9章 采购与付款循环的审计

学习目标

1. 了解采购与付款循环涉及的主要业务活动。
2. 了解采购与付款循环涉及的主要凭证与会计记录。
3. 熟悉采购与付款循环的内部控制。
4. 掌握采购与付款循环的控制测试。
5. 掌握应付账款的实质性程序。

9.1 概述

9.1.1 不同行业类型的采购和费用支出

企业的采购与付款循环包括购买商品和服务，以及企业在经营活动中为获取收入而发生的直接或间接的支出。由于固定资产的采购和管理通常由单独的资产管理部门负责，其风险考虑和相关控制与普通的原材料等商品采购有较大不同，因此，本循环未将其包含在内，主要关注与购买商品和服务、应付账款的支付等有关控制活动及重大交易。

不同行业的企业，在支出的性质、数量和发生频率上存在较大差异。表9-1列示了部分行业的采购和费用。

表9-1 部分行业的采购和费用

行业	通常的采购和费用支出
贸易业	商品的购买、运输和存储费用、广告促销费用、售后服务费用
一般制造业	生产过程所需的原材料、包装物、配件的购买与存储支出，市场经营费用，将产成品运达客户处发生的运输费用，管理费用
专业服务业	律师、会计师、财务顾问的费用支出，包括印刷、通信、差旅费，书籍资料和研究设施的费用

续表

行业	通常的采购和费用支出
金融服务业	给付储户的存款利息，支付其他银行的资金拆借利息、手续费，现金存放、现金运送和网络银行设施的安全维护费用，客户关系维护费用
建筑业	建材支出，建筑设备和器材的租金或购置费用，支付给分包商的费用；保险支出和安保成本；建筑保证金和许可审批方面的支出；交通费、通信费等。当在外地施工时还会发生建筑工人的食宿费用

9.1.2 涉及的主要单据与会计记录

采购与付款交易通常的流程为：请购—订货—验收—付款。制造业具有代表性，所涉及的主要单据与会计记录主要包括：采购计划；供应商清单；请购单；订购单；验收及入库单；卖方发票；付款凭单；转账凭证；付款凭证；应付账款明细表；库存现金日记账和银行存款日记账；供应商对账单。

9.2 采购与付款循环的主要业务活动和相关内部控制

9.2.1 采购与付款循环的主要业务活动

以一般制造业为例，主要业务活动流程如图 9-1 所示。

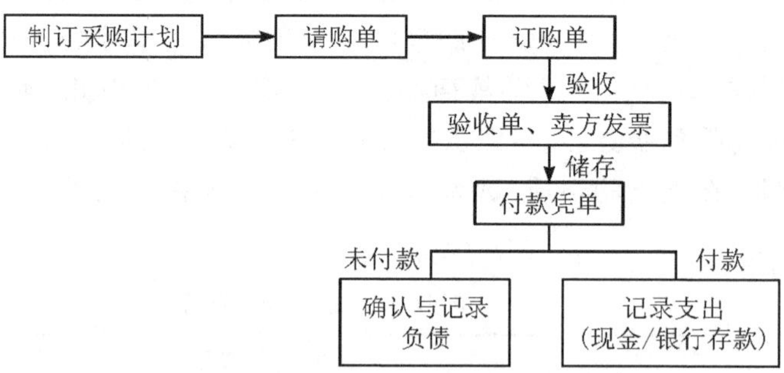

图 9-1 采购与付款循环的主要业务流程

采购与付款循环涉及的相关财务报表项目、主要业务活动、主要单据及会计记录如表 9-2 所示。

表 9-2　采购与付款循环涉及的主要内容

各类交易	相关财务报表项目	主要业务活动	主要单据和会计记录
采购	存货、其他流动资产、销售费用、管理费用、应付账款、其他应付款、预付款项等	①制订采购计划 ②维护供应商清单 ③请购商品和服务 ④编制订购单 ⑤验收商品 ⑥储存已验收的商品 ⑦编制付款凭单 ⑧确认与记录采购交易和负债	①采购计划 ②供应商清单 ③请购单 ④订购单 ⑤验收单 ⑥卖方发票
付款	应付账款、其他应付款、应付票据、货币资金等	①办理付款 ②记录现金、银行存款支出 ③与供应商定期对账	①转账凭证/付款凭证 ②应付账款明细账 ③现金日记账和银行存款日记账 ④供应商对账单

9.2.2　采购交易内部控制的设置

该循环内部控制的重点是采购交易，须重点做好以下设置。

(1)适当的职责分离。

企业应当建立采购与付款交易的岗位责任制，明确相关部门和岗位的职责、权限，确保办理采购与付款交易的不相容岗位相互分离、制约和监督。不相容岗位至少包括：请购与审批；询价与确定供应商；采购合同的订立与审批；采购与验收；采购、验收与相关会计记录；付款审批与付款执行。

(2)恰当的授权审批。

付款需要由经授权的人员审批，审批人员在审批前需检查相关支持文件，并对其发现的例外事项进行跟进处理。

(3)凭证的预先编号及对例外报告的跟进处理。

通过对入库单的预先编号以及对例外情况的汇总处理，被审计单位可以应对存货和负债记录方面的完整性风险。被审计单位可以安排入库单编制人员以外的独立复核人员定期检查已经进行会计处理的入库单记录，确认是否存在遗漏或重复记录的入库单，并对例外情况予以跟进。

(4)定期对账。

定期向供应商寄发对账单，就应付账款、预付款项等进行核对，及时发现双方存在的差异，对差异进行调查、调整。

9.3 采购与付款循环的重大错报风险

9.3.1 采购与付款循环的相关交易和余额存在的重大错报风险

采购与付款循环的相关交易类别和账户余额的重大错报风险因被审计单位的性质和交易的具体情况而异。一般制造业的重大错报风险通常包括：

(1)没有完整记录负债的风险。在承受反映较高盈利水平和营运资本的压力下(如为满足业绩考核要求、从银行获得资金或吸引潜在投资者)，管理层可能试图低估应付账款等负债。常常体现在遗漏交易。

(2)多计或少计费用支出的风险。如，管理层把私人费用计入企业费用，或通过多计或少计准备把损益控制在所希望的程度。

(3)费用支出记录不准确的风险。如，管理层对于涉及的服务收益与付款安排所涉及的复杂性缺乏足够的了解，导致费用支出分配或计提的错误。

(4)不正确地记录外币交易。如，采用不恰当的外币汇率而导致该项采购的记录出现差错，又如未能将诸如运费、保险费和关税等与存货相关的进口费用进行正确分摊。

(5)存在未记录的权利和义务。导致资产负债表分类错误以及财务报表附注不正确或披露不充分。

9.3.2 评估固有风险和控制风险

针对识别出的相关交易类别和账户余额存在的重大错报风险，对注册会计师而言：①应当通过评估错报发生的可能性和重要程度来评估固有风险，特别要注重运用职业判断确定错报发生的可能性和重要程度综合起来的影响程度。②如果计划测试采购与付款循环中相关控制的运行有效性，应当评估相关控制的控制风险。③如果拟不测试控制运行的有效性，则应当将固有风险的评估结果作为重大错报风险的评估结果。

9.3.3 设计进一步审计程序

审计人员应根据对相关交易类别和账户余额存在重大错报风险的评估结果，制定实施进一步审计程序的总体方案；确定是采用综合性方案还是实质性方案；考虑审计程序的性质、时间安排和范围。继而实施控制测试和实质性程序，以应对识别出的认定层次的重大错报风险。

表 9－3 为拟实施的进一步审计程序的总体方案举例。

表 9-3　拟实施的进一步审计程序的总体方案举例

重大错报风险描述	相关财务报表项目及认定	固有风险等级	控制风险等级	进一步审计程序的总体方案	拟从控制测试中获取的保证程度	拟从实质性程序中获取的保证程度
确认的负债及费用并未实际发生	应付账款/其他应付款:存在 销售费用/管理费用:发生	中	低	综合性方案	高	低
不确认与采购相关的负债,或与尚未付款但已经购买的服务支出相关的负债	应付账款/其他应付款:完整性 销售费用/管理费用:完整性	最高	低	综合性方案	高	中
采用不正确的费用支出截止期,例如,将本期的支出延迟到下期确认	应付账款/其他应付款:存在/完整性 销售费用/管理费用:截止	高	最高	实质性方案	无	高
发生的采购未能以正确的金额记录	应付账款/其他应付款:准确性、计价和分摊 销售费用/管理费用:准确性	低	低	综合性方案	中	低

针对上表,需要强调的是:①"控制风险等级"一列中所列示的"最高",表示审计人员拟不测试控制运行的有效性,而是将固有风险的评估结果作为重大错报风险的评估结果。因此,在"拟从控制测试中获取的保证程度"列的相应栏次中显示为"无"。②"拟从控制测试中获取的保证程度""拟从实质性程序中获取的保证程度"两列所列的"高""中""低"的级别的确定,均为注册会计师的职业判断结果。

9.4　采购与付款循环的内部控制测试

风险评估和风险应对是整个审计过程的核心,这意味着审计人员通常以识别的重大错报风险为起点,选取拟测试的控制并实施控制测试。表 9-4 为采购与付款循环的相关控制测试程序。

表 9-4 采购与付款循环的相关控制测试程序

可能发生错报的环节	相关的财务报表项目及认定	内部控制测试程序
(一)采购计划未经适当审批	存货:存在 其他费用:发生 应付账款:存在	1.询问复核人员复核采购计划的过程 2.检查采购计划是否经复核人员恰当复核
(二)新增供应商或供应商信息变更未经恰当的认证	存货:存在 其他费用:发生 应付账款:存在	1.询问复核人员复核供应商数据变更请求的过程 2.抽样检查变更需求是否有相关文件支持及有复核人员的复核确认 3.检查系统中采购订单的生成逻辑,确认是否存在供应商代码匹配的要求
(三)录入系统的供应商数据可能未经恰当复核	存货:存在 其他费用:发生 应付账款/其他应付款:存在	1.检查系统报告的生成逻辑及完整性 2.询问复核人员对报告的检查过程,确认其是否签署
(四)采购订单与有效的请购单不符	存货:存在;准确性、计价和分摊 其他费用:发生、准确性 应付账款/其他应付款:存在;准确性、计价和分摊	1.询问复核人员复核采购订单的过程,包括复核人员提出的问题及其跟进记录 2.抽样检查采购订单是否有对应的请购单及复核人员签署确认
(五)订单未被录入系统或在系统中重复录入	存货:存在、完整性 其他费用:发生、完整性 应付账款/其他应付款:存在、完整性	1.检查系统例外报告的生成逻辑 2.询问复核人员对例外报告的检查过程,确认发现的问题是否及时得到了跟进处理
(六)接收了缺乏有效采购订单或未经验收的商品	应付账款:存在、完整性 存货:存在、完整性 其他费用:发生、完整性	1.检查系统入库单编号的连续性 2.询问收货人员的收货过程,抽样检查入库单是否有对应一致的采购订单及验收单
(七)临近会计期末的采购未被记录在正确的会计期间	应付账款:存在、完整性 存货:存在、完整性 其他费用:发生、完整性	1.检查系统例外报告的生成逻辑 2.询问复核人员对报告的复核过程,核对报告中的采购是否计提了相应负债,检查复核人员的签署确认

续表

可能发生错报的环节	相关的财务报表项目及认定	内部控制测试程序
（八）发票未被正确编码，导致在成本或费用之间的错误分类	存货：准确性、计价和分摊、完整性 其他费用：准确性、完整性 应付账款：存在、完整性	询问复核人员对发票编号/总分类代码的复核过程，抽样检查相关发票是否被恰当分类到了相关费用
	费用/成本：完整性、准确性、计价和分摊 应付账款：完整性、准确性、计价和分摊	1. 根据样本量要求选取关键绩效报告，确定是否经管理层复核；复核是否在合理的时间内完成 2. 检查关键绩效指标的计算是否准确，是否与账面记录核对一致 3. 评估用于调查重大差异的界限是否适当 4. 向复核人员询问其复核方法，对于其提出的问题，检查是否经恰当依据处理 5. 评价使用数据的完整性和准确性
（九）批准付款的发票上存在价格/数量错误或劳务尚未提供的情形	应付账款：完整性；准确性、计价和分摊 存货/成本：完整性；准确性、计价和分摊	1. 检查系统报告的生成逻辑，确认例外报告的完整性及准确性 2. 与复核人员讨论其复核过程，抽样选取例外/删改情况报告 3. 检查每一份报告并确定： ①是否存在管理层复核的证据； ②复核是否在合理的时间范围内完成； ③复核人员提出问题的跟进是否适当、是否能使交易恰当记录于会计系统 4. 抽样选取采购发票，检查是否与入库单和采购订单所记载的价格、供应商、日期、描述及数量一致
（十）现金支付未记录、未记录在正确的供应商账户（串户）或记录金额不正确	应付账款：准确性、计价和分摊；存在 存货：准确性、计价和分摊 其他费用：准确性	1. 询问复核人员对银行存款余额调节表的复核过程 2. 抽样检查银行余额调节表，检查其是否及时得到复核、复核的问题是否得到了恰当跟进处理、复核人员是否签署确认
	应付账款：存在；完整性；准确性、计价和分摊 存货：存在；完整性；准确性、计价和分摊 其他费用：发生；完整性；准确性	1. 询问复核人员对供应商对账结果的复核过程，抽样选取供应商对账单，检查其是否与应付账款明细账得到了正确的核对，差异是否得到了恰当的跟进处理 2. 检查复核人员的相关签署确认

续表

可能发生错报的环节	相关的财务报表项目及认定	内部控制测试程序
(十一)员工具有不适当的访问权力,使其能够实施违规交易或隐瞒错误	应付账款:存在;完整性;准确性、计价和分摊 存货:存在;完整性;准确性、计价和分摊 其他费用:发生;完整性;准确性	1. 检查系统中相关人员的访问权限 2. 复核管理层的授权职责分配表,对不相容职位(申请与审批等)是否设置了恰当的职责分离
(十二)总账与明细账中的记录不一致	应付账款:完整性;准确性、计价和分摊 其他费用:完整性;准确性	核对总账与明细账的一致性,检查复核人员的复核及差异跟进记录

在实际工作中,并不需要对流程中的所有控制进行测试,而是应该针对识别的可能发生错报环节,选择足以应对评估的重大错报风险的控制进行测试。

9.5 采购与付款循环的实质性程序

9.5.1 应付账款的实质性程序

1. 应付账款的审计目标

应付账款的审计目标与财务报表认定的关系,如表 9-5 所示。

表 9-5 应收账款的审计目标与财务报表认定的关系

审计目标	财务报表认定					
	存在	完整性	权利和义务	准确性、计价和分摊	分类	列报
①资产负债表中记录的应付账款是存在的	√					
②所有应当记录的应付账款均已记录,相关披露均已包括		√				
③资产负债表中记录的应付账款是被审计单位应当履行的现时义务			√			

续表

审计目标	财务报表认定					
	存在	完整性	权利和义务	准确性、计价和分摊	分类	列报
④应付账款以恰当的金额包括在财务报表中，与之相关的计价或分摊调整已恰当记录，相关披露已得到恰当计量和描述				√		
⑤应付账款已记录于恰当的账户					√	
⑥应付账款已被恰当地汇总或分解且表述清楚，相关披露在适用的财务报告编制基础下是相关的、可理解的						√

2. 应付账款的实质性程序

1)获取应付账款明细表，并实施以下程序

(1)复核加计是否正确，并与报表数、总账数和明细账合计数核对是否相符；

(2)检查非记账本位币应付账款的折算汇率及折算是否正确；

(3)分析出现借方余额的项目，查明原因，必要时，建议作重分类调整；

(4)结合预付账款、其他应付款等往来项目的明细余额，检查有无针对同一交易在应付账款和预付款项同时记账的情况、异常余额或与购货无关的其他款项。

2)对应付账款实施函证程序

低估应付账款("完整性"认定)通常是审计的重点，在实施函证程序时往往需要从非财务部门(如采购部门)获取适当的供应商清单，如本期采购清单、所有现存供应商名录等，从中选取样本进行测试并执行如下程序：

(1)向债权人发送询证函。

(2)将询证函回函确认的余额与已记录金额相比较，如存在差异，检查支持性文件。评价已记录金额是否适当。

(3)对未回函的项目实施替代程序，例如，检查付款单据(如支票存根)、相关的采购单据(如订购单、验收单、发票和合同)或其他适当文件。

(4)如果认为回函不可靠，评价对评估的重大错报风险以及其他审计程序的性质、时间安排和范围的影响。

3)检查应付账款是否计入正确的会计期间，是否存在未入账的应付账款

4)寻找未入账负债的测试

5)检查应付账款长期挂账的原因并作出记录，对确实无须支付的应付账款的会计处理是否正确

6)检查应付账款是否已按照企业会计准则的规定在财务报表中作出恰当列报和披露

9.5.2 除折旧/摊销、人工费用以外的一般费用的实质性程序

1. 一般费用的审计目标

一般费用的审计目标与财务报表认定的关系,如表 9-6 所示。

表 9-6 一般费用的审计目标与财务报表认定的关系

审计目标	财务报表认定			
	发生	完整性	准确性	截止
①确定利润表中记录的一般费用是否确实发生	√			
②确定所有应当记录的费用是否均已记录		√		
③确定一般费用是否以恰当的金额包括在财务报表中			√	
④确定费用是否已计入恰当的会计期间				√

2. 一般费用的实质性程序

1)获取一般费用明细表,复核其加计数是否正确、并与总账和明细账合计数核对是否正确

2)实质性分析程序

(1)考虑可获取信息的来源、可比性、性质和相关性以及与信息编制相关的控制,评价在对记录的金额或比率作出预期时使用数据的可靠性。

(2)将费用细化到适当层次,根据关键因素和相互关系(例如本期预算、费用类别与销售数量、职工人数的变化之间的关系等)设定预期值,评价预期值是否足够精确以识别重大错报。

(3)确定已记录金额与预期值之间可接受的、无须作进一步调查的可接受的差异额。

(4)将已记录金额与期望值进行比较,识别需要进一步调查的差异。

(5)调查差异,询问管理层,针对管理层的答复获取适当的审计证据;根据具体情况在必要时实施其他审计程序。

3)从资产负债表日后的银行对账单或付款凭证中选取项目进行测试,检查支持性文件(如合同或发票),关注发票日期和支付日期,追踪已选取项目至相关费用明细表,检查费用所计入的会计期间,评价费用是否被记录于正确的会计期间

4)对本期发生的费用选取样本,检查其支持性文件,确定原始凭证是否齐全,记账凭证与原始凭证是否相符以及账务处理是否正确

5)抽取资产负债表日前后的凭证,实施截止测试,评价费用是否被记录于正确的会计期间

6)检查一般费用是否已按照企业会计准则及其他相关规定在财务报表中作出恰当的列报和披露

9.5.3　综合案例

【案例】ABC 会计师事务所的 A 注册会计师负责审计甲公司 2015 年度财务报表，确定财务报表整体的重要性为 100 万元，明显微小错报的临界值为 5 万元，审计工作底稿中与负债审计相关的部分内容摘录如下：

(1)甲公司有一笔账龄三年以上金额重大的其他应付款，因 2015 年未发生变动，A 注册会计师未实施进一步审计程序。

(2)A 注册会计师在审计应付职工薪酬时发现，甲公司于 2015 年初计提并发放 2014 年度奖金 110 万元，于 2016 年初计提并发放 2015 年度奖金 112 万元，因该事项对 2015 年度利润影响较小，A 注册会计师认可了甲公司管理层的处理。

(3)为查找未入账的应付账款，A 注册会计师检查了资产负债表日后应付账款明细账贷方发生额的相关凭证，并结合存货监盘程序，检查了甲公司资产负债表日前后的存货入库资料，结果满意。

(4)甲公司应付账款年末余额为 550 万元，审计项目组认为应付账款存在低估风险，选取了年末余额合计为 480 万元的两家主要供应商实施函证，未发现差异。

(5)因甲公司其他应付款年末余额较 2014 年末大幅减少，A 注册会计师对其他应付款实施了函证，对未回函的项目，逐笔检查了本年借方和贷方发生额及相关原始凭证，结果满意。要求：指出 A 注册会计师的做法是否恰当。

【案例解析】

事项(1)不恰当。理由：注册会计师应当对重大账户余额实施实质性程序。

事项(2)不恰当。理由：该事项影响 2015 年期末应付职工薪酬余额 112 万元，形成未入账应付账款，超过了财务报表整体的重要性，属于重大错报，不能与其他错报抵销，应要求管理层进行调整。

事项(3)不恰当。理由：还应当检查债务形成的相关原始凭证、获取被审计单位与其供应商之间的对账单，并将对账单和被审计单位财务记录之间的差异进行调节；针对资产负债表日后付款项目，检查银行对账单及有关付款凭证。

事项(4)不恰当。理由：仅选取大金额主要供应商实施函证不能应对低估风险，还应选取小额或零余额账户。

事项(5)不恰当。理由：其他应付款年末余额较 2014 年末大幅减少，可能存在低估其他应付款的重大错报风险。函证程序难以有效应对其他应付款的低估错报。

课后习题

一、分析题

上市公司甲公司是ABC会计师事务所的常年审计客户，主要从事药品的研发、生产和销售。A注册会计师负责审计甲公司2017年度财务报表，确定财务报表整体的重要性为300万元，明显微小错报的临界值为15万元。A注册会计师在审计工作底稿中记录了针对市场推广费实施的进一步审计程序，部分内容摘录如下：

乙公司于2017年3月设立，主要从事市场推广服务。2017年度，甲公司向乙公司购买市场推广服务5000万元。A注册会计师检查了合同、采购审批记录以及支付单据，并就推广费用向乙公司实施了函证程序，结果满意。

要求：假定不考虑其他条件，指出A注册会计师的做法是否恰当。

二、简答题

1. 简述采购与付款循环的控制测试要点。

2. 简述应付账款的实质性程序步骤与要点。

第 10 章　生产与存货循环的审计

学习目标

1. 了解生产与存货循环涉及的主要业务活动。
2. 了解生产与存货循环涉及的主要凭证与会计记录。
3. 掌握生产与存货循环相关的内部控制的要点、测试程序。
4. 能够运用相关理论进行存货计价审计、监盘及截止测试。

10.1　概述

10.1.1　不同行业类型的存货性质、涉及的主要业务活动

生产与存货循环同其他业务循环的联系密切。原材料经过采购与付款循环进入生产与存货循环，生产与存货循环又随销售与收款循环中产成品的销售而结束。该循环的主要业务活动如图 10－1 所示。

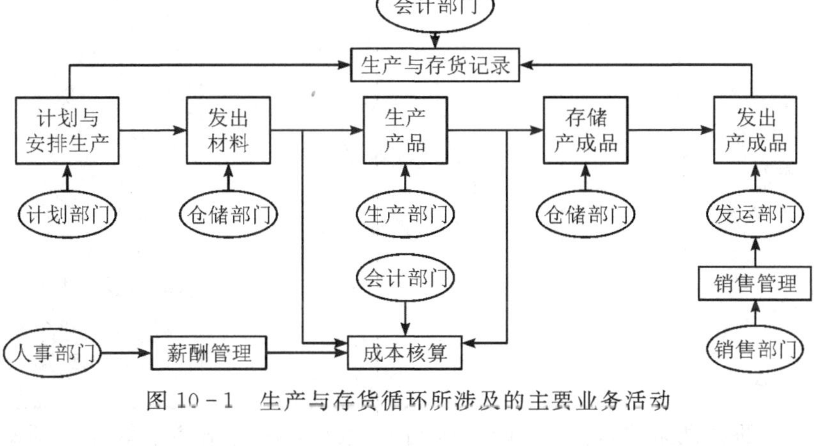

图 10－1　生产与存货循环所涉及的主要业务活动

生产与存货循环涉及的内容主要是存货的管理及生产成本的计算等。考虑财务报表项目与业务循环的相关程度，该循环所涉及的资产负债表项目主要有存货、应付职工薪酬等；所涉及的利润表项目主要有营业成本、管理费用、所得税费用等。其中，存货又包括材料采

购或在途物资、原材料、材料成本差异、库存商品、发出商品、商品进销差价、委托加工物资、委托代销商品、受托代销商品、周转材料、生产成本、制造费用、劳务成本、存货跌价准备等。

生产与存货循环涉及的主要业务活动包括：计划和安排生产；发出原材料；生产产品；核算产品成本；产成品入库及储存；发出产成品；存货盘点；计提存货跌价准备等。其通常涉及的部门包括生产计划部门、仓储部门、生产部门、人事部门、销售部门、会计部门等。

10.1.2 涉及的报表项目与主要会计记录

以一般制造型企业为例，针对生产与存货循环中的两个主要方面：生产及成本核算和存货管理，分别简要列示了它们通常涉及的财务报表项目、主要业务活动及常见的主要凭证和会计记录，如表 10-1 所示。

表 10-1 主要业务活动、凭证和会计记录汇总表

交易类别	涉及的财务报表项目	主要业务活动	常见主要凭证和会计记录
生产	存货	(1)计划和安排生产 (2)发出原材料 (3)生产产品和成本核算	(1)生产通知单 (2)原材料通知单 (3)领料单 (4)产量统计记录表 (5)生产统计报告 (6)入库单 (7)材料费用分配表 (8)工时统计记录表 (9)人工费用分配汇总表 (10)制造费用分配汇总表 (11)存货明细账
存货管理	存货 营业成本	(1)产成品入库及存货保管 (2)发出产成品 (3)提取存货跌价准备	(1)验收单 (2)入库单 (3)存货台账 (4)盘点计划 (5)盘点表单 (6)盘点明细表 (7)出库单 (8)营业成本明细账 (9)存货账龄分析表 (10)可变现净值计算表

在审计工作的计划阶段，注册会计师应当对生产与存货循环中的业务活动进行充分了解和记录，通过分析业务流程中可能发生重大错报的环节，进而识别和了解被审计单位为应对这些可能的错报而设计的相关控制，并通过诸如穿行测试等方法对这些流程和相关控制加以证实。

10.1.3　相关内部控制

围绕生产与存货循环中的主要业务活动，被审计单位内部控制的通常要求如下。

(1)计划和安排生产业务活动的内部控制要求：根据经审批的月度生产计划书，由生产计划经理签发预先按顺序编号的生产通知单。

(2)发出原材料业务活动的内部控制要求：①领料单应当经生产主管批准，仓库管理员凭经批准的领料单发料；领料单一式三联，分别作为生产部门存根联、仓库联和财务联。②仓库管理员应把领料单编号、领用数量、规格等信息输入计算机系统，经仓储经理复核并以电子签名方式确认后，系统自动更新材料明细台账。

(3)生产产品和核算产品成本这两项业务活动的内部控制要求：①生产成本记账员应根据原材料领料单财务联，编制原材料领用日报表，与计算机系统自动生成的生产记录日报表核对材料耗用和流转信息；由会计主管审核无误后，生成记账凭证并过账至生产成本及原材料明细账和总分类账。②生产部门记录生产各环节所耗用工时数，包括人工工时数和机器工时数，并将工时信息输入生产记录日报表。③每月末，由生产车间与仓库核对原材料和产成品的转出和转入记录，如有差异仓库管理员应编制差异分析报告，经仓储经理和生产经理签字确认后交会计部门进行调整。④每月末，由计算机系统对生产成本中各项组成部分进行归集，按照预设的分摊公式和方法，自动将当月发生的生产成本在完工产品和在产品之间按比例分配；同时，将完工产品成本在各不同产品类别之间分配，由此生成产品成本计算表和生产成本分配表；由生产成本记账员编制成生产成本结转凭证，经会计主管审核批准后进行账务处理。

(4)产成品入库和储存业务活动的内部控制要求：①产成品入库时，质量检验员应检查并签发预先按顺序编号的产成品验收单，由生产小组将产成品送交仓库，仓库管理员应检查产成品验收单，并清点产成品数量，填写预先顺序编号的产成品入库单经质检经理、生产经理和仓储经理签字确认后，由仓库管理员将产成品入库单信息输入计算机系统，计算机系统自动更新产成品明细台账并与采购订购单编号核对。②存货存放在安全的环境(如上锁、使用监控设备)中，只有经过授权的工作人员可以接触及处理存货。

(5)发出产成品业务活动的内部控制要求：①产成品出库时，由仓库管理员填写预先顺序编号的出库单，并将产成品出库单信息输入计算机系统，经仓储经理复核并以电子签名方式确认后，计算机系统自动更新产成品明细台账并与发运通知单编号核对。②产成品装运发出前，由运输经理独立检查出库单、销售订购单和发运通知单，确定从仓库提取的商品附有经批准的销售订购单，并且，所提取商品的内容与销售订购单一致。③每月末，生产成本记账员根据计算机系统内状态为“已处理”的订购单数量，编制销售成本结转凭证，结转相应的销售成本，经会计主管审核批准后进行账务处理。

(6)盘点存货业务活动的内部控制要求：①生产部门和仓储部门在盘点日前对所有存货进行清理和归整，便于盘点顺利进行。②每一组盘点人员中应包括仓储部门以外的其他部门人员，即不能由负责保管存货的人员单独负责盘点存货；安排不同的工作人员分别负责初盘和复盘。③盘点表和盘点标签事先连续编号，发放给盘点人员时登记领用人员；盘点结束后回收并清点所有已使用和未使用的盘点表和盘点标签。④为防止存货被遗漏或重复盘点，所有盘点过的存货贴盘点标签，注明存货品名、数量和盘点人员，完成盘点前检查现场确认所有存货均已贴上盘点标签。⑤将不属于本单位的代其他方保管的存货单独堆放并作标识；将盘点期间需要领用的原材料或出库的产成品分开堆放并作标识。⑥汇总盘点结果，与存货账面数量进行比较，调查分析差异原因，并对认定的盘盈和盘亏提出账务调整，经仓储经理、生产经理、财务经理和总经理复核批准后入账。

(7)计提存货跌价准备业务活动的内部控制要求：①定期编制存货货龄分析表，管理人员复核该分析表，确定是否有必要对滞销存货计提存货跌价准备，并计算存货可变现净值，据此计提存货跌价准备。②生产部门和仓储部门每月上报残冷背次存货明细，采购部门和销售部门每月上报原材料和产成品最新价格信息，财务部门据此分析存货跌价风险并计提跌价准备，由财务经理和总经理复核批准并入账。

10.2 生产与存货循环的重大错报风险

10.2.1 生产与存货循环存在的重大错报风险

存货与企业各项经营活动的紧密联系，这意味着存货的重大错报风险往往与财务报表其他项目的重大错报风险紧密相关。例如，收入确认的错报风险往往与存货的错报风险共存；采购交易的错报风险与存货的错报风险共存，存货成本核算的错报风险与营业成本的错报风险共存等。一般制造型企业的存货的重大错报风险通常包括：

(1)存货实物可能不存在(“存在”认定)；

(2)属于被审计单位的存货可能未在账面反映(“完整性”认定)；

(3)存货的所有权可能不属于被审计单位(“权利和义务”认定)；

(4)存货的单位成本可能存在计算错误(“准确性、计价和分摊”认定)；

(5)存货的账面价值可能无法实现，即存货跌价准备的计提可能不充分(“准确性、计价和分摊”认定)。

10.2.2 根据重大错报风险评估结果设计进一步审计程序

审计人员基于生产与存货循环的重大错报风险评估结果，制定实施进一步审计程序的总体方案，如表 10-2 所示。

表 10-2 生产和存货循环的重大错报风险和进一步审计程序的总体方案

重大错报风险描述	相关财务报表项目及认定	风险程度	是否信赖控制	进一步审计程序的总体方案	拟从控制测试中获取的保证程度	拟从实质性程序中获取的保证程度
存货实物可能不存在	存货：存在	特别	是	综合性	中	高

续表

重大错报风险描述	相关财务报表项目及认定	风险程度	是否信赖控制	进一步审计程序的总体方案	拟从控制测试中获取的保证程度	拟从实质性程序中获取的保证程度
存货的单位成本可能存在计算错误	存货:准确性、计价和分摊 营业成本:准确性	一般	是	综合性	中	低
已销售产品的成本可能没有准确结转至营业成本	存货:准确性、计价和分摊 营业成本:准确性	一般	是	综合性	中	低
存货的账面价值可能无法实现	存货:准确性、计价和分摊	特别	否	实质性	无	高

需要强调的是,无论是采用综合性方案还是实质性方案,获取的审计证据都应当能够从认定层次应对所识别的重大错报风险,直至针对该风险所涉及的全部相关认定均已获取了足够的保证程度。

10.3　生产与存货循环的控制测试

风险评估和风险应对是整个审计过程的核心,审计人员通常以识别的重大错报风险为起点,选取拟测试的控制并实施控制测试。表 10－3 列示了生产与存货循环的风险、存在的控制及控制测试程序。

表 10－3　生产与存货循环的风险、存在的控制及控制测试程序

可能发生错报的环节		相关财务报表项目及认定	内部控制测试程序
(一)发出原材料	1. 原材料的发出可能未经授权	存货:存在	选取领料单,检查是否有生产主管的签字授权
	2. 发出的原材料可能未正确记入相应产品的生产成本中	存货:准确性、计价和分摊	检查生产主管核对材料成本明细表的记录,并询问其核对过程及结果
(二)记录人工成本	生产工人的人工成本可能未得到准确反映	存货:准确性、计价和分摊	1. 检查系统中员工的部门代码设置是否与其实际职责相符 2. 询问并检查财务经理复核工资费用分配表的过程和记录

续表

可能发生错报的环节		相关财务报表项目及认定	内部控制测试程序
(三)记录制造费用	发生的制造费用可能没有得到完整归集	存货:完整性	1. 检查系统的自动归集设置是否符合有关成本和费用的性质,是否合理 2. 询问并检查成本会计复核制造费用明细表的过程和记录 3. 检查财务经理对调整制造费用的分录的批准记录
(四)计算产品成本	生产成本和制造费用在不同产品之间、在产品和产成品之间的分配可能不正确	存货:准确性、计价和分摊; 营业成本:准确性	1. 询问财务经理如何执行复核及调查 2. 选取产品成本计算表及相关资料,检查财务经理的复核记录
(五)产成品入库	已完工产品的生产成本可能没有转移到产成品中	存货:准确性、计价和分摊	询问和检查成本会计将产成品收发存报表与成本计算表进行核对的过程和记录
(六)发出产成品	销售发出的产成品的成本可能没有准确转入营业成本	存货:准确性、计价和分摊; 营业成本:准确性	1. 检查系统设置的自动结转功能是否正常运行,成本结转方式是否符合公司成本核算政策 2. 询问和检查财务经理和总经理进行毛利率分析的过程和记录,并对异常波动的调查和处理结果进行核实
(七)盘点存货	存货可能被盗或因材料领用/产品销售未入账而出现账实不符	存货:存在	
(八)计提存货跌价准备	存在存货毁损、全部或部分陈旧过时或销售价格低于成本等原因,使存货成本高于可变现净值	存货:准确性、计价和分摊;资产减值损失:完整性	询问财务经理识别减值风险并确定减值准备的过程,检查总经理的复核批准记录

需要说明的是,表 10-3 列示的是生产与存货循环一些较为常见的内部控制和相应的控制测试程序。在审计实务工作中,一方面,被审计单位所处行业不同、规模不一、内部控制制度的设计和执行方式不同,以前期间接受审计的情况也各不相同;另一方面,受审计时间、审计成本的限制,注册会计师除了确保审计质量、审计效果外,尽可能地消除重复的测试程

序，提高审计效率。因此，审计人员要从实际出发，设计适合被审计单位具体情况的实用高效的控制测试计划。

10.4　生产与存货循环的实质性程序

在完成控制测试之后，审计人员基于控制测试的结果(即控制运行是否有效)，确定从控制测试中已获得的审计证据及其保证程度，确定是否需要对具体审计计划中设计的实质性程序的性质、时间安排和范围作出适当调整。如果控制测试的结果表明内部控制未能有效运行，注册会计师需要从实质性程序中获取更多的相关审计证据，则可以修改实质性程序的性质，如采用细节测试而非实质性分析程序、获取更多的外部证据等，或修改实质性审计程序的范围，如扩大样本规模等。

10.4.1　存货的审计目标

存货的重大错报对于财务状况和经营成果都会产生直接影响。存货审计，尤其是对年末存货余额的测试，通常是审计中最复杂也最费时的部分。对存货存在和存货价值的评估常常十分困难。因此，要求实施存货项目审计的审计人员具备较高的专业素质和相关业务知识，分配较多的审计工时，运用多种有针对性的审计程序。

存货的应收账款审计目标与账务报表认定的关系，如表 10－4 所示。

表 10－4　应收账款审计目标与财务报表认定的关系

审计目标	财务报表认定			
	存在	完整性	权利和义务	准确性、计价和分摊
①账面存货余额对应的实物是否真实存在	√			
②属于被审计单位的存货是否均已入账		√		
③存货是否属于被审计单位			√	
④存货单位成本的计量是否准确/存货的账面价值是否可以实现				√

10.4.2　存货的一般审计程序

1. 获取年末存货余额明细表，并执行以下工作：

(1)复核单项存货金额的计算(单位成本×数量)和明细表的加总计算是否准确。

(2)将本年末存货余额与上年末存货余额进行比较，总体分析变动原因。

2. 实施实质性分析程序

存货的实质性分析程序中较常见的是对存货周转天数的实质性分析程序，过程如下：

(1)根据对被审计单位的经营活动、供应商、贸易条件、行业惯例和行业现状的了解，确定存货周转天数的预期值。

(2)根据对本期存货余额组成、实际经营情况、市场情况、存货采购情况等的了解，确定可接受的差异额。

(3)计算实际存货周转天数和预期周转天数之间的差异。

(4)通过询问管理层和相关员工，调查存在重大差异的原因，并评估差异是否表明存在重大错报风险，是否需要设计恰当的细节测试程序以识别和应对重大错报风险。

10.4.3 存货监盘

1. 责任划分

存货监盘是指注册会计师现场观察被审计单位存货的盘点，并对已盘点的存货进行适当检查。定期盘点存货，合理确定存货的数量和状况是被审计单位管理层的责任。实施存货监盘，获取有关期末存货数量和状况的充分、适当的审计证据是注册会计师的责任。

存货监盘针对的主要是存货的“存在”认定，对存货的“完整性”认定及“准确性、计价和分摊”认定，也能提供部分审计证据。存货监盘本身并不足以供注册会计师确定存货的所有权，注册会计师可能需要执行其他实质性审计程序以应对“权利和义务”认定的相关风险。

2. 存货监盘计划

注册会计师应当根据被审计单位存货的特点、盘存制度和存货内部控制的有效性等情况，在评价被审计单位存货盘点计划的基础上，编制存货监盘计划，对存货监盘作出合理安排。

1)在编制存货监盘计划时，注册会计师应当实施下列审计程序

(1)了解存货的内容、性质、各存货项目的重要程度及存放场所；

(2)了解与存货相关的内部控制；

(3)评估与存货相关的重大错报风险和重要性；

(4)查阅以前年度的存货监盘工作底稿；

(5)考虑实地察看存货的存放场所，特别是金额较大或性质特殊的存货；

(6)考虑是否需要利用专家的工作或其他注册会计师的工作；

(7)复核或与管理层讨论其存货盘点计划。

2)在复核或与管理层讨论其存货盘点计划时，注册会计师应当考虑下列主要因素，以评价其能否合理地确定存货的数量和状况

(1)盘点的时间安排；

(2)存货盘点范围和场所的确定；

(3)盘点人员的分工及胜任能力；

(4)盘点前的会议及任务布置；

(5)存货的整理和排列，对毁损、陈旧、过时、残次及所有权不属于被审计单位的存货的区分；

(6)存货的计量工具和计量方法；

(7)在产品完工程度的确定方法；

(8)存放在外单位的存货的盘点安排；

(9)存货收发截止的控制；

(10)盘点期间存货移动的控制；

(11)盘点表单的设计、使用与控制；

(12)盘点结果的汇总以及盘盈或盘亏的分析、调查与处理。

3)存货监盘计划应当包括下列主要内容

(1)存货监盘的目标、范围及时间安排；

(2)存货监盘的要点及关注事项；

(3)参加存货监盘人员的分工；

(4)抽盘存货的范围。

3. 存货监盘程序

在存货盘点现场实施监盘时，注册会计师应当实施下列审计程序

1)评价管理层用以记录和控制存货盘点结果的指令和程序

注册会计师需要考虑指令和程序是否包含下列方面：

(1)适当控制活动的运用。如收集已使用的盘点记录，清点未使用的存货盘点表，实施盘点和复盘程序。

(2)准确认定在产品的完工程度。如流动缓慢(呆滞)、过时或毁损的存货项目，以及第三方拥有的存货(如寄存物)。

(3)在适用的情况下用于估计存货数量的方法，如可能需要估计煤堆的重量。

(4)对存货在不同存放地点之间的移动以及截止日前后期间出入库的控制。

2)观察管理层制定的盘点程序的执行情况

如果在盘点过程中被审计单位的生产经营仍将持续进行，注册会计师应通过实施必要的检查程序，确定被审计单位是否已经对此设置了相应的控制程序，确保在适当的期间内对存货作出了准确记录。此外，注册会计师可以获取有关截止性信息(如存货移动的具体情况)的复印件，有助于日后对存货移动的会计处理实施审计程序。

3)检查存货

在存货监盘过程中检查存货，虽然不一定能确定存货的所有权，但有助于确定存货的存在，以及识别过时、毁损或陈旧的存货，并为存货跌价准备计提的准确性提供参考。

4)执行抽盘

在对存货盘点结果进行测试时，注册会计师可以从存货盘点记录中选取项目追查至存货实物，以及从存货实物中选取项目追查至盘点记录，以获取有关盘点记录完整性和准确性的审计证据。除记录注册会计师对存货盘点结果进行的测试情况外，获取管理层完成的存货盘点记录的复印件也有助于注册会计师日后实施审计程序，以确定被审计单位的期末存货记录是否准确地反映了存货的实际盘点结果。

4. 存货监盘结束时的工作

在被审计单位存货盘点结束前，注册会计师应当：

(1)再次观察盘点现场,以确定所有应纳入盘点范围的存货是否均已盘点。

(2)取得并检查已填用、作废及未使用盘点表单的号码记录,确定其是否连续编号,查明已发放的表单是否均已收回,并与存货盘点的汇总记录进行核对。注册会计师应当根据自己在存货监盘过程中获取的信息对被审计单位最终的存货盘点结果汇总记录进行复核,并评估其是否正确地反映了实际盘点结果。

如果存货盘点日不是资产负债表日,注册会计师应当实施适当的审计程序,确定盘点日与资产负债表日之间存货的变动是否已得到恰当的记录。可以结合盘点日至财务报表日之间间隔期的长短、相关内部控制的有效性等因素进行风险评估,设计和执行适当的审计程序。在实质性程序方面,注册会计师可以实施的程序示例包括:

(1)比较盘点日和财务报表日之间的存货信息以识别异常项目,并对其执行适当的审计程序(例如实地查看等);

(2)对存货周转率或存货销售周转天数等实施实质性分析程序;

(3)对盘点日至财务报表日之间的存货采购和存货销售分别实施双向检查。例如,对存货采购从入库单查至其相应的永续盘存记录及从永续盘存记录查至其相应的入库单等支持性文件,对存货销售从货运单据查至其相应的永续盘存记录及从永续盘存记录查至其相应的货运单据等支持性文件;

(4)测试存货销售和采购在盘点日和财务报表日的截止是否正确。

5. 特殊情况的处理

如果由于被审计单位存货的性质或位置等无法实施存货监盘,注册会计师就应当考虑能否实施替代审计程序,获取有关期末存货数量和状况的充分、适当的审计证据。

1)实施替代审计程序

其主要包括:

(1)检查进货交易凭证或生产记录以及其他相关资料;

(2)检查资产负债表日后发生的销货交易凭证;

(3)向顾客或供应商函证。

2)如果因不可预见的因素导致无法在预定日期实施存货监盘或接受委托时被审计单位的期末存货盘点已经完成,注册会计师应当评估与存货相关的内部控制的有效性,对存货进行适当检查或提请被审计单位另择日期重新盘点;同时测试在该期间发生的存货交易,以获取有关期末存货数量和状况的充分、适当的审计证据

3)由第三方保管或控制的存货

如果由第三方保管或控制的存货对财务报表是重要的,注册会计师应当实施下列一项或两项审计程序,以获取有关该存货存在和状况的充分、适当的审计证据:

(1)向持有被审计单位存货的第三方函证存货的存在和状况。

(2)实施检查或其他适合具体情况的审计程序。其他审计程序可以作为函证的替代程序,也可以作为追加的审计程序。其他审计程序的示例包括:①实施或安排其他注册会计师实施对第三方的存货监盘;②获取其他注册会计师或服务机构注册会计师针对用以保证存货得到恰当盘点和保管的内部控制的适当性而出具的报告;③检查与第三方持有的存货相

关的文件记录，如仓储单；④当存货被作为抵押品时，要求其他机构或人员进行确认。

4)当首次接受委托未能对上期期末存货实施监盘，且该存货对本期财务报表存在重大影响时，如果已获取有关本期期末存货余额的充分、适当的审计证据，注册会计师应当实施下列一项或多项审计程序，以获取有关本期期初存货余额的充分、适当的审计证据

(1)查阅前任注册会计师工作底稿；

(2)复核上期存货盘点记录及文件；

(3)检查上期存货交易记录；

(4)运用毛利百分比法等进行分析。

10.4.4　存货计价测试

存货监盘程序主要是对存货的数量进行测试。为验证财务报表上存货余额的真实性，还应当对存货的计价进行审计。存货计价测试包括两个方面：一是被审计单位所使用的存货单位成本是否正确；二是是否恰当计提了存货跌价准备。

在对存货的计价实施细节测试之前，注册会计师通常先要了解被审计单位本年度的存货计价方法与以前年度是否保持一致。如发生变化，变化的理由是否合理，是否经过适当的审批。

1. 存货单位成本测试

针对原材料的单位成本，注册会计师通常基于企业的原材料计价方法(如先进先出法，加权平均法等)，结合原材料的历史购买成本，测试其账面成本是否准确，测试程序包括核对原材料采购的相关凭证(主要是与价格相关的凭证，如合同、采购订单、发票等)以及验证原材料计价方法的运用是否正确。

针对产成品和在产品的单位成本，注册会计师需要对成本核算过程实施测试，包括直接材料成本测试、直接人工成本测试、制造费用测试和生产成本在当期完工产品与在产品之间分配的测试四项内容。

2. 存货跌价准备的测试

(1)识别需要计提存货跌价准备的存货项目。

注册会计师可以通过询问管理层和相关部门(生产、仓储、财务、销售等)员工，了解被审计单位如何收集有关滞销、过时、陈旧、毁损、残次存货的信息并为之计提必要的存货跌价准备。如被审计单位编制存货货龄分析表，则可以通过审阅分析表识别滞销或陈旧的存货。此外，注册会计师还要结合存货监盘过程中检查存货状况而获取的信息，以判断被审计单位的存货跌价准备计算表是否有遗漏。

(2)检查可变现净值的计量是否合理。

在存货计价审计中，因为被审计单位对期末存货采用成本与可变现净值孰低的方法计价，所以注册会计师应充分关注其对存货可变现净值的确定及存货跌价准备的计提。可变现净值是指企业在日常活动中，存货的估计售价减去至完工时估计将要发生的成本、估计的销售费用以及相关税费后的金额。企业确定存货的可变现净值，应当以取得的确凿证据为基础，并且考虑持有存货的目的以及资产负债表日后事项的影响等因素。注册会计师应抽

样检查可变现净值确定的依据，相关计算是否正确。

10.4.5 存货监盘审计案例

【案例】甲公司主要从事家电产品的生产和销售。ABC 会计师事务所负责审计甲公司 2013 年度财务报表。审计项目组在审计工作底稿中记录了与存货监盘相关的情况，部分内容摘录如下：

(1)审计项目组拟不信赖与存货相关的内部控制运行的有效性，故在监盘时不再观察管理层制定的盘点程序的执行情况。

(2)审计项目组获取了盘点日前后存货收发及移动的凭证，以确定甲公司是否将盘点日前入库的存货、盘点日后出库的存货以及已确认为销售但尚未出库的存货包括在盘点范围内。

(3)由于甲公司人手不足，审计项目组受管理层委托，于 2013 年 12 月 31 日代为盘点甲公司异地专卖店的存货，并将盘点记录作为甲公司的盘点记录和审计项目组的监盘工作底稿。

(4)审计项目组按存货项目定义抽样单元，选取 a 产品为抽盘样本项目之一。a 产品分布在 5 个仓库中，考虑到监盘人员安排困难，审计项目组对其中 3 个仓库的 a 产品执行抽盘，未发现差异，对该样本项目的抽盘结果满意。

(5)在甲公司存货盘点结束前，审计项目组取得并检查了已填用、作废及未使用盘点表单的号码记录，确定其是否连续编号以及已发放的表单是否均已收回，并与存货盘点汇总表中记录的盘点表单使用情况核对一致。

要求：针对上述第(1)项至第(5)项，逐项指出审计项目组的做法是否恰当。

【案例解析】第(1)项不恰当。无论是否信赖内部控制，注册会计师在监盘中均应当观察管理层制定的盘点程序的执行情况。

第(2)项不恰当。已确认为销售但尚未出库存货不应包括在盘点范围内。

第(3)项不恰当。审计项目组代管理层执行盘点工作，将会影响其独立性；同时，盘点存货是甲公司管理层的责任。

第(4)项不恰当。当 a 产品被选为样本项目时，应当对所有 a 产品执行抽盘。

第(5)项恰当，符合相关审计规范要求。

课后习题

一、分析题

1. ABC 会计师事务所的 A 注册会计师负责审计甲公司 2016 年度财务报表，与存货审计相关的部分事项如下：

(1)甲公司的存货存在特别风险。A 注册会计师在了解相关内部控制后，未测试控制运行的有效性，直接实施了细节测试。

(2)2016 年 12 月 25 日，A 注册会计师对存货实施监盘，结果满意。因年末存货余额与盘点日余额差异较小，注册会计师根据监盘结果认可了年末存货数量。

(3)在执行抽盘时，A 注册会计师从存货盘点记录中选取项目追查至存货实物，从存货实物中选取项目追查至盘点记录，以获取有关盘点记录准确性和完整性的审计证据。

(4)A 注册会计师向乙公司函证由其保管的甲公司存货的数量和状况，收到的传真件回函显示数量一致，状况良好。A 注册会计师据此认可了回函结果。

(5)A 注册会计师获取了甲公司的存货货龄分析表，考虑了生产和仓储部门上报的存货损毁情况及存货监盘中对存货状况的检查情况，认为甲公司财务人员编制的存货可变现净值计算表中计提跌价准备的项目不存在遗漏。

要求：针对上述第(1)项至第(5)项，逐项指出 A 注册会计师的做法是否恰当。如不恰当，请简要说明理由。

2. ABC 会计师事务所的 A 注册会计师负责审计甲公司等多家被审计单位 2015 年度财务报表。与存货审计相关事项如下：

(1)在对甲公司存货实施监盘时，A 注册会计师在存货盘点现场评价了管理层用以记录和控制存货盘点结果的程序，认为其设计有效。A 注册会计师在检查存货并执行抽盘后结束了现场工作。

(2)因乙公司存货品种和数量均较少，A 注册会计师仅将监盘程序用作实质性程序。

(3)丙公司 2015 年末已入库未收到发票而暂估的存货金额占存货总额的 30%，A 注册会计师对存货实施了监盘，测试了采购和销售交易的截止，均未发现差错，据此认为暂估的存货记录准确。

(4)丁公司管理层未将以前年度已全额计提跌价准备的存货纳入本年末盘点范围，A 注册会计师检查了以前年度的审计工作底稿，认可了管理层的做法。

(5)戊公司管理层规定，由生产部门人员对全部存货进行盘点，再由财务部门人员抽取 50% 进行复盘，A 注册会计师对复盘项目执行抽盘，未发现差异，据此认可了管理层的盘点结果。

要求：针对上述第(1)项至第(5)项，逐项指出 A 注册会计师做法是否恰当。如不恰当，请简要说明理由。

二、简答题

1. 简述生产与存货循环的控制测试要点与程序。

2. 简述存货监盘计划的主要内容。

3. 简述存货监盘特殊情况的处理程序。

第 11 章　货币资金的审计

学习目标

1. 了解货币资金业务循环涉及的主要经济业务、凭证和会计记录。
2. 掌握货币资金内部控制的要点、测试程序。
3. 能够运用相关理论进行现金、银行存款的细节测试和实质性分析程序。

11.1　货币资金审计概述

货币资金是指在企业生产经营过程中处于货币形态的那部分资金，按其形态和用途不同可分为库存现金、银行存款和其他货币资金。货币资金是企业中最活跃的资金，流动性强，是企业的重要支付手段和流通手段，其增减变动与被审计单位的日常经营活动密切相关，较多舞弊案件都与被审计单位的货币资金相关，因而是流动资产审计的重点。

11.1.1　货币资金与业务循环

货币资金是企业资金运动的起点和终点，它与各个业务循环交易都有直接或间接的关系，可以说，货币资金是联结"销售与收款""采购与付款""生产与存货"等各个业务循环的枢纽与桥梁。货币资金与业务循环的关系，如图 11－1 所示。

11.1.2　涉及的主要单据和会计记录

涉及的单据和会计记录主要有：①现金盘点表；②银行对账单；③银行存款余额调节表；④有关科目的记账凭证；⑤有关会计账簿。

11.1.3　涉及的主要业务活动

"销售与收款""采购与付款""生产与存货"等各个业务循环必然伴随着货币资金的增减变动，货币资金的业务活动与企业的筹资、投资、生产、销售、分配等业务活动紧密关联。

11.1.4　货币资金的内部控制

一个良好的货币资金内部控制应该达到：

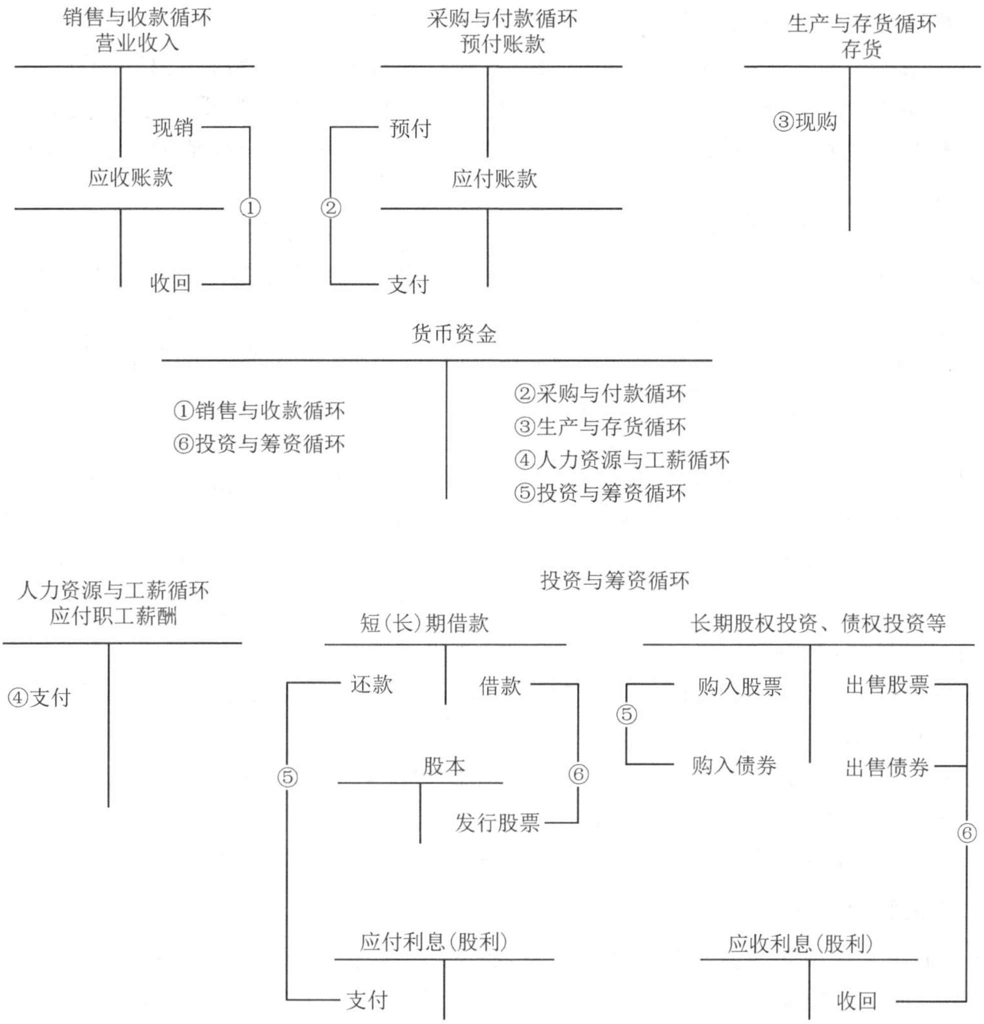

图11-1　货币资金与业务循环的关系

(1)货币资金收支与记账的岗位分离。

(2)货币资金收支要有合理、合法的凭据。

(3)全部收支及时准确入账,并且资金支付应严格履行审批、复核制度。

(4)控制现金坐支,当日收入现金应及时送存银行。

(5)按月盘点现金,编制银行存款余额调节表,以做到账实相符。

(6)对货币资金进行内部审计。

尽管货币资金相关的内部控制内容会因企业的性质、所处行业、规模以及内部控制健全程度等不同,但应当遵循以下共同要求。

1. 岗位分工及授权批准

(1)企业应当建立货币资金业务的岗位责任制,明确相关部门和岗位的职责权限,确保办理货币资金业务的不相容岗位相互分离、制约和监督。

特别强调的是:①出纳人员不得从事稽核、会计档案保管和收入、支出、费用、债权债务账目的登记工作。②企业不得由一人负责货币资金业务的全过程。

(2)企业应当对货币资金业务建立严格的授权审批制度,明确审批人对货币资金业务的授权批准方式、权限、程序、责任和相关控制措施,规定经办人办理货币资金业务的职责范围和工作要求。审批人应当根据货币资金授权批准制度的规定,在授权范围内进行审批,不得超越审批权限。

经办人应在职责范围内,按照审批人的批准意见办理货币资金业务。对于审批人超越授权范围审批的货币资金业务,经办人员有权拒绝办理,并及时向审批人的上级授权部门报告。

(3)企业应当按照规定的程序办理货币资金支付业务,重点做好以下环节控制:①支付申请。企业有关部门或个人用款时,应当提前向审批人提交货币资金支付申请,注明款项的用途、金额、预算、支付方式等内容,并附有效经济合同或相关证明。②支付审批。审批人根据其职责、权限和相应程序对支付申请进行审批,审核付款业务的真实性、付款金额的准确性,以及申请人提交票据或者证明的合法性,严格监督资金支付。对不符合规定的货币资金支付申请,审批人应当拒绝批准。③支付复核。财务部门收到经审批人审批签字的相关凭证或证明后,应再次复核业务的真实性、金额的准确性,以及相关票据的齐备性、相关手续的合法性和完整性,并签字认可。复核无误后,交由出纳人员办理支付手续。④办理支付。出纳人员应当根据复核无误的支付申请,按规定办理货币资金支付手续,及时登记库存现金和银行存款日记账。

(4)企业对于重要货币资金支付业务,应当实行集体决策和审批,并建立责任追究制度,防范贪污、侵占、挪用货币资金等行为。

(5)严禁未经授权的机构或人员办理货币资金业务或直接接触货币资金。

2. 现金和银行存款的管理

(1)企业应当加强现金库存限额的管理,超过库存限额的现金应及时存入银行。

(2)企业必须根据国家现金管理的相关规定,结合本企业的实际情况,确定本企业现金的开支范围。不属于现金开支范围的业务应当通过银行办理转账结算。

(3)企业现金收入应当及时存入银行,不得从企业的现金收入中直接支付(即坐支)。因特殊情况需坐支现金的,应事先报经开户银行审查批准,由开户银行核定坐支范围和限额。

企业借出款项必须执行严格的授权批准程序,严禁擅自挪用、借出货币资金。

(4)企业取得的货币资金收入必须及时入账,不得私设"小金库",不得账外设账,严禁收款不入账。

(5)企业应当严格按照《支付结算办法》等国家有关规定,加强银行账户的管理,严格按照规定开立账户,办理存款、取款和结算。银行账户的开立应当符合企业经营管理实际需要,不得随意开立多个账户,禁止企业内设管理部门自行开立银行账户。

(6)企业应当严格遵守银行结算纪律,不准签发没有资金保证的票据或远期支票,套取银行信用;不准签发、取得和转让没有真实交易和债权债务的票据,套取银行和他人资金;不准违反规定开立和使用银行账户。

(7)企业应当指定专人定期核对银行账户,每月至少核对一次,编制银行存款余额调节表,使银行存款账面余额与银行对账单调节相符。如调节不符,应查明原因,及时处理。须注意的是：①出纳人员一般不得同时从事银行对账单的获取、银行存款余额调节表的编制工作。确需出纳人员办理上述业务的，应当指定其他人员定期进行审核、监督。②实行网上交易、电子支付等方式办理资金支付业务的企业，应当与承办银行签订网上银行操作协议，明确双方在资金安全方面的责任与义务、交易范围等。③操作人员应当根据操作授权和密码进行规范操作。④使用网上交易、电子支付方式的企业办理资金支付业务，不应因支付方式的改变而随意简化、变更所必需的授权审批程序。⑤企业在严格实行网上交易、电子支付操作人员不相容岗位相互分离控制的同时，应当配备专人加强对交易和支付行为的审核。

(8)企业应当定期和不定期地进行现金盘点，确保现金账面余额与实际库存相符。发现不符，及时查明原因并作出处理。

3. 票据及有关印章的管理

(1)企业应当加强与货币资金相关的票据的管理，明确各种票据的购买、保管、领用、背书转让、注销等环节的职责权限和程序，并专设登记簿进行记录，防止空白票据遗失和被盗用。

(2)企业应当加强银行预留印鉴的管理。财务专用章应由专人保管，个人名章必须由本人或其授权人员保管。严禁一人保管支付款项所需的全部印章。按规定需要有关负责人签字或盖章的经济业务，必须严格履行签字或盖章手续。

4. 监督检查

(1)企业应当建立对货币资金业务的监督检查制度，明确监督检查机构或人员的职责权限，定期和不定期地进行检查。

(2)对监督检查过程中发现的货币资金内部控制中的薄弱环节，应当及时采取措施，加以纠正和完善。

11.2　货币资金的重大错报风险

货币资金通常是资产负债表的重要项目，是企业流动性最强、易于被侵占的资产。同时货币资金作为业务活动中的重要组成部分，贯穿于业务开展整个过程中。因此，货币资金通常是财务报表审计中的重要领域。随着“两康事件”的发生及其他类似案例的出现，货币资金舞弊对资本市场的危害逐渐凸显并受到社会各界重视，对会计师事务所的压力与日俱增。注册会计师亟须针对货币资金舞弊开拓审计思路、创新审计方法、丰富审计资源，将审计风险降至可接受的低水平，为发表恰当的审计意见提供有力支持。

11.2.1　与货币资金相关的重大错报风险

1. 认定层次的重大错报风险

货币资金业务交易、账户余额和列报的认定层次的重大错报风险可能包括：

(1)被审计单位存在虚假的货币资金余额或交易，因而导致银行存款余额的存在性或交易的发生存在重大错报风险。

(2)被审计单位存在大额的外币交易和余额，可能存在外币交易或余额未被准确记录的风险。例如，对于有外币现金或外币银行存款的被审计单位，企业有关外币交易的增减变动或年底余额可能因未采用正确的折算汇率而导致计价错误("准确性、计价和分摊"认定)。

(3)银行存款的期末收支存在大额的截止性错误。

(4)被审计单位可能存在未能按照企业会计准则的规定对货币资金作出恰当披露的风险。

2. 审计中需要保持警觉的事项或情形

在实施货币资金审计的过程中，如果被审计单位存在以下事项或情形，注册会计师需要保持警觉：

(1)被审计单位的现金交易比例较高，并与其所在的行业常用的结算模式不同；

(2)库存现金规模明显超过业务周转所需资金；

(3)银行账户开立数量与企业实际的业务规模不匹配；

(4)在没有经营业务的地区开立银行账户；

(5)企业资金存放于管理层或员工个人账户；

(6)货币资金收支金额与现金流量表不匹配；

(7)不能提供银行对账单或银行存款余额调节表；

(8)存在长期或大量银行未达账项；

(9)银行存款明细账存在非正常转账的"一借一贷"；

(10)违反货币资金存放和使用规定(如上市公司未经批准开立账户转移募集资金，未经许可将募集资金转作其他用途等)；

(11)存在大额外币收付记录，而被审计单位并不涉足外贸业务；

(12)被审计单位以各种理由不配合注册会计师实施银行函证。

3. 其他需要保持警觉的事项或情形

除上述与货币资金项目直接相关的事项或情形外，注册会计师在审计其他财务报表项目时，还可能关注到其他一些也需保持警觉的事项或情形。例如：

(1)存在没有具体业务支持或与交易不相匹配的大额资金往来；

(2)存在长期挂账的大额预付款项；

(3)存在大额自有资金的同时，向银行高额举债；

(4)付款方账户名称与销售客户名称不一致，收款方账户名称与供应商名称不一致；

(5)开具的银行承兑汇票没有银行承兑协议支持；

(6)银行承兑票据保证金余额与应付票据余额比例不合理。

当被审计单位存在以上事项或情形时，可能表明存在舞弊风险。

11.2.2 拟实施的进一步审计程序的总体方案

注册会计师基于以上重大错报风险评估结果，制定实施进一步审计程序的总体方案(包括综合性方案和实质性方案)，继而实施控制测试和实质性审计程序，以应对识别出的重大错报风险。注册会计师通过综合性方案或实质性方案获取的审计证据应足以应对识别出的认定层次的重大错报风险。

11.3　测试货币资金的内部控制

如果在评估认定层次重大错报风险时预期控制的运行是有效的，或仅实施实质性程序不能够提供认定层次充分、适当的审计证据，注册会计师应当实施控制测试，以就与认定相关的控制在相关期间或时点的运行有效性获取充分、适当的审计证据。如果根据注册会计师的判断，决定对货币资金采取实质性审计方案，在此情况下，无须实施相关的测试内部控制运行的有效性的程序。

11.3.1　库存现金的控制测试

几种常见的库存现金内部控制以及注册会计师相应可能实施的内部控制测试程序举例如下。

1. 现金付款的审批和复核

例如，被审计单位针对现金付款审批作出以下内部控制要求：部门经理审批本部门的付款申请，审核付款业务是否真实发生，付款金额是否准确，以及后附票据是否齐备，并在复核无误后签字认可。财务部门在安排付款前，由财务经理再次复核经审批的付款申请及后附相关凭据或证明，如核对一致，进行签字认可并安排付款。针对该内部控制，注册会计师可以在选取适当样本的基础上实施以下控制测试程序：①询问相关业务部门的部门经理和财务经理在日常现金付款业务中执行的内部控制，以确定其是否与被审计单位内部控制政策要求保持一致。②观察财务经理复核付款申请的过程，是否核对了付款申请的用途、金额及后附相关凭据，以及在核对无误后是否进行了签字确认。③重新核对经审批及复核的付款申请及其相关凭据，并检查是否经签字确认。

2. 现金盘点

例如，被审计单位针对现金盘点作出了以下内部控制要求：会计主管指定应付账款会计每月末的最后一天对库存现金进行盘点，根据盘点结果编制库存现金盘点表，将盘点余额与现金日记账余额进行核对，并对差异调节项进行说明。会计主管复核库存现金盘点表，如盘点金额与现金日记账余额存在差异且差异金额超过2万元，需查明原因并报财务经理批准后进行财务处理。针对该内部控制，注册会计师可以在选取适当样本的基础上实施以下控制测试程序：①在月末最后一天参与被审计单位的现金盘点，检查是否由应付账款会计进行现金盘点。②观察现金盘点程序是否按照盘点计划的指令和程序运行，是否编制了现金盘点表并根据内控要求经财务部相关人员签字复核。③检查现金盘点表中记录的现金盘点余额是否与实际盘点金额保持一致，现金盘点表中记录的现金日记账余额是否与被审计单位现金日记账中余额保持一致。④针对调节差异金额超过2万元的调节项，检查是否经财务经理批准后进行财务处理。

11.3.2 银行存款的控制测试

几种常见的银行存款内部控制以及注册会计师相应可能实施的内部控制测试程序举例如下。

1. 银行账户的开立、变更和注销

例如，被审计单位针对银行账户的开立、变更和注销作出了以下内部控制要求：会计主管根据被审计单位的实际业务需要就银行账户的开立、变更和注销提出申请，经财务经理审核后报总经理审批。针对该内部控制，注册会计师可以实施以下控制测试程序：①询问会计主管被审计单位本年开户、变更、撤销的整体情况。②取得本年度账户开立、变更、撤销申请项目清单，检查清单的完整性，并在选取适当样本的基础上检查账户的开立、变更、撤销项目是否已经财务经理和总经理审批。

2. 银行付款的审批和复核

例如，被审计单位针对银行付款审批作出以下内部控制要求：部门经理审批本部门的付款申请，审核付款业务是否真实发生，付款金额是否准确，以及后附票据是否齐备，并在复核无误后签字认可。财务部门在安排付款前，由财务经理再次复核经审批的付款申请及后附相关凭据或证明，如核对一致，进行签字认可并安排付款。针对该内部控制，注册会计师可以在选取适当样本的基础上实施以下控制测试程序：①询问相关业务部门的部门经理和财务经理在日常银行付款业务中执行的内部控制，以确定其是否与被审计单位内部控制政策要求保持一致。②观察财务经理复核付款申请的过程，是否核对了付款申请的用途、金额及后附相关凭据，以及在核对无误后是否进行了签字确认。③重新核对经审批及复核的付款申请及其相关凭据，并检查是否经签字确认。

3. 编制银行存款余额调节表

例如，被审计单位为保证财务报表中银行存款余额的存在性、完整性和准确性作出了以下内部控制要求：每月末，会计主管指定应收账款会计核对银行存款日记账和银行对账单，编制银行存款余额调节表，使银行存款账面余额与银行对账单调节相符。如存在差异项，查明原因并进行差异调节说明。会计主管复核银行存款余额调节表，对需要进行调整的调节项目及时进行处理，并签字确认。针对该内部控制，注册会计师可以实施以下控制测试程序：①询问应收账款会计和会计主管，以确定其执行的内部控制是否与被审计单位内部控制政策要求保持一致，特别是针对未达账项的编制及审批流程。②针对选取的样本，检查银行存款余额调节表，查看调节表中记录的企业银行存款日记账余额是否与银行存款日记账余额保持一致，调节表中记录的银行对账单余额是否与被审计单位提供的银行对账单中的余额保持一致。③针对调节项目，检查是否经会计主管的签字复核。④针对大额未达账项进行期后收付款的检查。

11.4　货币资金的实质性程序

如果控制测试的结果表明内部控制未能有效运行，注册会计师需要从实质性程序中获取更多的相关审计证据。注册会计师可以修改实质性程序的性质，如采用细节测试而非实质性分析程序、获取更多的外部证据等，或修改实质性审计程序的范围，如扩大样本规模等。货币资金审计目标与财务报表认定对应关系，如表 11－1 所示。

表 11－1　货币资金审计目标与财务报表认定对应关系

审计目标	财务报表认定					
	存在	完整性	权利和义务	准确性、计价和分摊	分类	列报
①资产负债表中记录的货币资金是存在的	√					
②应当记录的货币资金均已记录，相关披露均已包括		√				
③记录的货币资金由被审计单位拥有或控制			√			
④货币资金以恰当的金额包括在财务报表中，与之相关的计价或分摊调整已恰当记录，相关披露已得到恰当计量和描述				√		
⑤货币资金已记录于恰当的账户					√	
⑥货币资金已被恰当地汇总或分解且表述清楚，相关披露在适用的财务报告编制基础下是相关的、可理解的						√

11.4.1　库存现金的实质性程序

1. 库存现金通常的实质性程序

(1)核对库存现金日记账与总账的金额是否相符，检查非记账本位币库存现金的折算汇率及折算金额是否正确。如果核对库存现金日记账与总账的金额不相符，应查明原因，必要时应建议作出适当调整。

(2)监盘库存现金。对被审计单位现金盘点实施的监盘程序是用作控制测试还是实质性程序，取决于注册会计师对风险评估结果、审计方案和实施的特定程序的判断。如果注册会计师基于风险评估的结果判断无须对现金盘点实施控制测试，则仅实施实质性程序。

监盘库存现金的步骤与方法主要有：①查看被审计单位制订的盘点计划，以确定监盘时间。对库存现金的监盘最好实施突击性的检查，时间最好选择在上午上班前或下午下班时，监盘范围一般包括被审计单位各部门经管的所有现金。②查阅库存现金日记账并同时与现金收付凭证相核对。一方面检查库存现金日记账的记录与凭证的内容和金额是否相符；另一方面了解凭证日期与库存现金日记账日期是否相符或接近。③检查被审计单位现金实存数，并将该监盘金额与库存现金日记账余额进行核对，如有差异，应要求被审计单位查明原因，必要时应提请被审计单位作出调整；如无法查明原因，应要求被审计单位按管理权限批准后作出调整。若有冲抵库存现金的借条、未提现支票、未做报销的原始凭证，应在“库存现金监盘表”中注明，必要时应提请被审计单位作出调整。④在非资产负债表日进行监盘时，应将监盘金额调整至资产负债表日的金额，并对变动情况实施程序。

(3)抽查大额库存现金收支。查看大额现金收支，并检查原始凭证是否齐全，原始凭证内容是否完整，有无授权批准，记账凭证与原始凭证是否相符，账务处理是否正确，是否记录于恰当的会计期间等项内容。

(4)检查库存现金是否在财务报表中作出恰当列报。库存现金在资产负债表的“货币资金”项目中反映，注册会计师应在实施上述审计程序后，确定“库存现金”账户的期末余额是否恰当，进而确定库存现金是否在资产负债表中恰当披露。

2. 审计目标与审计程序对应关系

结合表 11－1，得到库存现金审计目标与审计程序的对应关系，见表 11－2。

表 11－2　库存现金审计目标与审计程序的对应关系

审计目标	可供选择的审计程序
④	(1)核对库存现金日记账和总账的余额是否相符，检查非记账本位币的库存现金的折算汇率及折算金额是否正确
①②③④	(2)监盘库存现金
①②④	(3)抽查大额库存现金收支
⑥	(4)检查库存现金是否在财务报表中作出恰当列报

11.4.2　银行存款的实质性程序

1. 银行存款通常的实质性程序

(1)获取银行存款余额明细表，复核加计是否正确，并核对与总账数和日记账合计数是否相符；检查非记账本位币银行存款的折算汇率及折算金额是否正确。注册会计师核对银行存款日记账与总账的余额是否相符。如果不相符，应查明原因，必要时应建议作出适当调整。

(2)实施实质性分析程序。计算银行存款累计余额应收利息收入，分析比较被审计单位银行存款应收利息收入与实际利息收入的差异是否恰当，评估利息收入的合理性，检查是否存在高息资金拆借，确认银行存款余额是否存在，利息收入是否已经完整记录。

(3)检查银行存款账户发生额。注册会计师可以考虑对银行存款账户的发生额实施以下程序：①结合银行账户性质，分析不同账户发生银行存款日记账漏记银行交易的可能性，获取相关账户相关期间的全部银行对账单。②利用数据分析等技术，对比银行对账单上的收付款流水与被审计单位银行存款日记账的收付款信息是否一致，对银行对账单及被审计单位银行存款日记账记录进行双向核对。注册会计师通常可以考虑选择以下银行账户进行核对：基本户，余额较大的银行账户，发生额较大且收付频繁的银行账户，发生额较大但余额较小、零余额或当期注销的银行账户，募集资金账户等。③浏览资产负债表日前后的银行对账单和被审计单位银行存款账簿记录，关注是否存在大额、异常资金变动以及大量大额红字冲销或调整记录，如存在，需要实施进一步的审计程序。

(4)取得并检查银行对账单和银行存款余额调节表。取得并检查银行对账单和银行存款余额调节表是证实资产负债表中所列银行存款是否存在的重要程序。

(5)函证银行存款余额，编制银行函证结果汇总表，检查银行回函。需要关注的是，银行函证程序是证实资产负债表所列银行存款是否存在的重要程序。通过向往来银行函证，有助于了解企业资产的存在，企业账面反映所欠银行债务的情况，发现企业未入账的银行借款和未披露的或有负债。

(6)检查银行存款账户存款人是否为被审计单位，若存款人非被审计单位，应获取该账户户主和被审计单位的书面声明，确认资产负债表日是否需要提请被审计单位进行调整。

(7)关注是否存在质押、冻结等对变现有限制或存放在境外的款项。如果存在，是否已提请被审计单位做必要的调整和披露。

(8)对不符合现金及现金等价物条件的银行存款，在审计工作底稿中予以列明，以考虑对现金流量表的影响。

(9)抽查大额银行存款收支的原始凭证，检查原始凭证是否齐全，记账凭证与原始凭证是否相符，账务处理是否正确，是否记录于恰当的会计期间等项内容。检查是否存在非营业目的的大额货币资金转移，并核对相关账户的进账情况；如有与被审计单位生产经营无关的收支事项，应查明原因并作相应的记录。

(10)检查银行存款收支的截止是否正确。选取资产负债表日前后若干张、一定金额以上的凭证实施截止测试，关注业务内容及对应项目，如有跨期收支事项，应考虑是否提请被审计单位进行调整。

(11)检查银行存款是否在财务报表中作出恰当列报。根据有关规定，企业的银行存款在资产负债表的“货币资金”项目中反映，所以，注册会计师应在实施上述审计程序后，确定银行存款账户的期末余额是否恰当，进而确定银行存款是否在资产负债表中恰当披露。此外，如果企业的银行存款存在抵押、冻结等使用限制情况或者潜在回收风险，注册会计师应关注企业是否已经恰当披露有关情况。

2. 审计目标与审计程序对应关系

结合表 11－1，得到银行存款审计目标与审计程序的对应关系，见表 11－3。

表 11－3　银行存款审计目标与审计程序的对应关系

审计目标	可供选择的审计程序
④	1. 获取银行存款余额明细表 (1)复核加计是否正确，并与总账数和日记账合计数核对是否相符 (2)检查非记账本位币银行存款的折算汇率及折算金额是否正确

续表

审计目标	可供选择的审计程序
①②④	2.实施实质性分析程序 计算银行存款累计余额应收利息收入，分析比较被审计单位银行存款应收利息收入与实际利息收入的差异是否恰当，评估利息收入的合理性，检查是否存在高息资金拆借，确认银行存款余额是否存在，利息收入是否已经完整记录
①③	3.检查银行存款账户发生额
①②④	4.取得并检查银行对账单和银行存款余额调节表
①③	5.函证银行存款余额，编制银行函证结果汇总表，检查银行回函
③	6.检查银行存款账户的存款人是否为被审计单位，若为非被审计单位，应获取该账户户主和被审计单位的书面声明，确认资产负债表日是否需要提请被审计单位进行调整
③⑥	7.关注是否存在质押、冻结等对变现有限制或存放在境外的款项
⑥	8.对不符合现金和现金等价物条件的银行存款，在审计工作底稿中予以列明，以考虑对现金流量表的影响
①②④	9.抽查大额银行存款收支的原始凭证
①②	10.检查银行存款收支的截止是否正确
⑥	11.检查银行存款是否在财务报表中作出恰当列报

11.4.3 其他货币资金的实质性程序

通常可能需要特别关注以下事项：

(1)保证金存款的检查，检查开立银行承兑汇票的协议或银行授信审批文件。可以将保证金账户对账单与相应的交易进行核对，根据被审计单位应付票据的规模合理推断保证金数额。检查信用证的开立协议与保证金是否相符，检查保证金与相关债务的比例是否与合同约定一致，特别关注是否存在有保证金发生而被审计单位无对应保证事项的情形。

(2)对于存出投资款，跟踪资金流向，并获取董事会决议等批准文件、开户资料、授权操作资料等。如果投资于证券交易业务，通常结合相应金融资产项目审计，核对证券账户户名是否与被审计单位相符，获取证券公司证券交易结算资金账户的交易流水，抽查大额的资金收支情况，关注资金收支的账面记录与资金流水是否相符。

(3)检查因互联网支付留存于第三方支付平台的资金。了解是否开立支付宝、微信等第三方支付账户，如是，获取相关开户信息资料，了解其用途和使用情况，获取与第三方支付平台签订的协议，了解第三方平台使用流程等内部控制，比照验证银行存款或银行交易的方式向第三方平台支付账户函证交易发生额和余额(如可行)。获取第三方支付平台发生额及余额明细，在验证这些明细信息可靠性的基础上(如观察被审计单位人员登录并操作相关支付平台导出信息的过程，核对界面的真实性，核对平台界面显示或下载的信息与提供给注册会计师的明细信息的一致性等)，将其与账面记录进行核对，对大额交易考虑实施进一步的检查程序。

11.4.4　货币资金审计案例

【案例】甲公司是 ABC 会计师事务所的常年审计客户，A 注册会计师负责审计甲公司 2020 年度财务报表，确定财务报表整体的重要性为 300 万元。与货币资金审计相关的部分事项如下：

(1)甲公司一笔 1000 万元的定期存款于 2021 年 1 月到期。A 注册会计师于 2020 年末检查了相关的开户证实书原件，于 2021 年 2 月检查了到期兑付的银行凭证及相关的银行对账单，据此认可了该笔定期存款的存在。

(2)A 注册会计师实施实质性分析程序发现，甲公司 2020 年度账面记录的银行存款利息收入明显少于预期值，经调查系年内向关联方借出资金、甲公司账面未做记录所致。因借出资金已于年末收回，不影响银行存款余额，A 注册会计师认为不存在错报。

(3)甲公司与其子公司、乙银行签订的集团现金管理账户协议约定，子公司银行账户余额超过 500 万元的部分自动拨入甲公司银行账户。A 注册会计师检查了相关协议，并通过函证向乙银行确认了资金归集账户的具体信息，结果满意。

(4)为验证银行对账单的真实性，A 注册会计师要求甲公司财务人员提供相关的网银记录截屏。将网银截屏信息与银行对账单信息进行了核对，结果满意。

(5)在测试银行存款余额调节表时，A 注册会计师针对企付银未付和企收银未收调节事项，分别检查了相关的付款和收款原始凭证，据此确认了调节事项的适当性。

要求：针对上述第(1)项至第(5)项，逐项指出 A 注册会计师的做法是否恰当。

【案例解析】事项(1)不恰当。定期存款余额重大，应当实施银行函证程序。

事项(2)不恰当。可能存在关联方交易的披露错报。

事项(3)恰当。

事项(4)不恰当。A 注册会计师应核实网银截屏的真实性，亲自到银行获取对账单，观察甲公司人员登录并操作网银系统导出信息的过程。

事项(5)不恰当。还应检查期后银行对账单。

课后习题

一、分析题

ABC会计师事务所的A注册会计师负责审计甲公司2016年度财务报表，与货币资金审计相关的部分事项如下：

对于账面余额与银行对账单余额存在差异的银行账户，A注册会计师获取了银行存款余额调节表，检查了调节表中的加计数是否正确，并检查了调节后的银行存款日记账余额与银行对账单余额是否一致，据此认可了银行存款余额调节表。

要求：针对上述事项，指出A注册会计师的做法是否恰当。如不恰当，请简要说明理由。

二、选择题

D注册会计师负责对丁公司2018年度财务报表进行审计。在审计银行存款时，D注册会计师遇到下列事项，请针对题项1—5，代为做出正确的专业选择。

1. D注册会计师实施的下列程序中，属于控制测试程序的是（　　）。

A. 取得银行存款余额调节表并检查未达账项的真实性

B. 检查是否定期取得银行对账单并编制银行存款余额调节表

C. 检查银行存款收支的正确截止

D. 函证银行存款余额

2. 如果丁公司某银行账户的银行对账单余额与银行存款日记账余额不符，最有效的审计程序是（　　）。

A. 重新测试相关的内部控制

B. 检查该银行账户的银行存款余额调节表

C. 检查银行存款日记账中记录的资产负债表日前后的收付情况

D. 检查银行对账单中记录的资产负债表日前后的收付情况

3. 如果D注册会计师要证实丁公司在临近2018年12月31日签发的支票是否已登记入账，最有效的审计程序是（　　）。

A. 检查2018年12月的支票存根和银行存款日记账

B. 检查2018年12月31日的银行对账单

C. 检查2018年12月31日的银行存款余额调节表

D. 函证2018年12月31日的银行存款余额

4. 丁公司某银行账户的银行对账单余额为1485000元，在检查该账户银行存款余额调节表时，D注册会计师注意到以下事项：在途存款90000元；未提现支票60000元；未入账的银行存款利息收入45000元；未入账的银行代扣水电费25000元。假定不考虑其他因素，D注册会计师审计后确认的该银行存款账户余额应是（　　）。

A. 1415000元　　B. 1505000元　　C. 1515000元　　D. 1455000元

5. 下列与现金业务有关的职责可以不分离的是（　　）。

A. 现金支付的审批与执行　　B. 现金保管与现金总分类账的记录

C. 现金的会计记录与审计监督　　D. 现金保管与现金日记账的记录

三、简答题

1. 简述货币资金的控制测试要点与程序。
2. 简述库存现金实质性程序的步骤和方法。
3. 简述检查银行存款余额调节表的实质性程序。

第 12 章　完成审计工作

学习目标

1. 了解管理层书面声明和律师声明书。
2. 了解和掌握项目质量控制复核。
3. 掌握期后事项的分段及审计程序。
4. 掌握管理层不提供要求的书面声明情况下的审计处理。

注册会计师按业务循环完成各财务报表项目的审计测试和一些特殊项目的审计工作后，将进入完成审计工作阶段。该阶段的主要工作是，汇总审计测试结果，进行更具综合性的审计工作，如评价审计中的重大发现，评价审计过程中发现的错报，关注期后事项对财务报表的影响，复核审计工作底稿和财务报表等。在此基础上，评价审计结果，在与被审计单位沟通后，获取管理层书面声明，确定应出具的审计报告的意见类型，编制并致送审计报告，终结审计工作。

12.1　完成审计阶段的工作重点

12.1.1　评价审计中的重大发现

在完成审计工作阶段，常需考虑的重大发现和事项有：

(1)期中复核中的重大发现及其对审计方法的影响；

(2)涉及会计政策的选择、运用和一贯性的重大事项，包括相关披露；

(3)就识别出的特别风险，对总体审计策略和具体审计计划所作的重大修改；

(4)在与管理层和其他人员讨论重大发现和事项时得到的信息；

(5)与注册会计师的最终审计结论相矛盾或不一致的信息。

12.1.2　评价审计过程中识别出的错报

在评价审计过程中识别出的错报中，工作的重点在于：①评价识别出的错报对审计的影响；②评价未更正错报对财务报表的影响。具体要求如下：

1. 累积识别出的错报

除非错报明显微小，注册会计师应当累积审计过程中识别出的错报。

2. 随着审计的推进考虑识别出的错报

依据《中国注册会计师审计准则第1251号——评价审计过程中识别出的错报》的规定，如果出现下列情形之一，注册会计师应当确定是否需要修改总体审计策略和具体审计计划：

(1)识别出的错报的性质以及错报发生的环境表明可能存在其他错报，并且可能存在的其他错报与审计过程中累积的错报合计起来可能是重大的；

(2)审计过程中累积的错报合计数接近按照《中国注册会计师审计准则第1221号——计划和执行审计工作时的重要性》的规定确定的重要性。

需要强调的是，如果管理层应注册会计师的要求，检查了某类交易、账户余额或披露并更正了已发现的错报，注册会计师应当实施追加的审计程序，以确定错报是否仍然存在。

3. 沟通和更正错报

除非法律法规禁止，注册会计师应当及时将审计过程中累积的所有错报与适当层级的管理层进行沟通，并应当要求管理层更正这些错报。如果管理层拒绝更正沟通的部分或全部错报，应当了解管理层不更正错报的理由，并在评价财务报表整体是否不存在重大错报时考虑该理由。

4. 评价未更正错报的影响

1)重新评估重要性

在评价未更正错报的影响之前，注册会计师应当重新评估所确定的重要性，以根据被审计单位的实际财务结果确认其是否适当。如果对重要性或重要性水平进行的重新评估导致需要确定较低的金额，则应重新考虑实际执行的重要性和进一步审计程序的性质、时间安排和范围的适当性，以获取充分、适当的审计证据，作为发表审计意见的基础。

2)确定未更正错报单独或汇总起来是否重大

在确定时，注册会计师应当考虑：

(1)相对特定类别的交易、账户余额或披露以及财务报表整体而言，错报的金额和性质以及错报发生的特定环境。在某些情况下，即使某些错报低于财务报表整体的重要性，但因与这些错报相关的某些情况，在将其单独或连同在审计过程中累积的其他错报一并考虑时，注册会计师也可能将这些错报评价为重大错报。例如，某项错报的金额虽然低于财务报表整体的重要性，但对被审计单位的盈亏状况有决定性的影响，应认为该项错报是重大错报。

(2)与以前期间相关的未更正错报对相关类别的交易、账户余额或披露以及财务报表整体的影响。与以前期间相关的非重大未更正错报的累积影响，可能对本期财务报表产生重大影响。注册会计师还应当与治理层沟通与以前期间相关的未更正错报对相关类别的交易、账户余额或披露以及财务报表整体的影响，并应当要求被审计单位更正未更正错报。

5. 书面声明

注册会计师应当要求管理层和治理层(如适用)提供书面声明，说明其是否认为未更正错报单独或汇总起来对财务报表整体的影响不重大。这些错报项目的概要应当包含在书面声明中或附在其后。

12.1.3 实施分析程序

在临近审计结束时，注册会计师应当运用分析程序，帮助其对财务报表形成总体结论，以确定财务报表是否与其对被审计单位的了解一致。如果所实施分析程序的结果识别出以前未识别的重大错报风险，在这种情况下，需要修改重大错报风险的评估结果，并相应修改原计划实施的进一步审计程序。

12.1.4 项目质量复核

项目质量复核是会计师事务所质量管理体系中的一项应对措施。《会计师事务所质量管理准则第 5102 号——项目质量复核》规范了有关项目质量复核人员的委派和资质要求，以及项目质量复核实施和记录的要求。

1. 项目质量复核的定义

项目质量复核是指在报告日或报告日之前，项目质量复核人员对项目组作出的重大判断及据此得出的结论作出的客观评价。项目质量复核人员，是指会计师事务所中实施项目质量复核的合伙人或其他类似职位的人员，或者由会计师事务所委派实施项目质量复核的外部人员。

项目质量复核人员不是项目组成员。执行项目质量复核，并不改变项目合伙人对项目实施质量管理以高质量执行业务的责任，以及对项目组成员进行指导和监督并复核其工作的责任。项目质量复核人员并不需要获取证据以支持项目的意见或结论，但是，项目组在回应项目质量复核过程中提出的问题时可能获取进一步证据。

会计师事务所的目标是，委派符合相关资质要求的项目质量复核人员，对项目组作出的重大判断和据此得出的结论作出客观评价。

2. 项目质量复核人员资质要求

(1)具备适当的胜任能力，包括充足的时间和适当的权威性以实施项目质量复核。项目质量复核人员的胜任能力应当至少与项目合伙人相当。

(2)遵守相关职业道德要求，包括与项目质量复核人员如何应对对其客观性和独立性产生的不利影响相关的职业道德要求，并在实施项目质量复核时保持独立、客观、公正。

(3)遵守与项目质量复核人员任职资质要求相关的法律法规规定。

3. 项目质量复核的实施

复核人员应当实施下列程序：

1)阅读并了解下列信息

(1)与项目组就项目和客户的性质和具体情况进行沟通获取的信息；

(2)与会计师事务所就监控和整改程序进行沟通获取的信息，特别是针对可能与项目组的重大判断相关或影响该重大判断的领域识别出的缺陷进行的沟通。

2)与项目合伙人及其他项目组成员讨论重大事项，以及在项目计划、实施和报告时作出的重大判断

3)选取部分与项目组作出的重大判断相关的业务工作底稿进行复核，并评价下列方面：

(1)作出这些重大判断的依据，包括项目组对职业怀疑的运用；

(2)业务工作底稿能否支持得出的结论；

(3)得出的结论是否恰当。

4)对于财务报表审计业务，评价项目合伙人确定独立性要求已得到遵守的依据

5)评价是否已就疑难问题或争议事项、涉及意见分歧的事项进行适当咨询，并评价咨询得出的结论

6)对于财务报表审计，评价项目合伙人确定下列方面的依据

(1)项目合伙人对整个审计过程的参与程度是充分、适当的；

(2)项目合伙人能够确定作出的重大判断和得出的结论适合项目的性质和具体情况。

7)对下列方面实施复核

(1)对于财务报表审计，复核被审计财务报表和审计报告，以及审计报告中对关键审计事项的描述；

(2)对于财务报表审阅，复核被审阅财务报表或财务信息，以及拟出具的审阅报告；

(3)对于财务报表审计和审阅以外的其他鉴证业务或相关服务业务，复核业务报告和鉴证对象信息。

4. 项目质量复核的工作底稿

项目质量复核工作底稿中包括下列方面：

(1)项目质量复核人员及协助人员的姓名；

(2)已复核的业务工作底稿的识别特征；

(3)项目质量复核人员确定项目复核已完成的依据；

(4)项目质量复核无法完成或已经完成所发出的通知；

(5)完成项目质量复核的日期。

12.2　期后事项

为对一个会计期间的财务报表的真实性、完整性和公允性提供合理保障，在对某一会计年度的财务报表审计时，除对所审会计年度内发生的交易和事项实施必要的审计程序之外，还必须考虑所审会计年度之后发生和发现的事项对财务报表和审计报告的影响。

12.2.1　期后事项的含义与分段

期后事项是指财务报表日至审计报告日之间发生的事项，以及注册会计师在审计报告日后知悉的事实。

期后事项可以分为三个时段，如图 12 - 1 所示：①第一时段期后事项：财务报表日后至

审计报告日的事项;②第二时段期后事项:审计报告日后至财务报表报出日发现的事项;③第三时段期后事项:财务报表报出日后发现的事项。

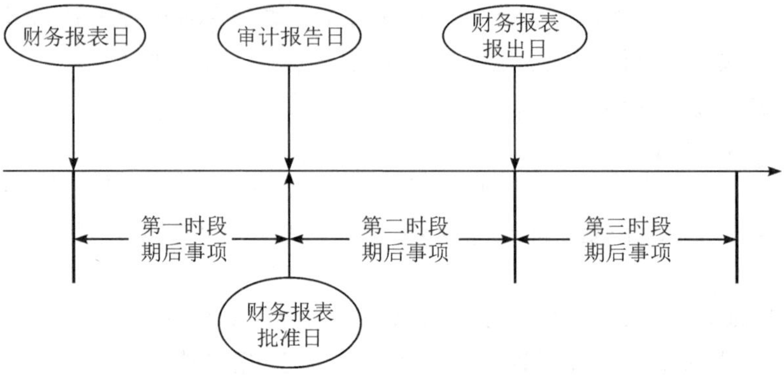

图 12-1 期后事项分段示意图

在图 12-1 中,财务报表日是指财务报表涵盖的最近期间的截止日期;财务报表批准日是指构成整套财务报表的所有报表(含披露)已编制完成,并且被审计单位的董事会、管理层或类似机构已经认可其对财务报表负责的日期;财务报表报出日是指审计报告和已审计财务报表提供给第三方的日期。在实务中,审计报告日与财务报表批准日通常是相同的日期。

针对期后事项,注册会计师的目标是:

(1)获取充分、适当的审计证据,以确定财务报表日至审计报告日之间发生的、需要在财务报表中调整或披露的事项是否已经按照适用的财务报告编制基础在财务报表中得到恰当反映;

(2)恰当应对在审计报告日后注册会计师知悉的且如果在审计报告日知悉可能导致注册会计师修改审计报告的事实。

12.2.2 财务报表日至审计报告日之间发生的事项

1. 审计要求

财务报表日至审计报告日之间发生的期后事项属于第一时段期后事项。注册会计师负有主动识别的义务,应当设计和实施审计程序,获取充分、适当的审计证据,以确定所有在财务报表日至审计报告日之间发生的、需要在财务报表中调整或披露的事项均已得到识别。但是,注册会计师并不需要对之前已实施审计程序并已得出满意结论的事项执行追加的审计程序。

2. 审计程序

在确定审计程序的性质和范围时,应当考虑风险评估的结果。程序包括:

(1)了解管理层为确保识别期后事项而建立的程序;

(2)询问管理层和治理层,确定是否已发生可能影响财务报表的期后事项;

(3)查阅被审计单位的所有者、管理层和治理层在财务报表日后举行会议的纪要,在不能获取会议纪要的情况下,询问此类会议讨论的事项;

(4)查阅被审计单位最近的中期财务报表(如有)。

3. 恰当反映

在实施上述审计程序后，如果注册会计师识别出对财务报表有重大影响的期后事项，应当确定这些事项是否按照适用的财务报告编制基础的规定在财务报表中得到恰当反映。

4. 书面声明

注册会计师应当按照《中国注册会计师审计准则第 1341 号——书面声明》的规定，要求管理层和治理层（如适用）提供书面声明，确认所有在财务报表日后发生的、按照适用的财务报告编制基础的规定应予调整或披露的事项均已得到调整或披露。

12.2.3　注册会计师在审计报告日后至财务报表报出日前知悉的事实

1. 审计要求

在审计报告日后，注册会计师没有义务针对财务报表实施任何审计程序。

审计报告日后至财务报表报出日前发现的事实属于第二时段期后事项，由于针对被审计单位的审计业务已经结束，注册会计师要识别可能存在的期后事项比较困难，因而无法承担主动识别第二时段期后事项的审计责任。

2. 知悉第二时段期后事项时的程序

在第二时段，如果知悉了某事实，且若在审计报告日知悉可能导致修改审计报告，注册会计师应当：与管理层和治理层（如适用）讨论该事项；确定财务报表是否需要修改；如果需要修改，询问管理层将如何在财务报表中处理该事项。

1）注册会计师应当根据具体情况对有关修改实施必要的审计程序

（1）“特定情形”的处理。在有关法律法规或适用的财务报告编制基础未禁止的情况下，如果管理层对财务报表的修改仅限于反映导致修改的期后事项的影响，被审计单位的董事会、管理层或类似机构也仅对有关修改进行批准，注册会计师可以仅针对有关修改将用以识别期后事项的上述审计程序延伸至新的审计报告日，简称“特定情形”。在这种情况下，注册会计师应当选用下列处理方式之一：①修改审计报告，针对财务报表修改部分增加补充报告日期，从而表明注册会计师对期后事项实施的审计程序仅限于财务报表相关附注所述的修改；②出具新的或经修改的审计报告，在强调事项段或其他事项段中说明注册会计师对期后事项实施的审计程序仅限于财务报表相关附注所述的修改。

（2）非“特定情形”的处理。除“特定情形”外，注册会计师应当将用以识别期后事项的上述审计程序延伸至新的审计报告日，并针对修改后的财务报表出具新的审计报告。新的审计报告日不应早于修改后的财务报表被批准的日期。

2）管理层不修改财务报表时的处理

如果认为管理层应当修改财务报表而没有修改，应当按照下列方式处理：

（1）如果审计报告尚未提交给被审计单位，注册会计师应当按照《中国注册会计师审计准则第 1502 号——在审计报告中发表非无保留意见》的规定发表非无保留意见，然后再提交审计报告。

（2）如果审计报告已经提交给被审计单位，注册会计师应当通知管理层和治理层（除非治理层全部成员参与管理被审计单位)在财务报表作出必要修改前不要向第三方报出。如果财务报表在未经必要修改的情况下仍被报出,注册会计师应当采取适当措施,以设法防止财务报表使用者信赖该审计报告。如,利用证券传媒等刊登必要的声明等。

12.2.4 注册会计师在财务报表报出后知悉的事实

1. 审计要求

对于第三时段期后事项,注册会计师没有义务针对财务报表实施任何审计程序。

2. 知悉第三时段期后事项时的处理

在财务报表报出后,如果知悉了某事实,且若在审计报告日知悉可能导致修改审计报告,注册会计师应当:与管理层和治理层(如适用)讨论该事项;确定财务报表是否需要修改;如果需要修改,询问管理层将如何在财务报表中处理该事项。

如果管理层修改了财务报表,注册会计师应当采取下列措施:

(1)根据具体情况对有关修改实施必要的审计程序。例如,查阅法院判决文件、复核会计处理或披露事项,确定管理层对财务报表的修改是否恰当。

(2)复核管理层采取的措施能否确保所有收到原财务报表和审计报告的人士了解这一情况。

(3)延伸实施审计程序,并针对修改后的财务报表出具新的审计报告。

除非上文所述的“特定情形”适用,将用以识别期后事项的上述审计程序延伸至新的审计报告日,并针对修改后的财务报表出具新的审计报告,新的审计报告日不应早于修改后的财务报表被批准的日期。

(4)如果上文所述“特定情形”适用,修改审计报告或提供新的审计报告。

需要提醒的是,注册会计师应当在新的或经修改的审计报告中增加强调事项段或其他事项段,提醒财务报表使用者关注财务报表附注中有关修改原财务报表的详细原因和注册会计师提供的原审计报告。

3. 管理层未采取任何行动时的处理。

如果管理层没有采取必要措施确保所有收到原财务报表的人士了解这一情况,也没有在注册会计师认为需要修改的情况下修改财务报表,注册会计师应当通知管理层和治理层(除非治理层全部成员参与管理被审计单位)。

如果注册会计师已经通知管理层或治理层,而管理层或治理层没有采取必要措施,注册会计师应当采取适当措施,以设法防止财务报表使用者信赖该审计报告。

12.3 书面声明

书面声明,是指管理层向注册会计师提供的书面陈述,用以确认某些事项或支持其他审计证据。书面声明不包括财务报表及其认定,以及支持性账簿和相关记录。

12.3.1　将书面声明作为审计证据

书面声明是审计证据的重要来源。如果管理层修改书面声明的内容或不提供注册会计师要求的书面声明,可能使注册会计师警觉存在重大问题的可能性。而且,在很多情况下,要求管理层提供书面声明而非口头声明,可以促使管理层更加认真地考虑声明所涉及的事项,从而提高声明的质量。

尽管书面声明提供必要的审计证据,但其本身并不为所涉及的任何事项提供充分、适当的审计证据。而且,管理层已提供可靠书面声明的事实,并不影响注册会计师就管理层责任履行情况或具体认定获取的其他审计证据的性质和范围。

注册会计师应当要求对财务报表承担相应责任并了解相关事项的管理层提供书面声明。

12.3.2　针对管理层责任的书面声明

针对财务报表的编制,注册会计师应当要求管理层提供书面声明,确认其根据审计业务约定条款,履行了按照适用的财务报告编制基础编制财务报表并使其实现公允反映的责任。

针对提供的信息和交易的完整性,注册会计师应当要求管理层就下列事项提供书面声明:①按照审计业务约定条款,已向注册会计师提供所有相关信息,并允许注册会计师不受限制地接触所有相关信息以及被审计单位内部人员和其他相关人员。②所有交易均已记录并反映在财务报表中。

基于管理层认可并理解在审计业务约定条款中提及的管理层的责任,注册会计师可能还要求管理层在书面声明中再次确认其对自身责任的认可与理解。当存在下列情况时,这种确认尤为适当:

(1)代表被审计单位签订审计业务约定条款的人员不再承担相关责任;

(2)审计业务约定条款是在以前年度签订的;

(3)有迹象表明管理层误解了其责任;

(4)情况的改变需要管理层再次确认其责任。

12.3.3　其他书面声明

如果认为有必要获取一项或多项其他书面声明,以支持与财务报表或者一项或多项具体认定相关的其他审计证据,注册会计师应当要求管理层提供这些书面声明。

1. 关于财务报表的额外书面声明

除了针对财务报表的编制,可能认为有必要获取有关财务报表的其他书面声明。通常包括:

(1)会计政策的选择和运用是否适当。

(2)是否按照适用的财务报告编制基础对下列事项(如相关)进行了确认、计量、列报或披露:①可能影响资产和负债账面价值或分类的计划或意图;②负债(包括实际负债和或有负债);③资产的所有权或控制权,资产的留置权或其他物权,用于担保的抵押资产;④可能影响财务报表的法律法规及合同(包括违反法律法规及合同的行为)。

2. 关于特定认定的书面声明

注册会计师可能认为有必要要求管理层提供有关财务报表特定认定的书面声明，尤其是支持注册会计师就管理层的判断或意图或者完整性认定从其他审计证据中获取的了解。例如，如果管理层的意图对投资的计价基础非常重要，但若不能从管理层获取有关该项投资意图的书面声明，注册会计师就不可能获取充分、适当的审计证据。尽管这些书面声明能够提供必要的审计证据，但其本身并不能为财务报表特定认定提供充分、适当的审计证据。

12.3.4 书面声明的日期和涵盖的期间

由于书面声明是必要的审计证据，在管理层签署书面声明前，注册会计师不能发表审计意见，也不能签署审计报告。由于注册会计师关注截至审计报告日发生的、可能需要在财务报表中做出相应调整或披露的事项，书面声明的日期应当尽量接近对财务报表出具审计报告的日期，但不得在其之后。

12.3.5 对书面声明可靠性的疑虑

如果对管理层的胜任能力、诚信、道德价值观或勤勉尽责的程度存在疑虑，或者对管理层在这些方面的承诺或贯彻执行存在疑虑，注册会计师可能认为，管理层在财务报表中作出不实陈述的风险很大，以至于审计工作无法进行。在这种情况下，除非治理层采取适当的纠正措施，否则注册会计师可能需要考虑解除业务约定(如果法律法规允许)。然而，治理层采取的纠正措施可能并不足以使注册会计师发表无保留意见。

如果书面声明与其他审计证据不一致，注册会计师应当实施审计程序以设法解决这些问题。注册会计师可能需要考虑风险评估结果是否仍然适当。如果认为不适当，注册会计师需要修改风险评估结果，并确定进一步审计程序的性质、时间安排和范围，以应对评估的风险。如果问题仍未解决，注册会计师应当重新考虑对管理层的胜任能力、诚信、道德价值观或勤勉尽责的评估，或者重新考虑对管理层在这些方面的承诺或贯彻执行的评估，并确定书面声明与其他审计证据的不一致对书面或口头声明和审计证据总体的可靠性可能产生的影响。

12.3.6 管理层不提供要求的书面声明

如果管理层不提供要求的一项或多项书面声明，注册会计师应当：

(1)与管理层讨论该事项；

(2)重新评价管理层的诚信，并评价该事项对书面或口头声明和审计证据总体的可靠性可能产生的影响；

(3)采取适当措施，包括确定该事项对审计意见可能产生的影响。

如果存在下列情形之一，注册会计师应当对财务报表发表无法表示意见：

(1)注册会计师对管理层的诚信产生重大疑虑，以至于认为其针对管理层责任作出的书面声明不可靠。

(2)管理层不提供针对管理层责任的书面声明。

课后习题

一、分析题

1.甲公司是 ABC 会计师事务所的常年审计客户，主要从事家电产品的生产、批发和零售。A 注册会计师负责审计甲公司 2019 年度财务报表，确定财务报表整体的重要性为 800 万元，明显微小错报的临界值为 40 万元。A 注册会计师在审计工作底稿中记录了重大事项的处理情况，部分内容摘录如下：

(1)A 注册会计师在审计过程中发现了一笔 300 万元的重分类错报，因金额较小未提出审计调整，要求管理层在书面声明中说明该错报对财务报表整体的影响不重大。

(2)甲公司某重要客户于 2020 年 1 月初申请破产清算。管理层在计提 2019 年末坏账准备时考虑了这一情况。A 注册会计师检查了相关法律文件、评估了计提金额的合理性，结果满意，据此认可了管理层的处理。

(3)A 注册会计师在审计中发现甲公司采购总监存在受贿行为，立即与总经理沟通了该事项，获悉董事会已收到内部员工举报，正在进行调查。A 注册会计师认为无须再与董事会或股东会沟通。

(4)甲公司总经理因疫情滞留外地，无法签署书面声明。A 注册会计师与总经理视频沟通。总经理表示同意书面声明的内容，并授权副总经理在书面声明上签字并加盖了公章。A 注册会计师接受了甲公司的做法。

要求：针对上述事项，假定不考虑其他条件，逐项指出 A 注册会计师的做法是否恰当。如不恰当，简要说明理由。

2.上市公司甲公司是 ABC 会计师事务所的常年审计客户，主要从事汽车的生产和销售。A 注册会计师负责审计甲公司 2017 年度财务报表，确定财务报表整体的重要性为 1000 万元，明显微小错报的临界值为 30 万元。A 注册会计师在审计工作底稿中记录了重大事项的处理情况，部分内容摘录如下：

(1)2018 年 1 月初，甲公司对某型号汽车实施召回，免费更换安全气囊，预计将发生更换费用 4000 万元。管理层在 2017 年度财务报表中确认了该项费用并进行了披露。A 注册会计师在对更换费用及相关披露实施审计程序后，认可了管理层的处理。

(2)因不同意 A 注册会计师提出的某些审计调整建议，管理层拒绝在书面声明中说明未更正错报单独或汇总起来对财务报表整体的影响不重大。考虑到未更正错报对财务报表的影响很小，A 注册会计师同意管理层不提供该项声明。

要求：针对上述第(1)项至第(2)项，假定不考虑其他条件，指出 A 注册会计师的做法是否恰当。如不恰当，请简要说明理由。

二、简答题

1.简述管理层书面声明的含义与作用。

2.简述期后事项的含义、分段与审计处理程序。

3.简述管理层不提供要求的书面声明情况下的审计处理。

第 13 章　审计报告

学习目标

1. 了解审计报告的含义和作用。
2. 熟悉审计报告的基本要素及内容。
3. 掌握无保留意见审计报告的出具条件。
4. 掌握非无保留意见的种类及出具意见的条件。

《中国注册会计师审计准则第 1501 号——对财务报表形成审计意见和出具审计报告》《中国注册会计师审计准则第 1502 号——在审计报告中发表非无保留意见》和《中国注册会计师审计准则第 1503 号——在审计报告中增加强调事项段和其他事项段》规定了注册会计师对财务报表形成审计意见，以及作为财务报表审计结果出具的审计报告的格式和内容，并为审计报告相关工作提供了规范指引。

13.1　审计报告的概念与作用

13.1.1　审计报告的含义

依据《中国注册会计师审计准则第 1501 号——审计报告》的相关规定，审计报告，是指注册会计师根据中国注册会计师审计准则的规定，在实施审计工作的基础上对被审计单位财务报表发表审计意见的书面文件。注册会计师应当在审计报告中清楚地表达对财务报表的意见，并对出具的审计报告负责。应当将已审计的财务报表附于审计报告后，以便于财务报表使用者正确理解和使用审计报告，并防止被审计单位替换、更改已审计的财务报表。

13.1.2　审计报告的作用

审计报告具有鉴证、保护和证明三个方面的作用。

1. 鉴证作用

审计报告是注册会计师以第三方身份，对被审计单位财务报表的合法性和公允性发表意见的书面文件。这种书面文件是在法律框架规范下对被审计单位财务报表的合法性、公允性和一致性所做出的专业性评价，并对财务报表是否不存在重大错报提供合理保证，具有鉴证作用，能够增强财务报表的可信度，并对增强除管理层之外的预期使用者对财务报表信赖的程度具有积极意义。

2. 保护作用

根据《中华人民共和国公司法》和《中华人民共和国证券法》的相关规定，上市公司作为公众公司，其财务状况的透明度和真实性对投资者决策具有重大影响。上市公司在发布财务报告前，必须经过审计公司的审计。审计报告是注册会计师对财务报表真实性、公允性、合规性发表审计意见的书面文件，能够在一定程度上对被审计单位的债权人和股东以及其他利害关系人的利益起到保护作用。例如，审计报告通过揭示财务报表中的重大错报或舞弊，保护投资者、债权人等利益相关者的权益，降低其决策风险。又如，审计报告提高了被审计单位财务信息的透明度，有助于提升公众信任，维护市场秩序。

3. 证明作用

审计报告是对注册会计师审计任务完成情况及其结果所作的总结，在一定程度上可以对审计工作质量和注册会计师的审计责任起证明作用。例如，注册会计师是否以获取的审计证据为依据发表审计意见，发表的审计意见是否与被审计单位的实际情况相一致，审计工作的质量是否符合要求。

13.2　审计意见的形成与类型

13.2.1　得出审计结论时考虑的内容

《中国注册会计师审计准则第 1501 号——对财务报表形成审计意见和出具审计报告》规定：注册会计师应当就财务报表是否在所有重大方面按照适用的财务报告编制基础的规定编制并实现公允反映形成审计意见。为了形成审计意见，针对财务报表整体是否不存在舞弊或错误导致的重大错报，注册会计师应当得出结论，确定是否已就此获取合理保证。结论的得出应当考虑下列方面：

(1)按照《中国注册会计师审计准则第 1231 号——针对评估的重大错报风险采取的应对措施》的规定，是否已获取充分、适当的审计证据。

(2)按照《中国注册会计师审计准则第 1251 号——评价审计过程中识别出的错报》的规定，未更正错报单独或汇总起来是否构成重大错报。

(3)评价财务报表是否在所有重大方面按照适用的财务报告编制基础的规定编制。在评价时，应当考虑被审计单位会计实务的质量，包括表明管理层的判断可能出现偏向的迹象，并依据适用的财务报告编制基础特别评价下列内容：

①财务报表是否恰当披露了所选择和运用的重要会计政策。评价中要考虑会计政策与被审计单位的相关性，以及会计政策是否以可理解的方式予以表述，包括：a. 适用的财务报

告编制基础要求包括的所有与重要会计政策相关的披露是否均已披露；b. 已披露的重要会计政策是否相关，从而反映在被审计单位经营及环境的特定情况下，适用的财务报告编制基础所规定的确认、计量和列报标准如何运用于财务报表中的各类交易、账户余额和披露；c. 披露的重要会计政策的明晰性。

②所选择和运用的会计政策是否符合适用的财务报告编制基础，并适合被审计单位的具体情况；

③管理层作出的会计估计和相关披露是否合理；

④财务报表列报的信息是否具有相关性、可靠性、可比性和可理解性。包括：a. 应当包括的信息是否均已包括，这些信息的分类、汇总或分解以及描述是否适当；b. 财务报表的总体列报（包括披露）是否由于包括不相关的信息或有碍正确理解所披露事项的信息而受到不利影响。

⑤财务报表是否作出充分披露，使预期使用者能够理解重大交易和事项对财务报表所传递信息的影响；

⑥财务报表使用的术语（包括每一财务报表的标题）是否适当。

（4）评价财务报表是否实现公允反映。注册会计师应当考虑下列方面。

①财务报表的总体列报（包括披露）、结构和内容是否合理；

②财务报表是否公允地反映了相关交易和事项。

13.2.2 审计意见的类型

注册会计师的目标是在评价根据审计证据得出的结论的基础上，对财务报表形成审计意见，并通过书面报告的形式清楚地表达审计意见。依据审计人员对被审计单位财务报表的合规性、公允性和一致性的判断和评价情况，可将审计意见分为无保留意见（标准无保留意见）与非无保留意见两大类。

1. 无保留意见

无保留意见是指当注册会计师认为财务报表在所有重大方面按照适用的财务报告编制基础的规定编制并实现公允反映时发表的审计意见。

2. 非无保留意见

非无保留意见是指对财务报表发表的保留意见、否定意见或无法表示意见。当存在下列情形之一时，注册会计师应当在审计报告中发表非无保留意见：

（1）根据获取的审计证据，得出财务报表整体存在重大错报的结论；

（2）无法获取充分、适当的审计证据，不能得出财务报表整体不存在重大错报的结论。

13.3 审计报告的基本内容

13.3.1 审计报告的要素

审计报告应当采用书面形式，且应当包括下列要素：

(1)标题;
(2)收件人;
(3)审计意见;
(4)形成审计意见的基础;
(5)管理层对财务报表的责任;
(6)注册会计师对财务报表审计的责任;
(7)按照相关法律法规的要求报告的事项;
(8)注册会计师的签名和盖章;
(9)会计师事务所的名称、地址和盖章;
(10)报告日期。

在适用的情况下,注册会计师还应当按照《中国注册会计师审计准则第1324号——持续经营》《中国注册会计师审计准则第1504号——在审计报告中沟通关键审计事项》《中国注册会计师审计准则第1521号——注册会计师对其他信息的责任》的相关规定,在审计报告中对与持续经营相关的重大不确定性、关键审计事项、被审计单位年度报告中包含的除财务报表和审计报告之外的其他信息进行报告。

13.3.2 审计报告要素的具体规范

1. 标题

审计报告的标题统一规范为"审计报告"。

2. 收件人

审计报告应当按照审计业务约定的要求载明收件人。

在某些国家或地区,法律法规或业务约定条款可能指定审计报告致送的对象。注册会计师通常将审计报告致送给财务报表使用者,一般是被审计单位的股东或治理层。

3. 审计意见

该部分由两部分构成。第一部分指出已审计财务报表,应当包括下列方面:
(1)指出被审计单位的名称;
(2)说明财务报表已经审计;
(3)指出构成整套财务报表的每一财务报表的名称;
(4)提及财务报表附注;
(5)指明构成整套财务报表的每一财务报表的日期或涵盖的期间。

第二部分应当说明注册会计师发表的审计意见。如果对财务报表发表无保留意见,除非法律法规另有规定,审计意见应当使用"我们认为,财务报表在所有重大方面按照[适用的财务报告编制基础(如企业会计准则等)]编制,公允反映了[……]"的措辞。

4. 形成审计意见的基础

审计报告应当包含标题为"形成审计意见的基础"的部分。该部分提供关于审计意见的重要背景,应当紧接在审计意见部分之后,并包括下列方面:

(1)说明注册会计师按照审计准则的规定执行了审计工作。

(2)提及审计报告中用于描述审计准则规定的注册会计师责任的部分。

(3)声明注册会计师按照与审计相关的职业道德要求对被审计单位保持了独立性,并履行了职业道德方面的其他责任。声明中应当指明适用的职业道德要求,如中国注册会计师职业道德守则。

(4)说明注册会计师是否相信获取的审计证据是充分、适当的,为发表审计意见提供了基础。

5. 管理层对财务报表的责任

管理层对财务报表的责任部分应当说明管理层负责下列方面:

(1)按照适用的财务报告编制基础的规定编制财务报表,使其实现公允反映,并设计、执行和维护必要的内部控制,以使财务报表不存在舞弊或错误导致的重大错报;

(2)评估被审计单位的持续经营能力和使用持续经营假设是否适当,并披露与持续经营相关的事项(如适用)。对管理层评估责任的说明应当包括描述在何种情况下使用持续经营假设是适当的。

6. 注册会计师对财务报表审计的责任

该部分主要包括下列内容:

(1)说明注册会计师的目标是对财务报表整体是否不存在舞弊或错误导致的重大错报获取合理保证,并出具包含审计意见的审计报告;

(2)说明合理保证是高水平的保证,但并不能保证按照审计准则执行的审计在某一重大错报存在时总能发现;

(3)说明错报可能是舞弊或错误导致的。

7. 按照相关法律法规的要求报告的事项

除审计准则规定的注册会计师对财务报表出具审计报告的责任之外,相关法律法规可能对注册会计师设定了其他报告责任。例如,如果注册会计师在财务报表审计中注意到某些事项,可能被要求对这些事项予以报告。如果注册会计师在对财务报表出具的审计报告中履行其他报告责任,应当在审计报告中将其单独作为一部分,并以"按照相关法律法规的要求报告的事项"为标题,或使用适合于该部分内容的其他标题。

8. 注册会计师的签名和盖章

审计报告应当由项目合伙人和另一名负责该项目的注册会计师签名和盖章。为进一步增强对审计报告使用者的透明度,在对上市实体整套通用目的财务报表出具的审计报告中应当注明项目合伙人。

9. 会计师事务所的名称、地址和盖章

审计报告应当载明会计师事务所的名称和地址,并加盖会计师事务所公章。

10. 报告日期

审计报告应当注明报告日期。审计报告日不应早于注册会计师获取充分、适当的审计证据,并在此基础上对财务报表形成审计意见的日期。在确定审计报告日时,注册会计师应当确信已获取下列两方面的审计证据：①构成整套财务报表的所有报表（含披露）已编制完成；②被审计单位的董事会、管理层或类似机构已经认可其对财务报表负责。

13.3.3　无保留意见审计报告示例

示例 13－1 列示了对上市实体财务报表出具的无保留意见的审计报告。

示例 13－1：对上市实体财务报表出具的无保留意见的审计报告

背景信息：

(1)对上市实体整套财务报表进行审计。该审计不属于集团审计(即不适用《中国注册会计师审计准则第 1401 号——对集团财务报表审计的特殊考虑》)；

(2)管理层按照企业会计准则编制财务报表；

(3)审计业务约定条款体现了《中国注册会计师审计准则第 1111 号——就审计业务约定条款达成一致意见》中关于管理层对财务报表责任的描述；

(4)基于获取的审计证据，注册会计师认为发表无保留意见是恰当的；

(5)适用的相关职业道德要求为中国注册会计师职业道德守则；

(6)基于获取的审计证据，根据《中国注册会计师审计准则第 1324 号——持续经营》，注册会计师认为可能导致对被审计单位持续经营能力产生重大疑虑的事项或情况不存在重大不确定性；

(7)已按照《中国注册会计师审计准则第 1504 号——在审计报告中沟通关键审计事项》的规定沟通了关键审计事项；

(8)注册会计师在审计报告日前已获取所有其他信息，且未识别出信息存在重大错报；

(9)负责监督财务报表的人员与负责编制财务报表的人员不同；

(10)除财务报表审计外，注册会计师还承担法律法规要求的其他报告责任，且注册会计师决定在审计报告中履行其他报告责任。

【示例 13－1】

审计报告

ABC 股份有限公司全体股东：

一、对财务报表出具的审计报告

(一)审计意见

我们审计了 ABC 股份有限公司(以下简称 ABC 公司)财务报表，包括 2021 年 12 月 31 日的资产负债表，2021 年度的利润表、现金流量表、股东权益变动表以及相关财务报表附注。

我们认为，后附的财务报表在所有重大方面按照企业会计准则的规定编制，公允反映了 ABC 公司 2021 年 12 月 31 日的财务状况以及 2021 年度的经营成果和现金流量。

(二)形成审计意见的基础

我们按照中国注册会计师审计准则的规定执行了审计工作。审计报告的“注册会计师对财务报表审计的责任”部分进一步阐述了我们在这些准则下的责任。按照中国注册会计师职业道德守则，我们独立于 ABC 公司，并履行了职业道德方面的其他责任。我们相信，我们获取的审计证据是充分、适当的，为发表审计意见提供了基础。

（三）关键审计事项

关键审计事项是我们根据职业判断，认为对本期财务报表审计最为重要的事项。这些事项的应对以对财务报表整体进行审计并形成审计意见为背景，我们不对这些事项单独发表意见。

[按照《中国注册会计师审计准则第 1504 号——在审计报告中沟通关键审计事项》的规定描述每一关键审计事项。]

（四）其他信息

[按照《中国注册会计师审计准则第 1521 号——注册会计师对其他信息的责任》的规定报告]

（五）管理层和治理层对财务报表的责任

ABC 公司管理层（以下简称管理层）负责按照企业会计准则的规定编制财务报表，使其实现公允反映，并设计、执行和维护必要的内部控制，以使财务报表不存在舞弊或错误导致的重大错报。

在编制财务报表时，管理层负责评估 ABC 公司的持续经营能力，披露与持续经营相关的事项（如适用），并运用持续经营假设，除非管理层计划清算 ABC 公司、终止运营或别无其他现实的选择。

治理层负责监督 ABC 公司的财务报告过程。

（六）注册会计师对财务报表审计的责任

我们的目标是对财务报表整体是否不存在舞弊或错误导致的重大错报获取合理保证，并出具包含审计意见的审计报告。合理保证是高水平的保证，但并不能保证按照审计准则执行的审计在某一重大错报存在时总能发现。错报可能是舞弊或错误导致的，如果合理预期错报单独或汇总起来可能影响财务报表使用者依据财务报表作出的经济决策，则通常认为错报是重大的。

在按照审计准则执行审计工作的过程中，我们运用职业判断，并保持职业怀疑。同时，我们也执行以下工作：

(1)识别和评估舞弊或错误导致的财务报表重大错报风险，设计和实施审计程序以应对这些风险，并获取充分、适当的审计证据，作为发表审计意见的基础。由于舞弊可能涉及串通、伪造、故意遗漏、虚假陈述或凌驾于内部控制之上，未能发现舞弊导致的重大错报的风险高于未能发现错误导致的重大错报的风险。

(2)了解与审计相关的内部控制，以设计恰当的审计程序，但目的并非对内部控制的有效性发表意见。

(3)评价管理层选用会计政策的恰当性和作出会计估计及相关披露的合理性。

(4)对管理层使用持续经营假设的恰当性得出结论。同时，根据获取的审计证据，就可能导致对 ABC 公司持续经营能力产生重大疑虑的事项或情况是否存在重大不确定性得出结论。如果我们得出结论认为存在重大不确定性，审计准则要求我们在审计报告中提请报表使用者注意财务报表中的相关披露；如果披露不充分，我们应当发表非无保留意见。我们的结论基于截至审计报告日可获得的信息。然而，未来的事项或情况可能导致 ABC 公司不能持续经营。

(5)评价财务报表的总体列报、结构和内容,并评价财务报表是否公允反映相关交易和事项。

我们与治理层就计划的审计范围、时间安排和重大审计发现等事项进行沟通,包括沟通我们在审计中识别出的值得关注的内部控制缺陷。

我们还就已遵守与独立性相关的职业道德要求向治理层提供声明,并与治理层沟通可能被合理认为影响我们独立性的所有关系和其他事项,以及相关的防范措施(如适用)。

从与治理层沟通过的事项中,我们确定哪些事项对本期财务报表审计最为重要,因而构成关键审计事项。我们在审计报告中描述这些事项,除非法律法规禁止公开披露这些事项,或在极少数情形下,如果合理预期在审计报告中沟通某事项造成的负面后果超过在公众利益方面产生的益处,我们确定不应在审计报告中沟通该事项。

二、按照相关法律法规的要求报告的事项

[本部分的格式和内容,取决于法律法规对其他报告责任性质的规定。本部分应当说明相关法律法规规定的事项(其他报告责任),除非其他报告责任涉及的事项与审计准则规定的报告责任涉及的事项相同。如果涉及相同的事项,其他报告责任可以在审计准则规定的同一报告要素部分列示。当其他报告责任和审计准则规定的报告责任涉及同一事项,并且审计报告中的措辞能够将其他报告责任与审计准则规定的责任(如存在差异)予以清楚地区分时,可以将两者合并列示(即包含在"对财务报表出具的审计报告"部分中,并使用适当的副标题)。]

××会计师事务所(盖章)　　　　中国注册会计师:×××(项目合伙人)
(签名并盖章)

中国××市　　　　中国注册会计师:×××
(签名并盖章)
2022 年×月×日

13.4　非无保留意见的审计报告

13.4.1　非无保留意见的情形

非无保留意见,是指对财务报表发表的保留意见、否定意见或无法表示意见。

《中国注册会计师审计准则第 1502 号——在审计报告中发表非无保留意见》规定:当存在下列情形之一时,注册会计师应当在审计报告中发表非无保留意见:

1. 根据获取的审计证据,得出财务报表整体存在重大错报的结论

《中国注册会计师审计准则第 1501 号——对财务报表形成审计意见和出具审计报告》规定,为了形成审计意见,针对财务报表整体是否不存在舞弊或错误导致的重大错报,注册会计师应当得出结论,确定是否已就此获取合理保证。在得出结论时,注册会计师需要按照《中国注册会计师审计准则第 1251 号——评价审计过程中识别出的错报》的规定评价未更正错报对财务报表的影响。

错报是指某一财务报表项目所报告的金额、分类或列报，与按照适用的财务报告编制基础应当列示的金额、分类或列报之间存在的差异。财务报表的重大错报可能源于：

1)选择的会计政策的恰当性

在选择的会计政策的恰当性方面，当出现诸如下列情形时，财务报表可能存在重大错报：

(1)选择的会计政策与适用的财务报告编制基础不一致；

(2)财务报表没有正确描述与资产负债表、利润表、所有者权益变动表或现金流量表中的重大项目相关的会计政策；

(3)财务报表没有按照公允反映的方式列报交易和事项。

2)对所选择的会计政策的运用

在对所选择的会计政策的运用方面，当出现下列情形时，财务报表可能存在重大错报：

(1)管理层没有按照适用的财务报告编制基础的要求一贯运用所选择的会计政策，包括管理层未在不同会计期间或对相似的交易和事项一贯运用所选择的会计政策(运用的一致性)；

(2)不当运用所选择的会计政策(如运用中的无意错误)。

3)财务报表披露的恰当性或充分性

在财务报表披露的恰当性或充分性方面，当出现下列情形时，财务报表可能存在重大错报：

(1)财务报表没有包括适用的财务报告编制基础要求的所有披露；

(2)财务报表的披露没有按照适用的财务报告编制基础列报；

(3)财务报表没有作出适用的财务报告编制基础特定要求之外的其他必要的披露以实现公允反映。

2. 无法获取充分、适当的审计证据，不能得出财务报表整体不存在重大错报的结论

下列情形可能导致注册会计师无法获取充分、适当的审计证据，也称为审计范围受到限制：

(1)超出被审计单位控制的情形。例如，被审计单位的会计记录已被毁坏，或重要组成部分的会计记录已被政府有关机构无限期地查封。

(2)与注册会计师工作的性质或时间安排相关的情形。例如：①被审计单位需要使用权益法对联营企业进行核算，注册会计师无法获取有关联营企业财务信息的充分、适当的审计证据以评价是否恰当运用了权益法；②注册会计师接受审计委托的时间安排，使注册会计师无法实施存货监盘；③注册会计师确定仅实施实质性程序是不充分的，但被审计单位的控制是无效的。

(3)管理层对审计范围施加限制的情形。例如，管理层阻止注册会计师实施存货监盘，或管理层阻止注册会计师对特定账户余额实施函证。管理层施加的限制可能对审计产生其他影响，如注册会计师对舞弊风险的评估和对业务保持的考虑。

如果注册会计师能够通过实施替代程序获取充分、适当的审计证据，则无法实施特定的程序并不构成对审计范围的限制。

尽管财务报表存在重大错报和注册会计师无法获取充分、适当的审计证据两种情形都是导致非无保留意见的事项，但两者的性质明显不同，对财务报表使用者经济决策的影响也可能不同。需要恰当区分这两种情形，以发表恰当的非无保留意见。

13.4.2　非无保留意见的类型与确定

1. 考量的关键因素

恰当地确定非无保留意见类型，需要考量下列因素：①导致非无保留意见的事项的性质，是财务报表存在重大错报，还是在无法获取充分、适当的审计证据的情况下，财务报表可能存在重大错报；②就导致非无保留意见的事项对财务报表产生或可能产生影响的广泛性作出的判断。因此，对相关事项的影响的重大性和广泛性的判断是决定审计意见类型的关键因素。

1)影响的重大性

需要从定量和定性两个方面考虑错报对财务报表的影响或未发现的错报对财务报表可能产生的影响是否重大。定量的标准通常是注册会计师确定的财务报表整体的重要性或特定类别的交易、账户余额或披露的重要性水平。例如，对于以营利为目的且并非微利或微亏的企业，注册会计师可能将财务报表整体的重要性设定为经常性业务税前利润的 5%。定性考虑错报是否重大时，注册会计师需要运用判断评估错报的性质是否严重，是否会影响财务报表使用者的经济决策。例如，错报是否影响被审计单位实现盈利预期或达到监管要求，错报是否影响被审计单位的盈亏状况，错报是否舞弊导致的。

2)影响的广泛性

广泛性是描述错报影响的术语，用以说明错报对财务报表的影响，或者由于无法获取充分、适当的审计证据而未发现的错报(如存在)对财务报表可能产生的影响。根据注册会计师的判断，对财务报表的影响具有广泛性的情形包括以下三个方面：

(1)不限于对财务报表的特定要素、账户或项目产生影响。“不限于”旨在强调除了对财务报表的特定要素、账户或项目产生影响，还会影响其他多个关联账户或项目。例如，与存货相关的会计记录和物流记录不完整、不准确，注册会计师因此无法就期末和期初存货余额以及当期的存货增减变动情况获取充分、适当的审计证据。存货对利润表的营业收入、营业成本、资产减值损失、所得税费用等项目以及资产负债表的应收账款、应付账款、应交税费等项目均有重大影响，该事项导致注册会计师对这些相关项目也无法获取充分、适当的审计证据，对财务报表可能产生的影响重大且具有广泛性。

(2)虽然仅对财务报表的特定要素、账户或项目产生影响，但这些要素、账户或项目是(或可能是)财务报表的主要组成部分。该情形重点强调所影响的特定要素、账户或项目是(或可能是)财务报表的主要组成部分。例如，某被审计单位对某一项金额特别重大的资产(占年末总资产余额的比例超过 60%)计提了大额减值准备，与该项资产相关的资产减值损失是导致被审计单位当年出现重大亏损的主要原因。注册会计师无法实施审计程序就该项资产的实际性质和减值准备的合理性获取充分、适当的审计证据。在这种情况下，虽然涉及的财务报表项目较为有限，但对资产负债表和利润表而言金额均特别重大，可以认为构成了财务报表的主要组成部分，该事项的影响重大且具有广泛性。

(3)当与披露相关时，产生的影响对财务报表使用者理解财务报表至关重要。

2. 非无保留意见类型的确定

表 13－1 列示了注册会计师对导致发表非无保留意见的事项的性质和这些事项对财务报表产生或可能产生影响的广泛性作出的判断，以及注册会计师的判断对审计意见类型的影响。

表 13－1 发表非无保留意见的情形

导致发表非无保留意见的事项的性质	这些事项对财务报表产生或可能产生影响的广泛性	
	重大但不具有广泛性	重大且具有广泛性
财务报表存在重大错报	保留意见	否定意见
无法获取充分、适当的审计证据	保留意见	无法表示意见

3. 发表保留意见

当存在下列情形之一时，应当发表保留意见：

(1)在获取充分、适当的审计证据后，注册会计师认为错报单独或汇总起来对财务报表影响重大，但不具有广泛性。

(2)注册会计师无法获取充分、适当的审计证据以作为形成审计意见的基础，但认为未发现的错报(如存在)对财务报表可能产生的影响重大，但不具有广泛性。

4. 发表否定意见

在获取充分、适当的审计证据后，如果认为错报单独或汇总起来对财务报表的影响重大且具有广泛性，应当发表否定意见。

5. 发表无法表示意见

如果无法获取充分、适当的审计证据以作为形成审计意见的基础，但认为未发现的错报(如存在)对财务报表可能产生的影响重大且具有广泛性，应当发表无法表示意见。

13.4.3 非无保留意见的审计案例

【案例】ABC 会计师事务所的 A 注册会计师负责审计多家上市公司 2018 年度财务报表，遇到下列与审计报告相关的事项：

(1)乙公司管理层 2017 年末未计提商誉减值准备，A 注册会计师无法就此获取充分、适当的审计证据，对 2017 年度财务报表发表了保留意见。管理层于 2018 年年末根据减值测试结果计提了商誉减值准备，并在 2018 年度利润表中确认了资产减值损失。A 注册会计师认为导致上一年度发表保留意见的事项已经解决，对 2018 年度财务报表发表了无保留意见。

(2)因丙公司原董事长以子公司名义违规提供对外担保，导致该子公司 2018 年度发生多起诉讼。丙公司管理层针对年末未决诉讼在财务报表中估计并确认了大额预计负债。因丙公司在审计报告日前转让了该子公司的全部股权，A 注册会计师认为违规担保事项已解决,对 2018 年度财务报表发表了无保留意见。

(3)2018 年 11 月初,丁公司因处置重要子公司戊公司的部分股权而对其丧失控制,自此不再将其纳入合并财务报表范围。由于无法获取戊公司 2018 年度财务报表和相关财务信息,A 注册会计师认为无法就与剩余股权相关的财务报表项目获取充分、适当的审计证据,对财务报表发表了保留意见。

(4)2018 年年末,乙公司将大额债权转让给庚公司,因转回相关的坏账准备而产生的利润占当年利润总额的 20%。因无法就该交易的商业理由获取充分、适当的审计证据,A 注册会计师对财务报表发表了保留意见。

要求:针对上述第(1)项至第(4)项,逐项指出 A 注册会计师的做法是否恰当。

【案例解析】(1)不恰当。导致上期发表保留意见的事项未得到解决,对本期数据仍有影响,应发表保留意见。2017 年应计提减值而管理层未计提,会影响 2017 年资产负债表和利润表;对 2018 年而言,会影响 2018 年资产负债表的期初数和利润表的上年数,即对 2018 年的对应数据有影响。

(2)不恰当。可能存在未知悉的担保事项和潜在的诉讼风险,尚未就担保事项的完整性获取充分适当的审计证据,不应发表无保留意见。由于原先丙公司与其子公司特殊的关系,可能会存在丙公司对子公司的担保有潜在的诉讼风险,比如承担连带责任。因此不能仅考虑将子公司出售就可以了,还有可能存在丙公司需要承担的担保事项或风险。

(3)不恰当。戊公司为重要子公司,2018 年 1 月至 10 月的经营成果对丁公司合并财务报表具有重大而广泛的影响,应发表无法表示意见。

(4)恰当。大额坏账准备转回,虽重大但影响不广泛,故发表保留意见。

13.4.4 非无保留意见的审计报告的格式和内容

1. 形成非无保留审计意见的基础

1)审计报告格式和内容的一致性

保持审计报告格式和内容的一致性是极其必要的,有助于提高使用者的理解和识别存在的异常情况。如果对财务报表发表非无保留意见,注册会计师应当将审计报告中“形成审计意见的基础”部分的标题修改为恰当的标题,如“形成保留意见的基础”“形成否定意见的基础”“形成无法表示意见的基础”,说明导致发表非无保留意见的事项。

2)量化财务影响

如果财务报表中存在与具体金额(包括定量披露)相关的重大错报,注册会计师应当在形成审计意见的基础部分说明并量化该错报的财务影响。例如,存货被高估,可以在审计报告中形成审计意见的基础部分说明该重大错报的财务影响,量化其对所得税、税前利润、净利润和所有者权益的影响。如果无法量化财务影响,应当在该部分说明这一情况。

3)存在与定性披露相关的重大错报

如果财务报表中存在与定性披露相关的重大错报,注册会计师应当在形成审计意见的基础部分解释该错报错在何处。

4)存在与应披露而未披露信息相关的重大错报

如果财务报表中存在与应披露而未披露信息相关的重大错报，注册会计师应当：

(1)与治理层讨论未披露信息的情况；

(2)在形成审计意见的基础部分描述未披露信息的性质；

(3)如果可行并且已针对未披露信息获取了充分、适当的审计证据，在形成审计意见的基础部分包含对未披露信息的披露，除非法律法规禁止。

5)无法获取充分、适当的审计证据

如果因无法获取充分、适当的审计证据而导致发表非无保留意见，注册会计师应当在形成审计意见的基础部分说明无法获取审计证据的原因。

2. 审计意见部分

(1)标题。要使用恰当的标题，如"保留意见""否定意见""无法表示意见"，能够使财务报表使用者清楚注册会计师发表了非无保留意见及类型。

(2)发表保留意见。当由于财务报表存在重大错报而发表保留意见时，注册会计师应当在审计意见部分说明：注册会计师认为，除形成保留意见的基础部分所述事项产生的影响外，后附的财务报表在所有重大方面按照适用的财务报告编制基础编制，公允反映了[……]。

当无法获取充分、适当的审计证据而导致发表保留意见时，注册会计师应当在审计意见部分使用"除……可能产生的影响外"等措辞。

当注册会计师发表保留意见时，在审计意见部分使用"由于上述解释"或"受……影响"等措辞是不恰当的，因为这些措辞不够清晰或没有足够的说服力。

(3)发表否定意见。当发表否定意见时，注册会计师应当在审计意见部分说明：注册会计师认为，由于形成否定意见的基础部分所述事项的重要性，后附的财务报表没有在所有重大方面按照适用的财务报告编制基础编制，未能公允反映[……]。

(4)发表无法表示意见。当由于无法获取充分、适当的审计证据而发表无法表示意见时，注册会计师应当在审计意见部分说明注册会计师不对后附的财务报表发表审计意见，并说明：由于形成无法表示意见的基础部分所述事项的重要性，注册会计师无法获取充分、适当的审计证据以为发表审计意见提供基础。同时，注册会计师应当将有关财务报表已经审计的说明，修改为注册会计师接受委托审计财务报表。

3. 注册会计师对财务报表审计的责任部分

当由于无法获取充分、适当的审计证据而发表无法表示意见时，注册会计师应当对无保留意见审计报告中注册会计师对财务报表审计的责任部分的表述进行修改，使之仅包含下列内容：

(1)注册会计师的责任是按照中国注册会计师审计准则的规定，对被审计单位财务报表执行审计工作，以出具审计报告；

(2)但由于形成无法表示意见的基础部分所述的事项，注册会计师无法获取充分、适当的审计证据以作为发表审计意见的基础；

(3)声明注册会计师在独立性和职业道德方面的其他责任。

13.5　非无保留意见的审计报告的示例

示例13－2、示例13－3、示例13－4分别列示了发表保留意见、发表否定意见和发表无法表示意见的审计报告的范例。

示例13－2：由于财务报表存在重大错报而发表保留意见的审计报告

背景信息：

(1)对上市实体整套财务报表进行审计。该审计不属于集团审计（即不适用《中国注册会计师审计准则第1401号——对集团财务报表审计的特殊考虑》)；

(2)管理层按照企业会计准则编制财务报表；

(3)审计业务约定条款体现了《中国注册会计师审计准则第1111号——就审计业务约定条款达成一致意见》中关于管理层对财务报表责任的描述；

(4)存货存在错报，该错报对财务报表影响重大但不具有广泛性，即保留意见是恰当的；

(5)适用的相关职业道德要求为中国注册会计师职业道德守则；

(6)基于获取的审计证据，根据《中国注册会计师审计准则第1324号——持续经营》，注册会计师认为可能导致对被审计单位持续经营能力产生重大疑虑的事项或情况不存在重大不确定性；

(7)已按照《中国注册会计师审计准则第1504号——在审计报告中沟通关键审计事项》的规定沟通了关键审计事项；

(8)注册会计师在审计报告日前已获取所有其他信息，且导致对财务报表发表保留意见的事项也影响了其他信息；

(9)负责监督财务报表的人员与负责编制财务报表的人员不同；

(10)除财务报表审计外，注册会计师还承担法律法规要求的其他报告责任，且注册会计师决定在审计报告中履行其他报告责任。

【示例13－2】

审计报告

ABC股份有限公司全体股东：

一、对财务报表出具的审计报告

（一）保留意见

我们审计了ABC股份有限公司（以下简称ABC公司）财务报表，包括2021年12月31日的资产负债表，2021年度的利润表、现金流量表、股东权益变动表以及相关财务报表附注。

我们认为，除“形成保留意见的基础”部分所述事项产生的影响外，后附的财务报表在所有重大方面按照企业会计准则的规定编制，公允反映了ABC公司2021年12月31日的财务状况以及2021年度的经营成果和现金流量。

（二）形成保留意见的基础

ABC公司2021年12月31日资产负债表中存货的列示金额为×元。ABC公司管理层

(以下简称管理层)根据成本对存货进行计量,而没有根据成本与可变现净值孰低的原则进行计量,这不符合企业会计准则的规定。ABC公司的会计记录显示,如果管理层以成本与可变现净值孰低来计量存货,存货列示金额将减少×元。相应地,资产减值损失将增加×元,所得税、净利润和股东权益将分别减少×元,×元和×元。

我们按照中国注册会计师审计准则的规定执行了审计工作。审计报告的"注册会计师对财务报表审计的责任"部分进一步阐述了我们在这些准则下的责任。按照中国注册会计师职业道德守则,我们独立于ABC公司,并履行了职业道德方面的其他责任。我们相信,我们获取的审计证据是充分、适当的,为发表保留意见提供了基础。

(三)其他信息

[按照《中国注册会计师审计准则第1521号——注册会计师对其他信息的责任》的规定报告,其他信息部分的最后一段需要进行改写,以描述导致注册会计师对财务报表发表保留意见并且也影响其他信息的事项。]

(四)关键审计事项

关键审计事项是我们根据职业判断,认为对本期财务报表审计最重要的事项。这些事项的应对以对财务报表整体进行审计并形成审计意见为背景,我们不对这些事项单独发表意见。除"形成保留意见的基础"部分所述事项外,我们确定下列事项是需要在审计报告中沟通的关键审计事项。

[按照《中国注册会计师审计准则第1504号——在审计报告中沟通关键审计事项》的规定描述每一关键审计事项。]

(五)管理层和治理层对财务报表的责任

[按照《中国注册会计师审计准则第1501号——对财务报表形成审计意见和出具审计报告》的规定报告。]

(六)注册会计师对财务报表审计的责任

[按照《中国注册会计师审计准则第1501号——对财务报表形成审计意见和出具审计报告》的规定报告。]

二、按照相关法律法规的要求报告的事项

[按照《中国注册会计师审计准则第1501号——对财务报表形成审计意见和出具审计报告》的规定报告。]

××会计师事务所　　　　中国注册会计师:×××(项目合伙人)
(盖章)　　　　(签名并盖章)
中国注册会计师:×××
(签名并盖章)

中国××市　　　　2022年×月×日

示例13-3:由于合并财务报表存在重大错报而发表否定意见的审计报告

背景信息:

(1)对上市实体整套合并财务报表进行审计。该审计属于集团审计,被审计单位拥有多个子公司(即适用《中国注册会计师审计准则第1401号——对集团财务报表审计的特殊考虑》)。

(2)管理层按照××财务报告编制基础编制合并财务报表，该编制基础允许被审计单位只列报合并财务报表。

(3)审计业务约定条款体现了《中国注册会计师审计准则第 1111 号——就审计业务约定条款达成一致意见》中关于管理层对合并财务报表责任的描述。

(4)合并财务报表因未合并某一子公司而存在重大错报，该错报对合并财务报表影响重大且具有广泛性(即否定意见是恰当的)，但量化该错报对合并财务报表的影响是不切实际的。

(5)适用的相关职业道德要求为中国注册会计师职业道德守则。

(6)基于获取的审计证据，根据《中国注册会计师审计准则第 1324 号——持续经营》，注册会计师认为可能导致对被审计单位持续经营能力产生重大疑虑的事项或情况不存在重大不确定性。

(7)适用《中国注册会计师审计准则第 1504 号——在审计报告中沟通关键审计事项》。然而，注册会计师认为，除形成否定意见的基础部分所述事项外，无其他关键审计事项。

(8)注册会计师在审计报告日前已获取所有其他信息，且导致对合并财务报表发表否定意见的事项也影响了其他信息。

(9)负责监督合并财务报表的人员与负责编制合并财务报表的人员不同。

(10)除合并财务报表审计外，注册会计师还承担法律法规要求的其他报告责任，且注册会计师决定在审计报告中履行其他报告责任。

【示例 13－3】

审计报告

ABC 股份有限公司全体股东：

一、对合并财务报表出具的审计报告

(一)否定意见

我们审计了 ABC 股份有限公司及其子公司(以下简称 ABC 集团)的合并财务报表，包括 2021 年 12 月 31 日的合并资产负债表，2021 年度的合并利润表、合并现金流量表、合并股东权益变动表以及相关合并财务报表附注。

我们认为，由于“形成否定意见的基础”部分所述事项的重要性，后附的合并财务报表没有在所有重大方面按照××财务报告编制基础的规定编制，未能公允反映 ABC 集团 2021 年 12 月 31 日的合并财务状况以及 2021 年度的合并经营成果和合并现金流量。

(二)形成否定意见的基础

如财务报表附注×所述，2021 年 ABC 集团通过非同一控制下的企业合并获得对 XYZ 公司的控制权，因未能取得购买日 XYZ 公司某些重要资产和负债的公允价值，故未将 XYZ 公司纳入合并财务报表的范围。按照××财务报告编制基础的规定，该集团应将这一子公司纳入合并范围，并以暂估金额为基础核算该项收购。如果将 XYZ 公司纳入合并财务报表的范围，后附的 ABC 集团合并财务报表的多个报表项目将受到重大影响。但我们无法确定未将 XYZ 公司纳入合并范围对合并财务报表产生的影响。

我们按照中国注册会计师审计准则的规定执行了审计工作。审计报告的“注册会计师对合并财务报表审计的责任”部分进一步阐述了我们在这些准则下的责任。按照中国注册会计师职业道德守则，我们独立于ABC集团，并履行了职业道德方面的其他责任。我们相信，我们获取的审计证据是充分、适当的，为发表否定意见提供了基础。

（三）其他信息

［按照《中国注册会计师审计准则第1521号——注册会计师对其他信息的责任》的规定报告，其他信息部分的最后一段需要进行改写，以描述导致注册会计师对财务报表发表否定意见并且也影响其他信息的事项。］

（四）关键审计事项

除“形成否定意见的基础”部分所述事项外，我们认为，没有其他需要在审计报告中沟通的关键审计事项。

（五）管理层和治理层对合并财务报表的责任

［按照《中国注册会计师审计准则第1501号——对财务报表形成审计意见和出具审计报告》的规定报告。］

（六）注册会计师对合并财务报表审计的责任

［按照《中国注册会计师审计准则第1501号——对财务报表形成审计意见和出具审计报告》的规定报告。］

二、按照相关法律法规的要求报告的事项

［按照《中国注册会计师审计准则第1501号——对财务报表形成审计意见和出具审计报告》的规定报告。］

××会计师事务所　　　　　　　　中国注册会计师：×××（项目合伙人）
（盖章）　　　　　　　　　　　　（签名并盖章）
中国注册会计师：×××
（签名并盖章）
中国××市　　　　　　　　　　　2022年×月×日

例13-4：由于注册会计师无法针对财务报表多个要素获取充分、适当的审计证据而发表无法表示意见的审计报告

背景信息：

(1)对非上市实体整套财务报表进行审计。该审计不属于集团审计(即不适用《中国注册会计师审计准则第1401号——对集团财务报表审计的特殊考虑》)；

(2)管理层按照企业会计准则编制财务报表；

(3)审计业务约定条款体现了《中国注册会计师审计准则第1111号——就审计业务约定条款达成一致意见》中关于管理层对财务报表责任的描述；

(4)对财务报表的多个要素，注册会计师无法获取充分、适当的审计证据。例如，对被审计单位的存货和应收账款，注册会计师无法获取审计证据，这一事项对财务报表可能产生的影响重大且具有广泛性；

(5)适用的相关职业道德要求为中国注册会计师职业道德守则；

(6)负责监督财务报表的人员与负责编制财务报表的人员不同；

(7)按照审计准则要求在注册会计师的责任部分作出有限的表述；

(8)除财务报表审计外，注册会计师还承担法律法规要求的其他报告责任，且注册会计师决定在审计报告中履行其他报告责任。

【示例 13－4】

审计报告

ABC 股份有限公司全体股东：

一、对财务报表出具的审计报告

(一)无法表示意见

我们接受委托，审计 ABC 股份有限公司(以下简称 ABC 公司)财务报表，包括 2021 年 12 月 31 日的资产负债表，2021 年度的利润表、现金流量表、股东权益变动表以及相关财务报表附注。

我们不对后附的 ABC 公司财务报表发表审计意见。由于“形成无法表示意见的基础”部分所述事项的重要性，我们无法获取充分、适当的审计证据以作为对财务报表发表审计意见的基础。

(二)形成无法表示意见的基础

我们于 2022 年 1 月接受委托审计 ABC 公司财务报表，因而未能对 ABC 公司 2021 年初金额为×元的存货和年末金额为×元的存货实施监盘程序。此外，我们也无法实施替代审计程序获取充分、适当的审计证据。并且，ABC 公司于 2021 年 9 月采用了新的应收账款电算化系统，由于存在系统缺陷，应收账款出现大量错误。截至报告日，ABC 公司管理层(以下简称管理层)仍在纠正系统缺陷并更正错误，我们也无法实施替代审计程序，以对截至 2021 年 12 月 31 日的应收账款总额×元获取充分、适当的审计证据。因此，我们无法确定是否有必要对存货、应收账款以及财务报表其他项目作出调整，也无法确定应调整的金额。

(三)管理层和治理层对财务报表的责任

[按照《中国注册会计师审计准则第 1501 号——对财务报表形成审计意见和出具审计报告》的规定报告，参见参考示例 13－1。]

(四)注册会计师对财务报表审计的责任

我们的责任是按照中国注册会计师审计准则的规定，对 ABC 公司的财务报表执行审计工作，以出具审计报告。但由于“形成无法表示意见的基础”部分所述的事项，我们无法获取充分、适当的审计证据以作为发表审计意见的基础。

按照中国注册会计师职业道德守则，我们独立于 ABC 公司，并履行了职业道德方面的其他责任。

二、按照相关法律法规的要求报告的事项

[按照《中国注册会计师审计准则第 1501 号——对财务报表形成审计意见和出具审计报告》的规定报告，参见参考示例 13－1。]

××会计师事务所　　中国注册会计师：×××
(盖章)　　(签名并盖章)
中国注册会计师：×××
(签名并盖章)
中国××市　　2022 年×月×日

13.6 在审计报告中增加强调事项段和其他事项段

为增强审计报告透明度，提高报告质量，满足使用者需求，同时满足审计准则、法规要求，以及明确区分管理层和审计师的责任，审计报告中有时会增加“强调事项段和其他事项段”，旨在确保审计报告提供充分、透明的信息，帮助使用者更好地理解财务报表及其背后的情况。

13.6.1 强调事项段的含义与情形

1. 强调事项段的含义

强调事项段是指审计报告中含有的一个段落，该段落提及已在财务报表中恰当列报的事项，且根据注册会计师的职业判断，该事项对财务报表使用者理解财务报表至关重要。

2. 增加强调事项段的情形

如果认为有必要提醒财务报表使用者关注已在财务报表中列报，且根据职业判断认为对财务报表使用者理解财务报表至关重要的事项，在同时满足下列条件时，注册会计师应当在审计报告中增加强调事项段：

(1)按照《中国注册会计师审计准则第 1502 号——在审计报告中发表非无保留意见》的规定，该事项不会导致注册会计师发表非无保留意见；

(2)当《中国注册会计师审计准则第 1504 号——在审计报告中沟通关键审计事项》适用时，该事项未被确定为在审计报告中沟通的关键审计事项。

3. 采取的措施

如果在审计报告中包含强调事项段，注册会计师应当采取下列措施：

(1)将强调事项段作为单独的一部分置于审计报告中，并使用包含“强调事项”这一术语的适当标题；

(2)明确提及被强调事项以及相关披露的位置，以便能够在财务报表中找到对该事项的详细描述。强调事项段应当仅提及已在财务报表中列报的信息；

(3)指出审计意见没有因该强调事项而改变。

13.6.2 其他事项段

1. 其他事项段的含义

其他事项段是指审计报告中含有的一个段落，该段落提及未在财务报表中列报的事项，且根据注册会计师的职业判断，该事项与财务报表使用者理解审计工作、注册会计师的责任或审计报告相关。

2. 需要增加其他事项段的情形

如果认为有必要沟通虽然未在财务报表中列报，但根据职业判断认为与财务报表使用者理解审计工作、注册会计师的责任或审计报告相关的事项，在同时满足下列条件时，注册会计师应当在审计报告中增加其他事项段：

(1)未被法律法规禁止；

(2)当《中国注册会计师审计准则第 1504 号——在审计报告中沟通关键审计事项》适用时，该事项未被确定为在审计报告中沟通的关键审计事项。

3. 采取的措施

如果在审计报告中包含其他事项段，注册会计师应当将该段落作为单独的一部分，并使用“其他事项”或其他适当标题。

13.6.3　含强调事项段的参考示例

示例 13－5 列示了当审计报告中同时包含关键审计事项部分、强调事项段和其他事项段时，有关它们之间相互影响的参考格式。

示例 13－5：包含关键审计事项部分、强调事项段及其他事项段的审计报告

背景信息：

(1)对上市实体整套财务报表进行审计。该审计不属于集团审计(即不适用《中国注册会计师审计准则第 1401 号——对集团财务报表审计的特殊考虑》)；

(2)管理层按照企业会计准则编制财务报表；

(3)审计业务约定条款体现了《中国注册会计师审计准则第 1111 号——就审计业务约定条款达成一致意见》中关于管理层对财务报表责任的描述；

(4)基于获取的审计证据，注册会计师认为发表无保留意见是恰当的；

(5)适用的相关职业道德要求为中国注册会计师职业道德守则；

(6)基于获取的审计证据，根据《中国注册会计师审计准则第 1324 号——持续经营》，注册会计师认为可能导致对被审计单位持续经营能力产生重大疑虑的事项或情况不存在重大不确定性；

(7)在财务报表日至审计报告日之间，被审计单位的生产设备发生了火灾，被审计单位已将其作为期后事项披露。根据注册会计师的判断，该事项对财务报表使用者理解财务报表至关重要，但在本期财务报表审计中不是重点关注过的事项；

(8)已按照《中国注册会计师审计准则第 1504 号——在审计报告中沟通关键审计事项》的规定沟通了关键审计事项；

(9)注册会计师在审计报告日前已获取所有其他信息，且未识别出信息存在重大错报；

(10)已列报对应数据，且上期财务报表已由前任注册会计师审计。法律法规不禁止注册会计师提及前任注册会计师对对应数据出具的审计报告，并且注册会计师已决定提及；

(11)负责监督财务报表的人员与负责编制财务报表的人员不同；

(12)除财务报表审计外，注册会计师还承担法律法规要求的其他报告责任，且注册会计师决定在审计报告中履行其他报告责任。

【示例 13－5】

审计报告

ABC 股份有限公司全体股东：

一、对财务报表出具的审计报告

（一）审计意见

我们审计了 ABC 股份有限公司（以下简称 ABC 公司）财务报表，包括 2021 年 12 月 31 日的资产负债表，2021 年度的利润表、现金流量表、股东权益变动表以及相关财务报表附注。

我们认为，后附的财务报表在所有重大方面按照企业会计准则的规定编制，公允反映了 ABC 公司 2021 年 12 月 31 日的财务状况以及 2021 年度的经营成果和现金流量。

（二）形成审计意见的基础

我们按照中国注册会计师审计准则的规定执行了审计工作。审计报告的“注册会计师对财务报表审计的责任”部分进一步阐述了我们在这些准则下的责任。按照中国注册会计师职业道德守则，我们独立于 ABC 公司，并履行了职业道德方面的其他责任。我们相信，我们获取的审计证据是充分、适当的，为发表审计意见提供了基础。

（三）强调事项

我们提醒财务报表使用者关注，财务报表附注×描述了火灾对 ABC 公司的生产设备造成的影响。本段内容不影响已发表的审计意见。

（四）关键审计事项

关键审计事项是我们根据职业判断，认为对本期财务报表审计最为重要的事项。这些事项的应对以对财务报表整体进行审计并形成审计意见为背景，我们不对这些事项单独发表意见。

[按照《中国注册会计师审计准则第 1504 号——在审计报告中沟通关键审计事项》的规定描述每一关键审计事项。]

（五）其他事项

2020 年 12 月 31 日的资产负债表，2020 年度的利润表、现金流量表、股东权益变动表以及相关财务报表附注由其他会计师事务所审计，并于 2021 年 3 月 31 日发表了无保留意见。

（六）其他信息

[按照《中国注册会计师审计准则第 1521 号——注册会计师对其他信息的责任》的规定报告。]

（七）管理层和治理层对财务报表的责任

[按照《中国注册会计师审计准则第 1501 号——对财务报表形成审计意见和出具审计报告》的规定报告，参见参考示例 13－1。]

（八）注册会计师对财务报表审计的责任

[按照《中国注册会计师审计准则第 1501 号——对财务报表形成审计意见和出具审计报告》的规定报告，参见参考示例 13－1。]

二、按照相关法律法规的要求报告的事项

[按照《中国注册会计师审计准则第 1501 号——对财务报表形成审计意见和出具审计

报告》的规定报告，参见参考示例 13－1］

××会计师事务所　　　　　　　　　中国注册会计师：×××（项目合伙人）
（盖章）　　　　　　　　　　　　　　（签名并盖章）
中国注册会计师：××
（签名并盖章）
中国××市　　　　　　　　　　　　　　　　　　2022 年×月×日

13.6.4　与治理层的沟通

如果拟在审计报告中包含强调事项段或其他事项段，注册会计师应当就该事项和拟使用的措辞与治理层沟通。

课后习题

一、分析题

1. ABC会计师事务所的A注册会计师在执行项目质量控制复核时遇到下列与审计报告相关的事项：

上市公司甲公司与收入确认相关的内部控制存在值得关注的缺陷，并因此导致重大错报，管理层接受了审计调整建议，截至审计报告日，该项缺陷尚未完成整改，管理层在财务报表附注中披露了这一情况，审计项目组认为该事项对本期财务报表无影响，拟出具无保留意见审计报告。

要求：针对上述事项，判断审计报告类型是否恰当。如不恰当，请指出应当出具何种类型的审计报告。

2. ABC会计师事务所的A注册会计师负责审计多家上市公司2019年度财务报表，遇到下列与审计报告相关的事项：

(1)A注册会计师在审计报告日后获取并阅读了甲公司2019年度报告的最终版本，发现其他信息存在重大错报。因与管理层和治理层沟通后该错报未得到更正，A注册会计师拟在甲公司股东大会上通报该事项，但不重新出具审计报告。

(2)因受疫情影响，A注册会计师无法对乙公司某海外重要子公司执行审计工作，拟对乙公司财务报表发表无法表示意见。管理层在财务报表中充分披露了乙公司持续经营能力存在的重大不确定性和未来应对计划。A注册会计师拟在无法表示意见的审计报告中增加与持续经营相关的重大不确定性部分，提醒报表使用者关注这一情况。

(3)丙公司管理层以无法作出准确估计为由未对2019年末的长期股权投资、固定资产和无形资产计提减值准备。A注册会计师实施审计程序并获取充分、适当的审计证据后，认为上述事项导致的错报对财务报表具有重大且广泛的影响，拟对财务报表发表无法表示意见。

(4)丁公司2019年度营业收入和毛利率均大幅增长，A注册会计师评估认为存在较高的舞弊风险，将收入确认作为审计中最为重要的事项与治理层进行了沟通。A注册会计师实施审计程序后未发现收入确认存在重大错报，拟将收入确认作为审计报告中的关键审计事项，并在审计应对部分说明丁公司的收入确认符合企业会计准则的规定，在所有重大方面公允反映了丁公司2019年度的营业收入。

(5)戊公司管理层在2019年度财务报表附注中充分披露了与持续经营相关的多项重大不确定性。因无法判断管理层采用持续经营假设编制财务报表是否适当，A注册会计师拟发表无法表示意见，并在审计报告中增加强调事项段，提醒报表使用者关注戊公司因连续亏损已触发证券交易所退市标准的风险提示公告。

要求：针对上述第(1)项至第(5)项，逐项指出A注册会计师的做法是否恰当。如不恰当，简要说明理由。

3. 甲注册会计师作为XYZ会计师事务所审计项目负责人，在审计以下单位2021年度财务报表时分别遇到以下情况：

(1)A 公司拥有一项长期股权投资，账面价值 500 万元，持股比例 30%。2021 年 12 月 31 日，A 公司与 K 公司签署投资转让协议，拟以 450 万元的价格转让该项长期股权投资，已收到价款 300 万元，但尚未办理产权过户手续，A 公司以该项长期股权投资正在转让之中为由，不再计提减值准备。注册会计师确定的重要性水平为 30 万元，A 公司未审计的利润总额为 120 万元。

(2)B 公司于 2020 年 5 月为 L 公司 1 年期银行借款 1000 万元提供担保，因 L 公司不能及时偿还，银行于 2021 年 11 月向法院提起诉讼，要求 B 公司承担连带清偿责任。2021 年 12 月 31 日，B 公司在咨询律师后，根据 L 公司的财务状况，计提了 500 万元的预计负债。对上述预计负债，B 公司已在财务报表附注中进行了适当披露。截至审计工作完成日，法院未对该项诉讼做出判决。

(3)C 公司在 2021 年度向其控股股东 M 公司以市场价格销售产品 5000 万元，以成本加成价格(公允价格)购入原材料 3000 万元，上述销售和采购分别占 C 公司当年销货、购货的比例为 30%和 40%，C 公司已在财务报表附注中进行了适当披露。

(4)甲注册会计师在审计时，发现 D 公司应在 2021 年 6 月确认的一项销售费用 200 万元没有进行确认。D 公司在编制年度财务报表时，未对此项会计差错进行任何处理。D 公司 2021 年度利润总额为 180 万元。

(5)E 公司于 2021 年末更换了大股东，并成立了新的董事会，继任法定代表人以刚上任、不了解以前年度情况为由，拒绝签署 2021 年度已审财务报表和提供管理层声明书。原法定代表人以不再继续履行职责为由，也拒绝签署 2021 年度已审计财务报表和提供的管理层声明书。

要求：假定上述情况对各被审计单位 2021 年度财务报表的影响都是重要的(各个事项相互独立)，且对于各事项被审计单位均拒绝接受甲注册会计师提出的审计处理建议(如有)。在不考虑其他因素影响的前提下，请分别针对上述 5 种情况，判断甲注册会计师应对 2021 年度财务报表出具何种类型的审计报告，并简要说明理由。

二、简答题

1. 简述审计报告的含义和作用。

2. 简述非无保留意见的类型与确定的依据。

3. 简述无保留意见的类型的确定条件。

参考文献

[1] 中国注册会计师协会.审计[M].北京:中国财经出版传媒集团,2023.

[2] 高雅青,李三喜,于维严.审计整合框架与操作案例分析[M].北京:中国市场出版社,2018.

[3] 叶忠明,杨录强,田林.审计学原理[M].3版.大连:东北财经大学出版社,2022.

[4] 杜英.审计双语名词与解析[M].上海:上海财经大学出版社,2017.

[5] 堵微子.审计英语(双语版)[M].上海:上海财经大学出版社,2018.

[6] 冯均科,陈淑芳.审计学[M].西安:西安交通大学出版社,2007.

[7] 王雪彬.审计学[M].北京:北京理工大学出版社,2022.

[8] 高顿CPA个性化辅导研究院.CPA十年真题研究手册[M].上海:立信会计出版社,2022.

[9] 秦荣生,卢春泉.审计学[M].11版.北京:中国人民大学出版社,2022.

参考的审计准则

[1]《中国注册会计师审计准则第 1101 号——注册会计师的总体目标和审计工作的基本要求》(2022 年 12 月 22 日修订)

[2]《中国注册会计师审计准则第 1111 号——就审计业务约定条款达成一致意见》(2022 年 1 月 5 日修订)

[3]《中国注册会计师审计准则第 1121 号——对财务报表审计实施的质量管理》(2020 年 11 月 19 日修订)

[4]《中国注册会计师审计准则第 1131 号——审计工作底稿》(2022 年 12 月 22 日修订)

[5]《中国注册会计师审计准则第 1141 号——财务报表审计中与舞弊相关的责任》(2022 年 12 月 22 日修订)

[6]《中国注册会计师审计准则第 1142 号——财务报表审计中对法律法规的考虑》(2022 年 12 月 22 日修订)

[7]《中国注册会计师审计准则第 1151 号——与治理层的沟通》(2022 年 12 月 22 日修订)

[8]《中国注册会计师审计准则第 1152 号——向治理层和管理层通报内部控制缺陷》(2022 年 12 月 22 日修订)

[9]《中国注册会计师审计准则第 1153 号——前任注册会计师和后任注册会计师的沟通》(2010 年 11 月 1 日修订)

[10]《中国注册会计师审计准则第 1201 号——计划审计工作》(2022 年 12 月 22 日修订)

[11]《中国注册会计师审计准则第 1211 号——重大错报风险的识别和评估》(2022 年 12 月 22 日修订)

[12]《中国注册会计师审计准则第 1221 号——计划和执行审计工作时的重要性》(2019 年 2 月 20 日修订)

[13]《中国注册会计师审计准则第 1231 号——针对评估的重大错报风险采取的应对措施》(2022 年 12 月 22 日修订)

[14]《中国注册会计师审计准则第 1241 号——对被审计单位使用服务机构的考虑》(2022 年 12 月 22 日修订)

[15]《中国注册会计师审计准则第 1251 号——评价审计过程中识别出的错报》(2022 年 12 月 22 日修订)

[16]《中国注册会计师审计准则第 1301 号——审计证据》(2022 年 12 月 22 日修订)

[17]《中国注册会计师审计准则第 1311 号——对存货、诉讼和索赔、分部信息等特定项目获取审计证据的具体考虑》(2022 年 12 月 22 日修订)

[18]《中国注册会计师审计准则第 1312 号——函证》(2010 年 11 月 1 日修订)

[19]《中国注册会计师审计准则第 1313 号——分析程序》(2022 年 12 月 22 日修订)
[20]《中国注册会计师审计准则第 1314 号——审计抽样》(2010 年 11 月 1 日修订)
[21]《中国注册会计师审计准则第 1321 号——会计估计和相关披露的审计》(2022 年 12 月 22 日修订)
[22]《中国注册会计师审计准则第 1323 号——关联方》(2022 年 12 月 22 日修订)
[23]《中国注册会计师审计准则第 1324 号——持续经营》(2022 年 12 月 22 日修订)
[24]《中国注册会计师审计准则第 1331 号——首次审计业务涉及的期初余额》(2022 年 12 月 22 日修订)
[25]《中国注册会计师审计准则第 1332 号——期后事项》(2016 年 12 月 23 日修订)
[26]《中国注册会计师审计准则第 1341 号——书面声明》(2022 年 12 月 22 日修订)
[27]《中国注册会计师审计准则第 1401 号——对集团财务报表审计的特殊考虑》(2022 年 12 月 22 日修订)
[28]《中国注册会计师审计准则第 1411 号——利用内部审计人员的工作》(2022 年 12 月 22 日修订)
[29]《中国注册会计师审计准则第 1421 号——利用专家的工作》(2022 年 1 月 5 日修订)
[30]《中国注册会计师审计准则第 1501 号——对财务报表形成审计意见和出具审计报告》(2022 年 12 月 22 日修订)
[31]《中国注册会计师审计准则第 1502 号——在审计报告中发表非无保留意见》(2019 年 2 月 20 日修订)
[32]《中国注册会计师审计准则第 1503 号——在审计报告中增加强调事项段和其他事项段》(2022 年 1 月 5 日修订)
[33]《中国注册会计师审计准则第 1504 号——在审计报告中沟通关键审计事项》(2022 年 12 月 22 日修订)
[34]《中国注册会计师审计准则第 1511 号——比较信息:对应数据和比较财务报表》(2019 年 2 月 20 日修订)
[35]《中国注册会计师审计准则第 1521 号——注册会计师对其他信息的责任》(2016 年 12 月 23 日修订)
[36]《中国注册会计师审计准则第 1601 号——审计特殊目的财务报表的特殊考虑》(2022 年 12 月 22 日修订)
[37]《中国注册会计师审计准则第 1633 号——电子商务对财务报表审计的影响》(2022 年 12 月 22 日修订)
[38]《会计师事务所质量管理准则第 5101 号——业务质量管理》(2020 年 11 月 19 日修订)
[39]《会计师事务所质量管理准则第 5102 号——项目质量复核》(2020 年 11 月 19 日发布)

参考的业务指南

[1]《中国注册会计师审计准则第 1101 号——注册会计师的总体目标和审计工作的基本要求应用指南》(2023 年 4 月 4 日修订)

[2]《中国注册会计师审计准则第 1111 号——就审计业务约定条款达成一致意见应用指南》(2023 年 4 月 4 日修订)

[3]《中国注册会计师审计准则第 1121 号——对财务报表审计实施的质量管理应用指南》(2023 年 4 月 4 日修订)

[4]《中国注册会计师审计准则第 1131 号——审计工作底稿应用指南》(2023 年 4 月 4 日修订)

[5]《中国注册会计师审计准则第 1141 号——财务报表审计中与舞弊相关的责任应用指南》(2023 年 4 月 4 日修订)

[6]《中国注册会计师审计准则第 1142 号——财务报表审计中对法律法规的考虑应用指南》(2023 年 4 月 4 日修订)

[7]《中国注册会计师审计准则第 1151 号——与治理层的沟通应用指南》(2023 年 4 月 4 日修订)

[8]《中国注册会计师审计准则第 1152 号——向治理层和管理层通报内部控制缺陷 应用指南》(2023 年 4 月 4 日修订)

[9]《中国注册会计师审计准则第 1201 号——计划审计工作应用指南》(2023 年 4 月 4 日修订)

[10]《中国注册会计师审计准则第 1231 号——针对评估的重大错报风险采取的应对措施应用指南》(2023 年 4 月 4 日修订)

[11]《中国注册会计师审计准则第 1241 号——对被审计单位使用服务机构的考虑应用指南》(2023 年 4 月 4 日修订)

[12]《中国注册会计师审计准则第 1251 号——评价审计过程中识别出的错报应用指南》(2023 年 4 月 4 日修订)

[13]《中国注册会计师审计准则第 1301 号——审计证据应用指南》(2023 年 4 月 4 日修订)

[14]《中国注册会计师审计准则第 1311 号——对存货、诉讼和索赔、分部信息等特定项目获取审计证据的具体考虑应用指南》(2023 年 4 月 4 日修订)

[15]《中国注册会计师审计准则第 1312 号——函证应用指南》(2023 年 4 月 4 日修订)

[16]《中国注册会计师审计准则第 1313 号——分析程序应用指南》(2023 年 4 月 4 日修订)

[17]《中国注册会计师审计准则第 1314 号——审计抽样应用指南》(2023 年 4 月 4 日修订)

[18]《中国注册会计师审计准则第 1323 号——关联方应用指南》(2023 年 4 月 4 日修订)

[19]《中国注册会计师审计准则第 1324 号——持续经营应用指南》(2023 年 4 月 4 日修订)
[20]《中国注册会计师审计准则第 1341 号——书面声明应用指南》(2023 年 4 月 4 日修订)
[21]《中国注册会计师审计准则第 1401 号——对集团财务报表审计的特殊考虑应用指南》(2023 年 4 月 4 日修订)
[22]《中国注册会计师审计准则第 1411 号——利用内部审计人员的工作应用指南》(2023 年 4 月 4 日修订)
[23]《中国注册会计师审计准则第 1421 号——利用专家的工作应用指南》(2023 年 4 月 4 日修订)
[24]《中国注册会计师审计准则第 1501 号——对财务报表形成审计意见和出具审计报告应用指南》(2023 年 4 月 4 日修订)
[25]《中国注册会计师审计准则第 1504 号——在审计报告中沟通关键审计事项应用指南》(2023 年 4 月 4 日修订)
[26]《中国注册会计师审计准则第 1521 号——注册会计师对其他信息的责任应用指南》(2023 年 4 月 4 日修订)
[27]《中国注册会计师审计准则第 1602 号——验资应用指南》(2023 年 4 月 4 日修订)
[28]《中国注册会计师审计准则第 1611 号——商业银行财务报表审计应用指南》(2023 年 4 月 4 日修订)
[29]《中国注册会计师审计准则第 1631 号——财务报表审计中对环境事项的考虑应用指南》(2023 年 4 月 4 日修订)
[30]《中国注册会计师审计准则第 1633 号——电子商务对财务报表审计的影响应用指南》(2023 年 4 月 4 日修订)
[31]《中国注册会计师审阅准则第 2101 号——财务报表审阅应用指南》(2023 年 4 月 4 日修订)
[32]《中国注册会计师其他鉴证业务准则第 3111 号——预测性财务信息的审核应用指南》(2023 年 4 月 4 日修订)
[33]《中国注册会计师相关服务准则第 4101 号——对财务信息执行商定程序应用指南》(2023 年 4 月 4 日修订)
[34]《中国注册会计师相关服务准则第 4111 号——代编财务信息应用指南》(2023 年 4 月 4 日修订)

中英文术语对照

审计——audit
合理保证——reasonable assurance
公允——fair
治理层——those charged with governance
发生——occurrence
完整性——completeness
准确性——accuracy
截止——cutoff
分类——classification
列报——presentation
存在——existence
权利义务——rights and obligations
完整性——completeness
准确、计价和分摊——accuracy，valuation and allocation
重大错报风险——risk of material misstatement
固有风险——inherent risk
控制风险——control risk
检查风险——detection risk
诚信——integrity
客观公正——objectivity
独立性——independence
专业胜任能力和勤勉尽责——professional competence and due care
保密——confidentiality
职业行为——professional behaviour
审计业务约定书——the audit engagement letter
重要性——materiality
实际执行——performance materiality
错报——misstatement
审计证据——audit evidence
适当性——appropriate
审计程序——audit procedures

检查——inspection
观察——observation
询问——inquiry
函证——confirmation
重新计算——recalculation
重新执行——reperformance
分析程序——analytical procedures
积极的函证方式——positive confirmation request
消极的函证方式——negative confirmation request
简单随机选样——simple random sampling(SRS)
系统选样——systematic sampling
可容忍偏差率——tolerable rate of deviation
预计总体偏差率——expected population deviation rate
货币单元抽样——monetary unit sampling(MUS)
可容忍错报——tolerable misstatement
审计工作底稿——audit documentation
制度基础审计——system-based auditing
风险导向审计——risk-based auditing
内部控制——internal control
内部控制体系——internal control systems
控制环境—— the control environment
细节测试——tests of details
实质性分析程序——substantive analytical procedures
账户法——account approach
循环法——cycle approach
未更正错报——uncorrected misstatements
期后事项——subsequent events
财务报表日——date of the financial statements
审计报告日——date of the auditor's report
财务报表报出日——date the financial statements are issued
书面声明——written representations
标准无保留意见——unmodified opinion
非无保留意见——modified opinion
保留意见——qualified opinion
否定意见——adverse opinion
无法表示意见——disclaimer of opinion